LE

MÉNAGIER DE PARIS.

LE
MÉNAGIER DE PARIS.

TRAITÉ
DE MORALE ET D'ÉCONOMIE DOMESTIQUE

COMPOSÉ VERS 1393.

PAR UN BOURGEOIS PARISIEN.

CONTENANT

Des préceptes moraux, quelques faits historiques, des instructions
sur l'art de diriger une maison, des renseignemens sur la consommation
du Roi, des Princes et de la ville de Paris, à la fin du quatorzième siècle, des conseils
sur le jardinage et sur le choix des chevaux; un traité de cuisine fort étendu,
et un autre non moins complet sur la chasse à l'épervier

ENSEMBLE :

L'histoire de Grisélidis, Mellibée et Prudence par Albertan de Brescia (1246),
traduit par frère Renault de Louens; et le chemin de Povreté et de Richesse.
poëme composé, en 1342, par Jean Bruyant, notaire au Châtelet de Paris;

PUBLIÉ POUR LA PREMIÈRE FOIS

PAR LA SOCIÉTÉ DES BIBLIOPHILES FRANÇOIS.

TOME SECOND.

LITTERIS PATRIÆQUE CARIS.

A PARIS,
DE L'IMPRIMERIE DE CRAPELET,

RUE DE VAUGIRARD, 9.

M. D. CCC. XLVI.

LE MÉNAGIER

DE PARIS.

LE PREMIER ARTICLE

DE LA SECONDE DISTINCTION,

LEQUEL DOIT PARLER D'AVOIR SOIN DE SON MESNAGE.

ELLE seur, sachiez que je suis en grant mélancolie ou de cy finer mon livre ou d'en faire plus; pour ce que je doubte que je ne vous ennuye, car je vous pourroie bien tant chargier que vous auriez cause de moy tenir pour oultrageux et que mon conseil vous donroit charge en si grant nombre de faix et si gréveux que vous désespéreriez de trop

A

grant fardel pour ce qu'il vous sembleroit que vous
ne le pourriez tout porter ne acomplir, dont je seroie
honteux et courroucié. Et pour ce je vueil ycy penser
et adviser que je ne vous charge trop et que je ne vous
conseille à entreprendre fors les choses très neccessaires
et honnorables, et encores sur le moins que je pour-
ray, afin que vous soiez en icelles choses nécessaires
plus fondée et mieulx faisant et par conséquent plus
honnorée en vos dis et en vos fais, car je sçay que vous
ne povez ne que une autre femme, et pour icelle cause
je vueil premièrement adviser combien je vous ay chargée, et se c'est du plus nécessaire, et se je vous doy
plus chargier, et de combien. Et se plus y a à faire que
vous ne pourriez, je vous vueil donner aide; et sur ce
je recueil mes commencemens.

Premièrement, je vous ay admonnestée à louer Dieu
à vostre esveillier et à vostre lever, et à vostre aler au
moustier vous contenir, illec oïr messe, vous con-
fesser et vous mettre et tenir en l'amour et grâce de
Dieu. Par m'âme, il est nécessaire à vous, ne nul autre
que vostre personne n'y peut estre commise[1]. Et après
ce, je vous ay conseillié que vous soiez continent et
chaste, aimer vostre mary, luy obéir, penser de garder
ses secrets, le savoir retraire se il folie ou veult folier;
et certes encores est cecy neccessaire et très honnourable
pour vous et à vous seule appartient et n'est point trop
chargé; vous le povez bien faire moyennant la doctrine dessus dicte qui vous fera grant avantage : les
autres femmes ne l'eurent oncques tel.

Or est-il certain aussi que après ce que dit est vous
avez à penser de vous, vos enfans et vostre chevance,

---

[1] Vous ne pouvez en cela être remplacée par personne.

mais à ces trois choses et à chascune povez-vous bien avoir aide; si vous convient dire comment vous vous y entendrez, quelles aides et quelles gens vous prendrez et comment vous les embesongnerez, car de ce ne vueil-je que vous aiez fors le commandement, la visitation et la diligence de le faire faire par autres et aux despens de vostre mary.

Or véez-vous bien, chière seur, que vous ne vous devez pas plaindre et que vous n'estes guères chargée, et n'avez charge fors celle qu'autre ne puet faire que vous et de chose qui vous doit estre bien plaisant, comme de servir Dieu et penser du corps de vostre mary, et en somme c'est tout.

Or continuons doncques nostre matière, et commençons à ce premier article, lequel article je fais savoir à tous qu'il ne vient mie de mon sens, ne ne l'ay mie mis en la forme qu'il est, ne à moy n'en attribue la louenge, car je n'y ay riens mis du mien, ne n'en doy mie avoir l'onneur, mais le doit avoir un bon preudomme et subtil appellé feu Jehan Bruyant qui jadis fut notaire du Roy ou Chastellet de Paris, qui fist le traictié qui s'ensuit et lequel je met cy après seulement pour moy aidier de la diligence et persévérance que son livre monstre que un nouvel marié doit avoir. Et pour ce que je ne vueil mie son livre estrippeller, ne en oster un coippel[1], ne le départir du remenant[2], et mesmement que tout est bon ensemble, je m'aide de tout pour obtenir au point ou article que seulement je désire, et pour le premier article je prens tout le livre qui en rime dit ainsi :

---

[1] Copeau, morceau. — [2] Séparer du reste.

LE CHEMIN

DE POVRETÉ ET DE RICHESSE,

PAR JEAN BRUYANT [1],

NOTAIRE DU ROY AU CHASTELET DE PARIS.

—

M. CCC XLII.

—

On dit souvent en reprochier
Un proverbe que j'ay moult chier,
Car véritable est, bien le say,
Que *mettez un fol à part soy*,
Il pensera de soy chevir [2].
Par moi meismes le puis plevir [3] :
Tout aie-je ma chevissance [4]
Petitement, mais souffisance,
Si comme l'Escripture adresce,
Au monde est parfaicte richesce.

Quant à or de ce me tairay
Et cy après vous retrairay
Une advision qui m'avint
A dix huit jours ou a vint.
Après que je fus mariés,
Que passés furent les foiricz [5]
De mes nopces et de ma feste,
Et qu'il fut temps d'avoir moleste,
Un soir me couchay en mon lit
Où je eus moult peu de délit,

[1] Var. Bryant. — C'est à l'auteur du *Ménagier* que nous devons de connoître la profession de J. Bruyant, qui n'est indiquée dans aucun des deux manuscrits de son poëme qui sont à la Bibliothèque du Roi. Cette édition du *Chemin de Povreté*, outre qu'elle a été collationnée sur les trois manuscrits du *Ménagier*, a été revue sur le manuscrit du Roi, n° 7201 (décrit T. VI, p. 240, des Manuscrits françois de M. Paris), qui a donné souvent d'utiles variantes. Il résulte de l'explicit du second manuscrit (S.-Victor, 275), cité par M. Paris, et que je n'ai pas pu voir, que ce poëme a été écrit en 1342.
En 1500 le célèbre Pierre Gringore donna sous le titre de *Chasteau de Labour* une imitation *paraphrasée*, mais une imitation très-positive de ce poëme. C'est le même plan, ce sont les mêmes personnages allégoriques et souvent les mêmes détails. Le *Chasteau de Labour* vaut sans doute beaucoup mieux que le *Chemin de Povreté*, mais il est fâcheux que Gringore se soit approprié l'idée de Jean Bruyant sans faire part à ses lecteurs de l'obligation qu'il avoit au poëte du XIV° siècle.
[2] Se garnir, assurer sa subsistance. — [3] Garantir. — [4] Fortune. —
[5] Féries, jours de fête.

Et ma femme dormoit lez moy,
Qui n'estoit pas en grant esmoy ;
Et si m'avint, tout en veillant,
Ce dont je m'alay merveillant,
Car à moi vindrent, ce me sem-
   ble,
Un homme et trois femmes en-
   semble
Qui bien sembloient estre ireux,
Mornes, pensifs et désireux,
Desconfortés, triste et las ;
En eulx n'ot joye ne soulas,
N'il ne leur tenoit d'eulx esbatre.
Bien furent d'un semblant tous
   quatre,
Car mieulx estoient à tencier
Taillés, qu'à feste commencier.
L'omme si ot a nom Besoing :
Plains iert de tristesse et de soing.
L'ainsnée femme, en vérité,
Nommée estoit Neccessité.
La seconde femme Souffrete
Ot nom, et la tierce Disette.
Tous quatre estoient suers et frè-
   res,
Et Povreté si fut leur mère,
Et les engendra Méséur [1]
En grant tristesse et en péur.
Par grant air vers moy s'en vin-
   drent
Et fort à manier me prindrent
Sans menacier et sans jangler,
Com s'il me deussent estrangler.
Besoing tout premier m'assailly,
A moy prandre point ne failly ;
De ses bras si fort me destraint

Que j'en eu le corps si estraint
Qu'à poi le cuer ne me party.
Nécessité lors s'apparti [2]
Moult angoisseuse et plaine d'ire,
Par le col me print sans mot dire,
De fort estraindre se pena ;
Là lourdement me demena.
Souffrette et Disette à costé
Me r'orent [3] de chascun costé ;
L'une sacha [4], l'autre bouta [5],
Chascune à moy se desgleta [6].
Ainsy ces quatre m'atrapèrent
Et me batirent et frapèrent :
Là me mistrent en tel destresse
Qu'exempt fu de toute léesse.
Adonc s'en vint à moy errant [7]
Une grant vieille à poil ferrant [8]
Qui estoit hideuse et flestrie
Et moult ressembloit bien estrie [9]
Aiant félonnie en pensée :
On l'appelloit par nom Pensée.
Ceste vieille me fist moult pis
Que les autres, car sur mon pis [10]
Se mist l'orde vieille puant :
Tout le corps me fist tressuant.
L'âme de lui au Deable soit !
Car tant sur le pis me pesoit
Que mon cuer meitoit à malaise
De grant destresce et de mésaise.
Trop fort me print à margoil-
   lier [11] ;
Lors commençay à ventroullier,
Et entray en si fort penser
Que nul ne le scauroit penser,
Ne bouche raconter ne dire.
Si com j'estoie en tel martire

---

[1] Mauvais heur, malheur. — [2] Se montra. — [3] Reprirent, de r'avoir.
[4] Tira. — [5] Poussa. — [6] S'attacha? Var. 7201, destrouça. — [7] Vite. —
[8] Gris de fer. Plus ordinairement employé pour désigner la robe d'un
cheval. — [9] Sorcière. — [10] Poitrine. — [11] manier, pétrir?

Que Pensée m'avoit baillié,
Or voy un villain mautaillié,
Let, froncié, hideux et bossu,
Rechigné, crasseux et moussu,
Les yeulx chacieux, plains d'or-
  dure ;
Moult estoit de laide figure,
Tout rongneux estoit et pelés ;
Soussy fu par nom appellés.
Se mal m'orent les autres fait,
Encor m'a cestui plus meffait.
Las ! je n'en avoie mestier !
Tant me donna de son mestier,
Et me mist à si grant meschief
Que je n'eus ne membre, ne chief,
Qu'il ne me convenist faillir.
Trembler me fist et tressaillir,
Pâlir et le sang remuer,
Et de mésaise tressuer,
Et me faisoit la char frémir,
Moy dementer[1], plaindre et gé-
  mir,
D'un costé sur autre tourner ;
Briefment, tel m'ala atourner
Soussi, tant me fu fel et aigre,
Que j'en devins chétif et maigre
Et aussi sec comme une boise[2].
Quant m'en souvient, pas ne
  m'envoise[3],
Ains suis si blaffart et si fade
Qu'il semble qu'aie esté malade.
Hélas ! certes, si l'ay-je esté
De trop plus male enfermeté
Que fièvre tierce ne quartaine,
Car qui de Soussy a la paine,
En lui a santé maladive
Et a la maladie santive[4].

C'est diablie[5] que de Soussy,
Quant m'en souvient trop m'en
  soussy,
Car en soy a trop dure rage
Et merveille est que cil n'enrage
Que Soussy tient en son demaine,
Car trestout ainsi le demaine
Com fait le sain en la paelle,
Qui par force de feu sautelle,
Et le fait-on séchier et frire :
Ainsi fait Soussy gens défrire,
Et les tient si fort en ses las
Qu'il leur fait souvent dire :
    Hélas !
Et les fait vivre en tel doleur
Qu'en eulx n'a gresse ne couleur.
Soussy est si mal amiable,
Si hideux, si espoventable,
Et si abhominable à cuer
Que ne l'ameroit à nul fuer[6]
Nullui qui l'eust essaié.
Soussy a maint cuer esmayé[7],
Et encor tous les jours esmaie ;
Nul ne le scet qui ne l'essaye
Ainsi com j'ay fait maugré moi,
En paine, en travail et esmoy.
    Quant je vis celle compaignie,
Qu'avec moy ert à compaignie :
C'est assavoir Besoing, Souffrete,
Nécessité avec Disette,
Pensée la vieille et Soussy,
La teste levay et toussy.
Adonc vint à moy, sans demeure,
Un grant villain plus noir que
  meure
Qui avoit à non Desconfort.
A manier me print moult fort

---

[1] Tourmenter. — [2] Bûche. — [3] Réjouit. — [4] Sentive, du sens, maladie morale? — [5] Diablerie. — [6] A aucun prix, d'aucune manière. —
[7] Att risté, ému.

Et me fist ma peine doubler.
Lors me print le sens à troubler,
Car tant avoie esté pené
Qu'à poy n'estoie forcené.
Moult fort me print à dementer
Et à moi mesmes tourmenter,
Et dire : Chétif ! que feras ?
Tes debtes comment paieras ?
Tu n'as riens et si dois assez.
Que fusses-tu or trespassé !
Tu es tout nouvel mesnagier
Et si n'as gaige à engaigier
Se tu ne veulx ta robe vendre.
Las ! chétif, quel tour pourras
    prendre ?
Ne sçay où tu pourras aler.
Si com j'estoie en ce parler,
A moy s'en vint grant aléure,
Une femme qui pou séure
Et enragée sembloit estre
A son semblant et à son estre.
Have estoit et eschevellée,
Desespérance ert appellée,
Fille Desconfort le hideux.
Moult me vint peine et annuy
    d'eux,
Par eulx perdi discrétion,
Sens, mémoire, et entention.
Les dens commençay à estraindre
Et la couleur pâlir et taindre,
Et disoie : Las ! que feray ?
Tout au désespéré mettray,
Mauvais seray, où que je viengne,
Il ne me chault qu'il en aviengne,
Soit en pluye ou soit en bise ;
Qui ne pourra ploier, si brise !

Sèche qui ne pourra florir !
N'ay que d'une mort à mourir.
Et j'ay pieça oy parler
Que qui au Deable veult aler,
Riens ne vault longuement atten-
    dre :
Noyer ne puet, cil qui doit pen-
    dre [1].
Honny soit qui jamais vourra
Faire fors du pis qu'il pourra,
Quant par moy ne puet estre at-
    taint
Le manoir où Richesse maint !
Car elle demeure si loing
Que trop de travail et de soing,
Avant qu'on la puist attaindre,
Moult fait les gens pâlir et taindre.
Avant qu'ils puissent estre à ly,
Mains beaux visaiges a pâli
A qui oncques n'en fu de mieulx,
Car se on attent qu'on soit vieulx,
Que l'en ne puisse mais errer [2],
En ce pourroit-on méserrer [3] ;
Qui ce feroit, son temps perdroit.
Quant je ne puis avoir par droit
Ne possession, ne avoir,
J'en vouldroie donc à tort avoir ;
Mieulx vault estre en tort cras et
    aise
Qu'en droit chétif et à malaise.
    Ainsi com en ce point estoie
Et que je tout au pis mettoie
Sans viser comment tout aloit,
Et que de rien ne me challoit
Fers d'acomplir ma voulenté,
Car moult m'avoit entalenté

---

[1] Qui doit être pendu ne sera pas noyé, il faut subir son sort. — [2] Aller, marcher. — [3] Faire mal, agir sottement. — Les richesses sont inutiles quand on les a seulement en sa vieillesse et qu'on n'en peut plus jouir.

Désespérance de mal faire
Et m'avoit par son put [1] afaire
Presque fait perdre corps et âme,
Ès-vous une très noble dame
Gente, droite, plaisant et belle :
Ne sembloit pas estre rebelle,
Mais doulce et humble à toute
    gent :
Moult ot le corps et bel et gent
Et paré de si noble arroy
Qu'elle sembloit bien fille à roy ;
Et si ert-elle, en vérité,
Fille du Roy de magesté
Vers qui nul n'a comparoison ;
On l'appelle par nom : Raison.
Moult estoit sage et advisée ;
Droit à moi a pris sa visée
Et s'en vint de lez moi seoir,
Mais si tost com la pot veoir
Désesperance la hideuse,
Elle s'en fouy moult doubteuse
Tant com piés la porent porter ;
Car ne se pourroit déporter [2]
En nul lieu où Raison surviengne
Que tost fouir ne la conviengne ;
Car plus la het Raison, sans fin,
Que triacle ne fait venin.
Raison si fu moult esjoye
Quant d'avec moy s'en fut foye
Désespérance sa contraire.
Lors se prist près de moy à traire ;
Raison dit : Amy, Dieu te gard !
Tu as eu très mauvais regard,
Mauvais sens et mauvais advis,
Car nagaires t'estoit advis
Que pour toy est tout bien failli ;
Mais onc nul à mal ne failli
Qui voulsist entendre à bien faire
Et vivre selon mon affaire

Et selon mon enseignement
Qui donne aux âmes sauvement ;
Lequel, se tu le veulx entendre,
Je te vueil cy dire et aprendre.
Premièrement, tu dois amer
Mon père, de cuer, sans amer,
Et la doulce vierge prisiée
Sans vanité n'ypocrisie,
Et aourer sainctes et sains,
Soies malades ou soies sains,
C'est à dire en prospérité
Aussy bien qu'en adversité ;
Et, par contraire, en meschéance
Aussi bien com en habundance,
Car tel est humbles en tristesse
Qui est despiteux en liesse ;
Et tel est en léesse doulx
Qui en tristesse est moult escoux [3]
Ce vient de male acoustumance
Qu'on acoustume dès s'enfance,
Car qui aprent une coustume,
Moult à envis s'en descoustume ;
Si fait bon tel coustume aprendre
Où l'en puist honneur et preu [4]
    prendre.
Donc s'avoir veulx coustume
    bonne,
Garde que ton cuer ne s'adonne
A nul des sept mortels péchiés,
Et que ne soies entéchiés
D'aucunes de leurs circonstances,
Car moult t'en vendroit de nui-
    sances,
Mais fay tant que ton cuer s'ac-
    corde
Aux sept chiefs de miséricorde
Qui sont aux sept vices contraires ;
Cestes te seront nécessaires
A acquérir l'amour mon père

---

[1] Mauvaise, infâme. — [2] Supporter. — [3] Secoué, remué. — [4] Profit.

Et de sa glorieuse mère.
Ces sept vices dont parlé t'ay
Déclaration t'en feray
Et des branches qui en descen-
    dent,
Qui à toy décevoir entendent.
Et tu, en voyes et sentiers,
Entens à eulx moult voulentiers,
Tes maistres sont, à eulx es serfs,
Car nuit et jour de cuer les sers
En deservant un tel loier
Où nul ne se puet apoier [1].
Ainsi en leur subjection
Vivras, à ta dampnacion,
S'a eulx n'aprens à estriver
Par guerre pour eulx eschiver.
Car bien t'aprendray la manière
De les traire de toy arrière,
Et d'avoir franc povoir sur eulx
Contre les fais aventureux
Qui par eulx venir te pourront
Quant ils assaillir te vendront
Pour clamer dessus toy haussage [2].
Se tu me veulx croire pour sage,
Si bien te sauras d'eulx garder
Qu'ils ne t'oseront regarder
Pour la doubte des sept vertus
Qui là te seront bons escus
Encontre les sept ennemis
Qui souvent se sont entremis
De toy mettre à perdition;
Mais que par bonne entention
Leur vueilles, sans plus, déprier
Qu'à toy se vueillent alier.
Et se tu le fais de cuer fin,
Ils te mettront ta guerre à fin
Sans en prendre aucun paiement,

Fors que ton prier seulement ;
Ce n'est pas oultrageux loier,
Car il est aisié à paier,
Si ne s'en puet nuls excuser
Se il ne vouloit abuser.
    Quant tu verras venir Orgueil
Regardant en travers de l'ueil,
Avecque lui Desrision,
Desdaing, Despit, Présumption,
Supediter, Fierté, Bobance,
Desprisier, et Oultrecuidance,
Et tous ses autres compaignons
Qui cueurs ont pires que gai-
    gnons [3],
Vers toi, banière desployé,
Si pren tantost de ton aye [4]
Humilité, Dévotion,
Franchise, Contemplation,
Paour de Dieu, Doulceur, et Pitié,
Justice, Simplesse, Équité,
Et moult d'autres qu'à eulx ven-
    dront
Qui pour toi secourre acour-
    ront ;
Et s'y vendra chascun offrir,
Mais que tu les vueilles souffrir.
Et se contre Orgueil te combas,
Ils le mettront du tout au bas
Et le feront fouir le cours
Et tous les siens, sans nul recours.
Quant auras par Humilité
Orgueil et les siens surmonté,
Garde toy, d'illec en avant,
Que s'il te venoit audevant
Pour toy tourner de sa partie,
Que ne se soit pas départie
D'avecques toy Humilité,

[1] En en recevant une récompense sur laquelle nul ne peut rien fonder de solide. — [2] Domination. — [3] Chiens mâtins. — [4] A ton aide. Ce vers ne rime pas avec le précédent à moins qu'on ne prononce *ayé*.

Ne les aultres de sa mité [1],
Car d'Orgueil bien te garderont,
Tant comme avecques toi seront.
   D'un autre assault te fault garder
Qui périlleux est à garder
Entre tous ceulx qui sont en vie,
Le chevetain [2] en est Envie
Qui moult est de mauvais convine;
Avec lui est tousjours Hayne,
Fauseté, Murtre et Trayson,
Faulx-semblant et Détraction,
Ennemitié et Male-bouche
Qui n'aime que mauvais reprouche.
S'il te veulent assault livrer,
Tantost t'en pourras délivrer,
Mais que de trop près ne t'aprochent,
Si que de leurs dars ne te brochent,
Et pour leur péril contrester,
T'encueur [3] tantost, sans arrester,
Prier Foy qu'elle te sequeure,
Et Loiaulté, et eus en l'eure,
Sans plus parler, te secourront,
Et ceulx qu'avec eulx amenront:
C'est assavoir Paix et Concorde,
Vraie-amitié, Miséricorde,
Bénivolence, Vérité,
Conscience avec Unité,
A tout leur congrégation
Dont je ne fais pas mention.
Ceulx ci feront Envie fuire,
Si qu'elle ne te pourra nuire.

D'un assault qui moult fait à craindre
Te refault défendre sans faindre,
C'est d'Ire le mauvais tirant
Qui va tousjours en empirant;
En toute mauvaistié habonde,
C'est le plus fel qui soit au monde.
Et quant assaillir te vendra,
Forte deffense y convendra,
Car cil se scet desmesurer
Que nul ne peut à lui durer;
Et tous ceulx de sa compaignie [4]
Sont de sa mauvaise manière:
Cruaulté porte sa banière,
Perversité, Forcenerie,
Félonnie et Esragerie,
Desverie et autres félons
Lui vont tousjours près des talons.
Quant ceste gent verras venir,
Gart toy que ne te puist tenir
Nuls d'eulx qu'il ne t'ait arresté;
Tray toi vers Débonnaireté,
Qui tost bon conseil te donra
Et contre Yre te secourra
Avecques ceulx de son lignage
Qui moult sont de souef courage:
C'est assavoir Doulceur, Souffrance [5],
Estableté [6] et Attrempance,
Patience, Discrétion,
Refrainte [7] avec Correction.
Ceulx cy et ceulx de leur banière
Trairont Yre de toy arrière,
Et toute sa gent forcenée
Qu'avec lui aura amenée.
Ainsi seras d'Ire délivre

---

[1] Moitié, de son côté. — [2] Capitaine. — [3] Cours. — [4] Il manque ici dans les manuscrits un vers qui cependant n'est pas nécessaire à l'intelligence de la phrase. — [5] Tolérance. — [6] Fermeté. — [7] Retenue.

Se Débonnaireté veulx suivre
Qui est franche, courtoise et
   douce :
C'est celle qui nul temps ne
   grouce [1]
De riens qui lui puist advenir ;
Bon la fait avec soy tenir
Et fuire Ire le mal tirant
Qui de pou se va ayrant.
Ire doit-on craindre et doubter
Et hors d'avecques soy bouter
Et le tenir pour ennemi
Sans l'acointer jour ne demi.
C'est un mauvais ennemi qu'Ire,
Car si tost com un cuer s'aïre,
De félonnie si s'enflamme
Qu'il en puet perdre corps et
   âme.
Quant en ire se desmesure
Et se de soy ne s'amesure [2],
Masvei [3] mesure en lui se met
Et de le dampner s'entremet.
Elle est de tel condition
Que qui en soy correction
Ne met amesuréement,
Elle s'y met si lourdement
Qu'elle honnist tout à un cop.
Et vraiement elle het trop
Gens où il fault qu'elle se mette,
Et pour ce tout au brouvet [4] gecte
Sans querre y terme ne respit,
Si tost comme on lui fait despit.

Gart donc qu'à toi ne se cour-
   rouce,
Aies en toi manière doulce,
Soies courtois et débonnaire
Comme uns homs estrait de bonne
   aire [5].
Nuls ne se devroit courroucier
De rien qu'il voie, ne groucier,
Mais faire tousjours bone chière
Et mettre tout courroux arrière.
Laisse le vice et pren vertu,
Ainsi te pourras sauver tu.
Eschièves couroux et tristesse
Et pren en toi joie et léesse,
Voire par bonne entention,
Non pas par dissolution,
Car joye qui est dissolue
N'est pas à l'âme de value.
   Contre un autre assault péril-
   leux
Te fault estre moult artilleux [6]
Afin que tu surpris ne soies
En ton hostel, n'enmy les voies,
Car c'est un assault moult doub-
   table,
Moult dommageux, moult déce-
   vable,
Car les pluseurs en sont déceus
Ains qu'avis aient de ce en.
De cest assault est chief Paresse
Qui sans menacier fiert et blesse
En tapinage, en couardie [7];

S'enseigne porte Fétardie,
Faintise, Oiseuse, Lâcheté,
Négligence avec Niceté,
Nonchaloir avec Cuer-failly
Vont après ; moult est mal bailli[1]
Celui qu'ils pevent entraper
Et dessoubs leur trappe atrapper.
Tant[2] ne soient-ils pas hardis,
Mais lasches et reffétardis[3],
Ainçois simples, à mate chière :
Mais couart est de tel manière
Que quant il se voit audessus,
. Il est de trop mauvais dessus.
Le cuer a fier comme lyon
Et aspre comme champion ;
Lors fiert et frappe, bat et tue,
Quant il voit qu'on ne se remue
Encontre lui pour soy vengier.
Donc fait-il bon soy esloignier
De Paresce et de sa famille
Qui n'est qu'en son dessus soub-
     tille,
Et les doit-on mettre au dessoubs
Si qu'estre n'en puissent ressous[4].
Et s'au dessoubs mettre les veulx,
Amaine avecques toy contre eulx
Diligence et Apperteté,
Bon-cuer et Bonne-voulenté,
Talent-de-bien-faire avec Cure,
Et Soing qui voulentiers procure
Contre Paresse avoir victoire,
S'ainsi est qu'on le vueille croire.
Se ceulx ci avec toi retiens
Et du cuer à amour les tiens,
Garde n'aras, n'en doubte mie,
De Paresce leur annemie,
Ne de tous ceulx de sa banière,
Mais se trairont de toi arrière,

Car l'assault n'osent entrepren-
     dre,
Fors à qui tantost se veult rendre.
    Après, gart toy du quint assault
Car si soubtivement assault
Cil qui en est droit capitaine
Qu'à ses subgez donne grant peine
Quant il les tient en son service ;
Ce capitaine est Avarice
Qui moult est de décevant guise.
S'enseigne porte Convoitise :
Rapine, Usure et Faulx-traictié
Le suivent tousjours pié à pié ;
Malice avecques Tricherie
Murtre, Larrecin, Roberie,
Engignement, Déception,
Fraude avec Cavilation[5],
Et les autres de leur banière.
Quant tu verras ceste gent fière
Qui te vouldront assault livrer,
Se tu t'en veulx tost délivrer,
Fay de Charité connestable
Qui tant est piteuse et traitable ;
Et toute sa connestablie
Q'avecques lui est establie,
(Que, selon Dieu, poursuit[6] ri-
     chesse,)
C'est Souffisance avec Largesse,
Aumosne faicte en cuer dévost,
Ce que Dieu plus au monde volt.
Se ceste conestablie as
Avecques toi, acompliras
Ceste bataille à ton vouloir
Contre Avarice et son povoir.
Avarice est de put affaire,
Car il mains maulx machine à
     faire[7]
Par le conseil de Convoitise

---

[1] Maltraité. — [2] Pourtant. — [3] Énervés ; on disoit plus souvent *afé-
tardis*. — [4] Relevé. — [5] Subtilité. — [6] Suit. — [7] Il fait faire mains maux.

Qui les gens à tolir atise.
Si te garde donc de rien prendre
De l'autrui, se ne le veulx rendre,
Par quelque voie que ce soit;
Car Convoitise gens déçoit,
De jour en jour, par leur foleur,
Dont aucuns meurent à douleur;
Et par ce nature blasmée
En est souvent et diffamée
Sans cause, car elle n'y a coulpe;
Se fait péchié qui l'en encoulpe,
Car elle en est la plus dolente
Et qui plus en sueffre et tormente.
Donc qui de bien faire n'a cure
Il ne lui vient pas de nature,
Ainçois lui vient par accident;
Chascun le voit tout évident.
S'aucun en soy a mauvais vice
Qui porter lui peut préjudice,
S'on dit que Nature lui face
Par force qu'il soit enclin à ce,
Les gens ne le doivent pas croire,
Car ce n'est mie chose voire,
Ains est par la male doctrine
Dont nourriture[1] le doctrine.

Du sixième assault bien te
    gardes,

Contre cestuy fay bonnes gardes.
Gloutonnie en est conduiseur,
Qui de tous biens est destruiseur,
Car enclins est à tous délices,
Et engendre tous mauvais vices.
Nul temps ne puet estre assouvis,
Mais tousjours semble estre al-
    louvis[2]
Et si est-il plus qu'il ne pert[3],
Nul temps sa voulenté ne pert
Qui est sur toute riens mauvaise,

Car sans oultrage n'iert jà aise.
Gloutonnie est soubtil guerrier :
Assault-il devant et derrier,
Car il part en deux sa bataille
Toudis et avant qu'il assaille;
Gourmandie l'une conduit :
Avec lui sont en son conduit
Friandise, Lopinerie,
Yvresse, Oultrage, Lécherie,
Et pluseurs autres de tel sorte
Que Gloutonnie à soi enhorte.
Ceste bataille ainsi partie
Livre assault de une partie,
Et si donne assez à entendre
A ceulx qui la veulent attendre.
L'autre bataille est Male-bouche
Qui n'aime que mauvais re-
    prouche, .
Mesdit, Surdit[4], Maugréerie,
Hastiveté, Pautonnerie[5]
Et des autres à grant planté
Qui sont de telle voulenté.
Ceste bataille se tient fort
Et livre assault à grant effort
De l'autre costé, pour surpren-
    dre,
Si que l'en ne s'y puist deffendre.
Gloutonnie point et repoint
De l'un à l'autre, et leur enjoint
Que si se tiengnent sans recroire[6]
Que partout aient la victoire.
Or fault, se tu te veulx garder
Des deux assaulx, bien regarder
De tous costés à ce qui fault
Pour contrester à leur assault.
S'il t'assaillent, met toy à def-
    fense
Et pren avec toy Abstinence

---

[1] L'éducation. — [2] Affamé comme un loup. — [3] Paroît. — [4] Enché-
rissement sur la médisance. — [5] Libertinage. — [6] Se rebuter.

Et Sobriété sa compaigne
Avecques ceulx de leur enseigne,
Car s'avecques toy as ces deulx,
Assez en vendra avec eulx,
Et te garderont bien, sans faille,
Encontre celle gloutonnaille.
Sur toute rien gart toy d'Ivresse,
Que sa bataille à toi n'adresse ;
Car cil qu'à Yvresse se livre
N'a povoir de longuement vivre,
Et s'il vit, si est ce à meschief,
Car il n'a ne membre ne chief
Qui par yvresce ne lui dueille.
Les mains lui tremblent comme
    fueille
Et s'en chiet plus tost en vieillesse,
En maladie ou en foiblesse.
Qui s'enyvre, il se desnourrist,
Car tout le foie se pourrist ;
Ainsi est de soy homicide,
Dont c'est grant doleur et grant
    hide [1].

    Du septisme assault dont Lu-
        xure
Est capitaine par nature,
Te fault gaittier et traire arrière,
Si qu'elle et ceulx de sa banière
En leur chemin pas ne te truis-
    sent
Si que suppéditer te puissent.
Se Fol-regard le fort archier
Trayoit à toy pour toy blécier,
Soies sages et te retray,
Vistement hors du trayt te tray ;
Et quant hors seras de leurs
    mettes,
Garde toy bien que ne te mettes
En la voye de souvenir
Si près qu'à toy puist avenir,

Car s'avec lui t'avoit attrait,
Il te remenroit droit au trait,
Si que la flesche de Pensée
Te seroit tost ou corps boutée,
Et celle de Fole-plaisance
Qui ne tendroit qu'à décevance
Te mectroit, tout à son plaisir,
Ou trait de garrot [2] de Désir
Qui si fort au cuer te ferroit
Que jà mire ne te guerroit ;
Là languiroies en tel peine
Que tu n'auroies cuer ne vaine
Qui voulsist entendre à rien faire
Qu'à maintenir le fol afaire
Qui de folle amour se dépent
Dont chascun en fin se repent.
Là t'auroit si suppédité
Folle amour par fragilité
Qu'il te faudroit pour vaincu
    rendre.
Mais se tu te veulx bien deffendre
Contre les archiers amoureux,
Jà ne seras surprins par eulx.
Pren la targe de Chasteté
Et la lance de Fermeté :
La targe met devant tes yeulx,
Tu ne te pues deffendre mieulx ;
Grant mestier as qu'elle te gart
Encontre les trais de Regart.
Se tu ce pas [3] pues bien garder
Contre Folement-regarder,
Jà Fole-cogitation
Ne t'ara en subjection.
Et quant ces deux ne te ferront
Jà les autres ne s'y verront.
Ainsi ces deux pevent tout faire,
Aussi pevent-ils tout deffaire.
Regart si est trop perçant chose ;
Toute plaisance y est enclose,

[1] Horreur. — [2] Gros trait d'arbalète. — [3] Passage, position.

Aussi y est tout le contraire,
Si soubtillement scet-il traire,
Car tous ceulx que Regart attaint,
Soit pour bien ou pour mal, à
    teint
Souvent leur fait muer couleur,
Soit par joye ou par douleur.
Pour ce est voir ce qu'on dire
    seult :
De ce qu'œil ne voit, cuer ne
    deult.
Si sont aucuns qui se voul-
    droient
Excuser qu'ils ne se pourroient
Du fort trait de regart garder
Et qu'il leur convient regarder
Ly un l'autre quant sont en-
    semble;
Tout Saincte Église ce assemble
Selon l'ordre de mariage,
A tels excusans respondray je.
Briefement, sans prolongation,
Ce n'est mie m'entention
De deffendre à nul, bon regart,
Mais que de Fol-regart se gart
Qui les fols fait ymaginer
Et par Fol-cuidier deviner[1],
Dont est née Fole-plaisance
Qui convoite du corps l'aisance,
Et de ce vient Ardent-désir
Qui art tout, s'il n'a son plaisir;
Lors fait tant qu'à son gré avient,
Et tout ce de fol regart vient.
Ce n'est pas regart convenable
Quant à Dieu, mais quant au
    Déable :

Regart fait pour charnel délit
Au Déable moult abélist[2]
Et autant desplaît-il à Dieu
Si n'est pas fait en temps et
    lieu.
Gens qui en mariage sont,
Qui tousjours leurs courages ont
A délit charnel maintenir,
Voulans s'y soir et main[3] tenir,
Pechent ensemble, sans doub-
    tance,
Par l'engin de Fole-plaisance
Qui souvent les tient en ses las;
Mais ne le cuident pas les las,
Car à vertu tiennent ce vice
Dont ils font que fols et que nices;
Car conjoins ne devroient jà voir[4]
L'un à l'autre affaire avoir
Par charnele conjunction,
Se ce n'estoit en entention
De lignée multiplier;
Pour ce les fais-je marier,
Si que, par le gré de nature,
Facent ensemble engendréure,
Quant temps en est, et point, et
    lieu,
Et tout ainsi l'ordonna Dieu,
Non mie pour soy déliter
A l'un avec l'autre habiter.
Fols est qui l'un à l'autre habite
Sans l'entention dessus dicte,
Car quant Nature en tels gens
    euvre
Selon les estas de son euvre,
Sans moy ne Mesure appeller,
Et que son fait nous fait celer

---

[1] Var. 7201, *deuvier* (dévier, périr?). En laissant *deviner* il semble qu'on peut entendre ces deux vers ainsi : Regard qui fait rêver les amoureux insensés et dans lequel ils croient follement lire les sentiments qu'ils inspirent. — [2] Plaît. — [3] Matin. — [4] Vraiment.

Afin qu'Atrempance n'y viengne
Qui en subjection la tiengne,
Iceste copulation
Faicte sans génération
Et sans droicte nécessité,
Par fresle superfluité,
Est péchié mortel, nul n'en
    doubte,
Qui par Fol-désir les y boute
Pour acomplir leur volenté
Charnele dont ils sont tempté,
Où nature est tousjours encline.
Nul temps qu'elle puist n'y dé-
    cline,
Ains queurt tousjours de ran-
    donnée
Fresle, sole et abandonnée,
Ne se scet, pour grief, espargnier
Tant com riens a en son grenier.
Ainsi de soy s'occist Nature
Se ne la gouverne Mesure
Ma suer[1] qui tant est bien ruillée[2]
Qu'elle en nul temps n'est des-
    ruillée[3],
Ains fait faire tout si à point
Que où elle est, d'excès n'a point.
Croy donc Mesure en tous tes fais
Et tu n'y seras jà meffais
En nul temps, je t'en asséur,
Car qui la croit, il vit asseur.
    Cy lairay du septime assault
Dont Luxure les gens assault
Et revendray à ma matière
Que j'ay entreprise première.
Soies tous temps vray en ta foy,
Aimes ton proesme comme toy,

Dieu mon père le veult ainsi;
Et fay à chascun tout ainsi
Comme qu'il te feist vouldroies.
Et se tu vas parmy les voies,
Soies enclin à saluer;
Et si ne dois nul temps ruer
De ta bouche male parole :
Saiges est cil qui pou parole,
Et qui aime et désire paix
Oyt tousjours, voit et se tait.
Et se tu es en compaignie
Parlant de sens ou de folie,
Parle au plus tart[4] que tu pour-
    ras,
Escoute ce que tu orras,
Si que tu en saches parler
Quant ce vendra au paraler[5],
Et que ce soit par brief langaige;
Ainsi seras tenu pour sage.
Et ne le fusses ores mie,
Là fault-il jouer d'escrémie[6]
Assez mieux qu'au jeu du bocler[7],
Car on apparçoit tost, moult cler,
Qui veult à parler entreprendre[8],
S'il ne se garde de mesprendre,
Ou cler sens, ou clère folie.
Et pour ce clèrement folie
Cil qui de tost parler se haste.
Qui parle ne doit avoir haste,
Ains se doit trois fois adviser
Avant qu'il doie deviser :
La chose dont il veult parler,
Et à quel fin il puet aler,
Et ce qu'il en puet avenir;
Ainsi n'en puet nul mal venir.
Soies courtois et amiables

---

[1] C'est la raison qui parle et qui appelle la mesure, la modération, sa sœur. — [2] Réglée. — [3] Var. B, défeuillée. — [4] Var. B, C, plus attrait. — [5] En poursuivant, dans la suite. — [6] Escrime. — [7] Bouclier. — [8] Je crois que ce vers doit être écrit ainsi : En qui veut à parler emprendre.

Envers tous et humiliables ;
Par toy soient grans et menus
Tous temps amés et chier tenus,
Suy les bons et fuy les mauvais,
Aimes tous temps douceur et paix ;
Et se tu ois tencions ne noises,
Garde toy bien que tu n'y voises,
Car nul ne se puet avancier
D'amer noises, ne de tencier.
Amis, se tu veulx advenir
Au manoir Richesse et venir
Dont je t'ay si fort oï plaindre
Que nuls homs ne le puet attaindre
Se n'est par paine et par do-
    leur,
Laisses ester telle foleur
Et telle cogitation,
Et pren en toy discrétion.
Pren des deux voies la meilleur,
Laisses le bren[1] et pren la fleur[2] :
Se ne le fais, feras foleur ;
Qui est à chois, le mieux doit
    prendre.
Et se tu veulx la voie aprendre
Que tu dis que tu ne scez pas,
Pour ce qu'il y a mal trespas,
Si comme tu dis, à passer
Par quoi on s'y puet trop lasser,
(C'est au beau manoir de Ri-
    chesse,)
Je t'en aprendray bien l'adresse
[Et ce qu'il en puet avenir ;
Ainsi n'en puet nul mal venir
Qui[3] t'y saura bien convoier,
Sans toy feindre ne forvoier.]
Pren le chemin droit à main destre
Et laisse cellui à senestre,

Car le destre toutes gens maine
Droit à Richesse, en son demaine,
Mais que on ne se traie hors voie ;
En cellui nul ne se forvoie,
Ainçois va tout à sa devise.
Or est droit que je te devise
Comme cil chemin est nommé
Qui tant est bel et renommé,
Et qui fait ceulx qui le vont, estre
Tous temps en très gracieux estre.
Cil chemin a nom Diligence,
Pavés[4] est de Persévérance.
S'en ce chemin te veulx tenir,
Tu pues à richesse venir
Et le chemin tost achever
Aiséement, sans toy grever,
Et avec Richesse manoir[5]
En son très gracieux manoir.
Car qui n'y va, ne tient qu'à lui,
Quant le cuer a si achailly
Qu'il het le bel destre chemin
Pour estre a l'ort senestre enclin.
Qui ce senestre veult aler,
Meschéans est au paraler,
Ni n'en puet eschapper n'es-
    tordre[6],
Ains lui convient telle hart[7] tordre
En paine, en meschief, en an-
    goisse.
Cil chemins moult de gens an-
    goisse
Et les fait vivre en grant destresse :
Laie[8] gent l'appellent paresse
Et li clerc l'appellent accide ;
On n'y treuve confort, n'aïde,
Ne conseil, n'espoir, ne chevance,
Fors peine, ennuy et meschéance ;

---

[1] Son. — [2] Fleur de la farine. — [3] Ce *qui* se rapporte à *l'adresse*. Les vers entre crochets ne sont que dans 7201. — [4] Var. A, B, C, *paré*. — [5] Demeurer. — [6] S'y soustraire. — [7] Branche d'arbre tordue avec laquelle on lie les fagots. — [8] Laïques.

C'est un chemin moult destravé[1].
Plein de boullons[2], tout encavé;
N'il ne fera jà si beau temps
Qu'y puist tost errer qui est ens[3].
Là le tiennent en couardie,
Les grans boullons de fétardie,
D'ignorance et de niceté.
C'est le chemin de Povreté,
Une dame qui n'est prisée,
En ce monde, n'auctorisée
Ne qu'un viel chien, en vérité.
De lui vient toute adversité,
Meschief, peine, ennuy et con-
     traire,
Arrière se fait donc bon traire
Du chemin qui à lui adresse,
Et prendre la plaisant adresse.
Du beau chemin de Diligence,
Car chascun puet veoir en ce
Qui est à chois et puet eslire,
Il ne doit pas prendre le pire;
Et s'il le prent et puis s'en veut
Repentir, quant il ne le peut
Recouvrer, c'est trop grant fo-
     leur.
Car qui bien laisse et prent do-
     leur
Et se forvoie à escient,
Ne puet chaloir s'il en mesvient,
Car quant un cuer s'est forvoyés,
N'est pas de légier ravoiés.
S'il est ou chemin de Paresse,
Il tourne le cul à Richesse
Et va à Povreté tout droit,
Dont je t'ay parlé orendroit,
Qui fait si mal gens atourner;
Et quant il cuide retourner
Et s'apperçoit de sa folie,

Lors entre en grant mérencolie
Qui moult le travaille et le peine,
En pensée, en soussy, en peine,
En desconfort, en désespoir,
Dont il devient larron espoir[4],
Et tolt et emble aux gens le leur,
Dont en la fin muert à doleur.
     Or sont aucuns qui veullent dire
Que destinée à ce les tire
Et les fait ensement aler.
Folie font d'ainsi parler,
Car ils ne scevent que ils dient :
Et les maléureux s'y fient
Qui dient souvent et menu,
Quant meschief leur est advenu,
Qu'ainsi leur devoit avenir,
Et le veulent pour vrai tenir
Et prennent en leur meschéance,
Par ce parler, glorifiance,
Et s'excusent de leur meffait,
Disans qu'ils ne l'orent mie fait
Par leur gré, mais par destinée
Qui au naistre leur fu donnée.
Ceulx qui le croient se deçoivent,
Ne croient pas si comme il
     doivent,
Car à nullui n'est destiné
Qu'il soit pendu ne traîné,
Ne qu'il meure de mort vilaine,
S'il ne met au desservir peine.
Meschief contrester chacun puet
Qui entendre à bien faire veult,
N'il n'est pas de nécessité
Qu'à nul aviengne adversité,
Mais advient par cas d'aven-
     ture,
Quant folement on s'aventure.
Destinée ne puet contraindre

---

[1] Défait, en désordre. Var. 7201, descarré (dérangé?) et encarré, au vers suivant. — [2] Bourbiers. — [3] Dedans. — [4] Peut-être.

Nul, si qu'il ne se puist refrain-
    dre,
Mais qu'il ait bonne voulenté;
Et s'il est à la fois tempté
D'aler faire aucune aatie [1],
S'avec lui suy [2], je le chastie
Et lui oste celle pensée
Qui en son cuer estoit entrée,
Et lui donne advis et mémoire
De contrester, s'il me veult croire,
A mauvaise temptation,
Dont il vient à salvation.
Ainsi peus veoir clèrement
Que destinée nullement
N'a nul povoir de chose faire
Que je ne puisse tost deffaire,
Au mains s'elle ne m'est célée
Si qu'au fait ne soie appellée;
Car nul fait qui sans moy est fet
Ne puet venir à bon effet,
Mais communément en meschiet,
Et par ce meschief il eschiest
Que destinée y pren le nom
D'estre vertu et grant renom,
Car pluseurs dient et soustiennent
Que bien et mal par elle viennent
Et que nul contrester ne puet
A ce que destinée veult;
Mais tous ceulx en sont décéu,
Qui ont ceste créance éu,
Car s'il estoit au Dieu vouloir
Que destinée éust povoir
Dessus les gens si comme on dit,
— Que vauldroit bon fait ne bon
    dit,
Ne soy à bonnes œuvres traire?
Nul n'aroit mestier de bien faire
Quant bien fait ne le secourroit,

Ainçois villainement mourroit,
Et s'ensuiroit, quoy que nuls die,
Que s'uns homs à mal s'estudie,
Et emble, et tue, et fiert, et bat,
Quant il n'y puet mettre débat
Pour destinée qui l'enforce
A tous maulx faire par sa force,
Que monstre n'en doit estre au
    doit
Puisqu'il ne fait que ce qu'il doit :
Et Dieu mesmes qui scet tout
N'en doit avoir vers lui courroux,
Puisque ce n'a-il mie fait,
Mais Destinée tout ce fait._____
Certes mais il est autrement,
Et quiconques maintient il ment
Que [3] destinée vertus soit,
Et qui le croit il se déçoit.
Fay donc ce que je t'ay apris,
Se tu veulx avenir à pris;
Laisse le mal et pren le bien,
Quant avoir le pues aussi bien,
Et plus légièrement assez,
Car on est cent fois moins lassé
Ou beau chemin dessus nommé
Que Diligence t'ay nommé
Qui toutes gens à honneur maine,
Et cent fois y a moins de paine
Qu'ou hideux chemin de paresse
Plain de douleur et de tristesse
Où nul ne pourroit estre à aise,
Ne faire chose qui lui plaise,
N'estre en estat, ne bien nourry;
Car le chemin est si pourry
Qu'on y entre jusques au ventre,
Maleureux est cil qui y entre !
C'est un chemin ou nuls ne court,
Mais, sans faille, il est assez court

[1] Acte nuisible. — [2] C'est la raison qui parle. — [3] Se rapporte à maintient au vers précédent. Il ment celui qui maintient que destinée, etc.

Tant soit-il ort et desrivé[1],
Car on est tantost arrivé,
Sans y quérir autre adresse,
Droit au manoir où il s'adresse,
C'est assavoir chez Povreté
Où l'en vient tout desbareté[2],
Nu, deschaux, et de froit trem-
    blant
Et de très-douloureux semblant,
Le corps courbé, acrampely[3],
Affin qu'on ait pitié de ly.
Mais de tels gens, en vérité,
Doit-on avoir peu de pitié
Quant il sont en si bas dégré :
Puisqu'ils se mettent tout de gré
En si doloreuse aventure,
Que mésaise aient c'est droicture.
    Se tu crois doncques mon con-
      seil
Que je, pour ton preu, te conseil,
Cest ort chemin hideux hairas,
Ne jamais jour ne t'y verras.
Remenbre toy des meschéans
Que tu es chascun jour véans
Qui si maleureux deviennent
Quant en ce chemin se tiennent.
Beau chastiement met en lui
Qui se chastie par autrui.
Se uns homs entre en mauvais pas
De gré, ou qu'il ne saiche pas,
(Si comme assez souvent eschiet,)
Et en ce mau pas lui meschiet,
Cellui d'après qui le regarde
Ne le suit pas, ainçois se garde
D'aler après, qu'il ne se blesse,
Et s'en va querre une autre
    adresse
Qu'à droit port le fait arriver.

Tout ainsi dois-tu eschiver
Tous temps le chemin et la voie
Que tu scez et vois qui avoie[4]
Toutes gens à chétiveté,
A angoisse et à povreté,
Et que chascun jour pues véoir
Qui ne leur fait que meschéoir[5],
N'en ce chemin bien n'orent onc-
    ques.
Eschive le erraument doncques,
Et met les pans[6] à la sainture,
Et si t'en cours grant aléure,
Et à main destre pren t'adresse
Au beau chemin qui tost adresse
Tous ceulx qui y vont, et agence
En tout honneur : c'est Diligence
Le beau chemin plain de no-
    blesse,
Nuls n'y puet avoir fors léesse
Par la planté des biens qui vien-
    nent
A tous ceulx qui ce chemin tien-
    nent.
Il est lonc merveilleusement,
Mais il n'ennuye nullement
A ceulx qui veullent avenir
Au manoir Richesse et venir,
Ainçois errent et jour et nuit
Sans ce que goute leur ennuit.
Chascun a désir qu'il se voie
En ce chemin. Droit en my-voie
A deux sentes dont l'une à destre
S'en va droit, et l'autre à se-
    nestre.
De la destre te vueil parler :
Par celle fait-il bon aler,
Car tant est vertueuse adresse
Qu'il maine à parfaicte richesse ;

---

[1] Détourné. — [2] Déconfit. — [3] Accroupi, retiré. — [4] Conduit. —
[5] Var. 7201, clèrement et apparcevoir. — [6] Les pans de ta robe.

C'est Souffisance la séure
Qui ceulx qui là vont asséure
Et les fait vivre en bon espoir
Sans penser à nul désespoir,
Car tout ce qu'ils ont leur souffist.
Soit à dommage ou à prouffit,
Dieu loent sans estre lassés
Aussi tost d'un pou com d'assez.
Cils sont riche parfaictement,
Et nuls n'est riches autrement
S'il ne va parmy Souffisance,
Et fut-il ores roy de France.
De l'autre sente te diray,
La vérité n'en mentiray :
Elle va à senestre partie,
Mais c'est bien chose mi-partie [1]
Envers celle qui va à destre,
Car nul n'y puet assouvis estre.
Celle sente a nom Convoitise
Qui les cuers enflambe et atise
D'estre convoiteux sur avoir ;
Qui plus en a, plus veult avoir,
Tousjours de plus en plus con-
    voite,
D'aler avant si fort les coite [2] !
Et quant ils viennent au chastel
De Richesse qui tant est bel,
Avis leur est que riens fait n'ont
S'encores plus avant ne vont.
D'aler oultre est bien leur entente,
Tant com leur durra celle sente,
A quelque peine que ce soit ;
Mais certes elle les déçoit.
Mal en virent oncques l'entrée,
Car quant personne y est entrée,
Ne se puet d'avoir saouler,
Ains vouldroit bien tout engou-
    ler ;

Ne se daignent là arrester,
Mais vont tousjours, sans con-
    trester,
Querre meilleur pain que fro-
    ment,
Dont, puis, se repentent souvent ;
Car quant bien hault se sont ju-
    chiés,
A un seul coup sont trébuchiés,
De Fortune qui ne voit goute,
Qui de sa roe si les boute
Qu'en la boe les fait chéoir :
On le puet chascun jour véoir.
Quant ils se voient décéus
Et du hault au bas chéus
Où fortune les a flatis [3],
Lors ont les cuers si amatis [4]
Et si vains que du tout leur fail-
    lent,
Et ne scevent quel part ils aillent,
Tant sont honteux et esbahis,
Et se tiennent pour fols naïs [5],
Chétis, las, courbés, sans léesse,
Entrans ou chemin de Paresse,
Et s'en vont droit à Povreté,
Desconfit et desbareté,
Ne jà puis jour ne seront aise,
Ainçois languiront en mésaise,
Et en tel estat se mourront,
Et, par aventure, pourront
Faire aucun vilain maléfice
Dont il seront mis à justice.
Donc pues-tu véoir et entendre
Qu'il fait très mauvais entrepren-
    dre
Sente qui est si périlleuse,
Si forvoiant, si fortuneuse
Comme est celle de Convoitise,

---

[1] Coupée en deux, différente. Var B. et 7201, *impartie*. — [2] Excite.
— [3] Précipités. — [4] Matés, lassés. — [5] Naturels, naïfs.

Car nul n'y a s'entente mise
Qui en la fin ne s'en repente.
Eschieve doncques ceste sente
Et pren celle de Souffisance,
Et tu auras tousjours chevance
Et assez tant com tu vivras;
Assez as-tu quant ton vivre as,
Entre les gens, honnestement,
Et as souffisant vestement
Et à l'avenant le surplus :
Fol es se tu demandes plus.
Puis que tu l'as par loyauté,
Tu as plus qu'une royaulté
Sans souffisance ne vauldroit,
Se tu regardes bien au droit.

Et s'il advient que servir doies
Je te deffent que tu ne soies
Envers ton maistre courageux,
Orguilleux, fel, ne oultrageux.
Tousjours lui fay obéissance,
Et enclines à sa plaisance,
En tous estas[1], sans rebeller,
Et ne te dois nul temps mêler
D'argüer ne de contredire
Chose que tu lui oies dire :
S'il parle à toi, si lui respons
Doulcement, sans vilain respons,
Sans rebrichier[2] et sans groucier,
Craindre le dois à courroucier.
Et si ne dois en nul temps faire
Chose qui lui doie desplaire :
Pour enseignement que tu truis-
    ses[3]
Au moins puis qu'amander le
    puisses,
Tu le dois amer de vray cuer,
Sans lui estre faulx à nul fuer,

Et se tu l'aimes, tu feras
Son vouloir et le doubteras
En tous estas, j'en sui certaine,
Car amours est si souveraine
Que toutes vertus lui enclinent
Et de lui obéir ne finent.
C'est moult puissant vertus qu'a-
    mour !
Met-la donc en toy sans demour,
Car qui aime de cuer, il craint :
Bonne amour à ce le contraint
Qui le met en obéissance
Par sa vertueuse puissance,
Et le tient en subjection
Sans user de déception[4].
Mais s'aucun craint, ne s'ensuit
    mie
Qu'il ait en lui d'amour demie[5] :
Amour n'obéist pas à crainte,
Ne nullui n'aime par contrainte,
Car on craint bient ce que l'en het,
Que ce soit voir, chascun le scet;
Mais qui bien aime, craint et
    doubte :
De ce ne doit nuls avoir doubte.

Aimes donc ton maistre et le
    sers
Loyaument, et s'amour dessers[6];
Et quant ton bien aparcevra,
Vers toy fera ce qu'il devra,
Ne jà ne saura estre avers.
Et se tu le sers au travers,
Sans lui amer et chier tenir,
Nul bien ne t'en poura venir,
Ains perdras avec luy ton temps
Et si auras à lui contemps,
Ou vilment congié te donra

---

[1] En toute situation. — [2] Critiquer. — [3] Trouves. — [4] Le Ms 7201 ajoute:

    La fait crainte à lui obéir :
    Tu le pues clèrement véir.

[5] Moitié, portion. — [6] Mérite son affection.

Et si diffamer te pourra
En pluseurs lieux, par aventure,
Que nullui n'aura de toy cure.
Ainsi en tous estas perdroies,
Se par amour ne le servoies.

    Quiconques sert il doit amer
Son maistre de cuer, sans amer[1],
Et de si loial cuer servir
Que s'amour puisse desservir.
Prendre doit trois conditions
De trois significations
Que briefment je te nommeray,
Et puis si les exposeray.
Premier, dos d'asne doit avoir
Se bien veult faire son devoir ;
Secondement, comment qu'il
    voit[2],
Oreilles de vache avoir doit ;
Et tiercement doit avoir groing
De pourcel, sans aucun desdaing.
Ces trois conditions estranges,
Se tu sers, pas de toy n'estranges,
Mais mect tousjours paine et
    estude
D'avoir les par similitude,
Quant sauras l'exposition
De leur signification
Que je te veuil dire et aprendre.
Par dos d'asne tu pues entendre
Qu'avoir dois le fais et la charge
De ce que ton maistre te charge,
Et que de toutes ses besoignes,
Sans faire obliance, tu soignes ;
Tu en dois la somme porter
Pour mieulx ton maistre déporter ;
Et pour bien faire ton devoir,
Lui dois souvent ramentevoir
Et avoir chier sur toute rien

Le sien prouffit comme le tien.
Après, par oreille de vache
Pues-tu entendre, sans falache[3],
Que tu dois ton maistre doubter,
Et s'il te laidenge[4], escouter
Sans ce que contre lui t'orgueilles ;
Faire lui dois grandes oreilles,
Et faire semblant toutesvoies
Que tu n'ois adonc, ne ne vois.
Quant le verras de tencier chault,
Tais-toy tout coy et ne t'en chault,
N'à tort, n'à droit, ne respons
    point
Tant comme il est en ycel point,
Car trop s'en pourroit engaignier ;
Autre chose ne puet gaignier
Servant qui respont à son maistre,
Soit chevalier, bourgois ou
    prestre.
Qui se tait et point ne rebelle,
C'est une vertu bonne et belle :
Ceste-cy, se tu me veulx croire,
Aras-tu tousjours en mémoire.
Par groing de pourcel ensement
Peus-tu entendre clèrement
Qu'en toy ne doit avoir danger
Ne de boire, ne de menger,
De grant disner, ne de petit :
Tous dois prendre par appétit
Et en bon gré, se tu es sage,
Sans mener despit ne haussage,
Orgueil, ramposnes, ne desdaing,
Et fay tout ainsi com le groing
Du pourcel qui partout se boute ;
Tout prent en gré, riens ne dé-
    boute,
Ainçois se vit de ce qu'il treuve
Liement, sans faire repreuve[5],

[1] Fiel. — [2] Aille, quoi qu'il en soit. — [3] Tromperie. — [4] Blàme. —
[5] Reproche.

Tout treuve bon et savoureux,
De nulle rien n'est dangereux[1].
Par semblable, ne dois-tu estre[2]
Quant tu es à l'ostel ton maistre,
Ains te doit tout plaire et souffire,
Sans rien refuser ne despire.

A tant se tut Raison la sage;
Lors tournay un pou mon visage,
Et pour penser mieulx m'acosté;
Donc s'en vint de lez mon costé,
Uns homs saiges et plain d'avis,
Ainsi comme il me fu avis
Et il en est bien renommés,
Entendement estoit nommés.
Beaux amis, dist-il, or entens :
Se tu veux emploier ton temps
A faire ce que Raison dit,
Tu feras que sage, à mon dit.
Elle t'a cy moult sermoné,
Moult bonne exemple t'a donné :
Se tu l'as scéu retenir,
Tu en pues à grant bien venir
Selon Dieu et selon le monde;
Croy la, et j'octroy qu'on me
        tonde,
(Se de ce qu'elle a dit t'apens[3];)
Se tu jà nul jour t'en repens :
Et tu l'apparcevras à l'ueil;
Quant à or, plus dire n'en vueil,
Car on doit mettre son assent[4]
Autant à un mot comme à cent.
Quant j'oy un pou après pensé,
Repensé et contrepensé
A ce que Raison apris m'ot,
Et bien recordé mot à mot
Par le conseil d'Entendement,
Et que j'estoie en grant dément

De tout en mon cuer retenir,
Ès-vous un homme à moi ve-
    nir
Qui bien sembloit estre advocas
Qui parler scéust en tous cas :
Moult sembloit estre sages hom
Selon droit et selon raison;
Coiffe et habit fourré portoit,
Et richement se déportoit :
Preudoms sembloit, et sans riot,
Clerc et varlet avec lui ot.
Le maistre fu Barat[5] nommés,
De ce ne fu pas mesnommés :
Son clerc avoit nom Tricherie,
Et son varlet Hoquelerie[6].

    Barat s'est de lez moy assis,
Et commença par mos rassis
A parler attrempéement
Aussi comme par chastiement.
Auras-tu huy assez pensé?
Di, chaitif, qu'as-tu empensé?
Veulx-tu croire Raison la fole
Qui ceulx qui la croient affole?
Se tu la crois, chaitif seras
Tant com de son sens useras;
Nuls ne puet à estat venir
Qui se veult à Raison tenir,
Mais à grant paine se chevit
Et tousjours en souffreté vit
Sans avoir nulle chevissance.
Or est fols qui a souffisance
Quant au cuer a tant de doleur;
Je le tendroie à grant foleur
Qui selon raison ouverroit :
Jamais riche ne se verroit,
Ains seroit tousjours en un point
Sans ce que il enrichist point.

---

[1] Difficultueux. — [2] De même, tu ne dois pas être difficile. — [3] Si tu penses bien à ce qu'elle t'a dit. — [4] Intelligence, compréhension. — [5] Tromperie. — [6] Chicane.

Tousjours scroit com povre et
    chiche,
Dolent, subjet et serf au riche
Dont souvent s'oroit laidengier :
Ainsi vivroit en grant dangier.
Qui a le cuer pur, net et monde,
Povre est et n'a loy[1] en cest monde,
Ne ne puet venir à estat ;
Met doncques Raison en restat[2]
Et me crois, si feras que sage,
Car s'user veux de mon usage,
Tu seras tantost surhaucié,
Riche, puissant et essaucié ;
Servis et honneurés seras,
Et tout à ton plaisir feras.
Tu ne feras que commander,
Chascun vendra à ton mander :
Tous temps vivras en tel conroy
Com se tu fusses duc ou roy,
Car tous auras tes aisemens.
Se tu fais mes enseignemens
Que je te vueil dire et aprendre,
Moult bon exemple y pourras
    prendre.
Flateur soies premièrement,
Car c'est le droit commencement
Par quoi on puet à bien venir
Et à grant estat avenir :
S'avenir y veulx, sans deffault,
De *Placebo* jouer te fault.
Soies en tous lieux décevant
Où tu seras, et par devant
A toutes gens fais beau semblant,
Si leur irás le cuer emblant,
Et faing que tu soies loyaulx,
Vrais en cuer et espéciaulx[3] ;

Aquier des amis, sauf le tien[4],
Serré par devers toy le tien.
Ne soies pas larges, mais chiches ;
Ainsi seras tu tantost riches.
Quel compaignie que tu truisses,
Là ne despens riens que tu
    puisses[5],
Aies le cuer bault[6], et te truffes,
Et dy des gorgées et des truffes
Quant tu verras qu'il sera point,
Et met paine à le faire à point ;
Par ce seras tu bien venus
En compaignie, et chiers tenus.
    Après, ne te doit ennuyer
De voulentiers gens conchier[7]
En tous estas, et mettre en voie
Que tu aies de leur monnoie,
Ou soit à droit, ou soit à tort,
Ou par contrainte, ou par accort ;
Et se bien me veulx apaier[8],
Acrois[9] partout sans riens payer,
Et voulentiers par tout mes-
    compte[10],
Ne jà du péchié ne fais compte ;
Ceulx qui te doivent fay con-
    traindre,
De les mengier ne te dois faindre,
Et les mener à povreté
Sans avoir d'eulx nulle pitié :
Ne te chault s'ils perdent che-
    vance,
Mais que tu aies leur substance ;
Soies tousjours tout prest de
    prendre,
Mais garde-toi bien de riens
    rendre.

---

[1] Droit, puissance. — [2] En arrière : de rester. — [3] Spécial, dévoué.
— [4] Sans dépenser ton avoir qu'il faut tenir serré. — [5] Autant que tu le
pourras. — [6] Joyeux. — [7] Tromper. — [8] Satisfaire. — [9] Prendre à crédit.
— [10] Compte mal (à ton avantage).

Je te deffens que tu ne paies
A âme chose que tu doies,
Et s'aucun te faisoit semondre [1]
A qui il te faulsist respondre,
Ou soit à bel, ou soit à let,
Moy et mon clerc et mon varlet
Tous ensemble t'irons aidier
Ou cas qu'il te fauldra plaidier.
Se tu nous crois, tu materas
Tous ceulx à qui tu plaideras,
Sans faillir en nulle saison,
Soit droit, soit tort, maugré
    raison,
Tousjours à ton besoing ven-
    drons
Et bien près de toi nous tendrons
Et te feron tost achever
Tes causes et en hault lever
Ton estat, habonder et croistre,
Tant que bien te pourras acroistre.
    Après, te vueil encor aprendre
Trois choses qu'il te fault em-
    prendre
Se tu veulx tost monter en pris
Et si sont d'assez moien pris.
    La première est que tu te vestes
De bonnes robes et honnestes
Fourrées à leur avenant [2]:
Si en seras plus avenant [3],
Plus honnourés et mieulx prisiés
Et entre gens auctorisiés
Et tenus pour sage de tous,
Et fusses tu fols et estous.
La seconde chose est mentir
Soubtivement, sans alentir,
Par beaux mos polis, plains de
    lobe, [4]
Ce siet bien sur la bonne robe:
Par ce pourras tu faire acroire

Que mençonge soit chose voire
Et que vérité soit mençonge,
Ne qu'on y croie ne qu'en songe.
La tierce chose est vraiement
Que tu faces hardiement
Quanque tu auras empensé,
Soit bien pensé ou mal pensé;
Tu dois hardiement ouvrer
Se grant avoir veulx recovrer,
Car cil qui hardiement ne euvre
Et est honteux, riens ne re-
    coeuvre,
Mais est povre et las en ce monde,
Et li hardi tousjours habonde
Puis que beau langage a en main.
Partout et à soir et à main
Les trois derreniers poins tiens
Et principalment les retiens
Et tu auras tousjours chevance
Combien que tout soit décevance,
Car nul ne puet chevance avoir
S'il ne met paine à décevoir
Et s'il n'est bien malicieux,
Viseux [5] et caut et engineux,
Semblant doulx et courtois vers
    tous,
Et en cuer faulx, rude et estous: 1510
Et que tousjours rie sa bouche
Combien qu'au cuer point ne lui
    touche,
Car combien que beau semblant
    moustre,
Le ris ne doit point passer oultre
Le neu de la gorge, à nul fuer;
Des dens doit rire et non du cuer.
Il doit estre blaffart [6] toudis,
Et en tous fais et en tous dis
Les puissans doit aplanier [7]
Par souples mos et festier,

---

[1] Assigner. — [2] Convenablement. — [3] Agréable. — [4] Tromperie. — [5] Observateur. — [6] Mot dont j'ignore le sens ici. — [7] Caresser.

Et leur porter grant révérence,
Car on puet moult acquester en ce;
Des povres ne puet il chaloir,
Car ils ne pevent riens valoir :
Ceulx là fait bon bouter arrière,
Sans leur faire semblant ne
    chière,
Et du tout en tout soy retraire,
Car on ne puet d'eulx denier
    traire.
Or m'as tu oy raconter
Comment on puet à pris monter :
Se tu crois mon enseignement,
Riche seras parfaictement,
Et auras, tout à ton vouloir,
Tout ce que tu sauras vouloir;
Et se tu veulx croire Raison,
Tu seras en toute saison
Chaitif, mendiant, povre et las,
Car si te tendra en ses las
Que monter plus hault ne pour-
    ras.
Or fay lequel que tu vouldras
Et y pense tout à loisir :
Quant à chois es, tu pues choisir.
Se tu veulx estre povres hom,
Si me laisse et croy Raison;
Et se tu veulx riche homs estre,
Si me tien pour seigneur et
    maistre,
Tant com tu vivras, et me croy,
Et de Raison croire recroy.
  A ce mot s'est Barat téu,
Car assez m'ot ramentéu
Ses affaires et sa doctrine
Et enseignié tout son convine;
A tant de moy se départi.
Lors pensay moult au jeu-parti
Que Barat et Raison fait m'orent
Et enchargié tant comme ils
    porent,

Mais le jeu si parti avoie
Que lequel croire ne savoie,
Ou Raison qu'ot à moy parlé,
Ou Barat le bien enparlé;
Mais bien croi qu'au derrain
    créusse
Barat, s'autre conseil n'éusse,
Car si bel m'avoit flajolé
Que tout sus m'avoit affolé.
  Lors vint à moy Entendement
Pour moi donner enseignement
Auquel des deux je me donnasse
Et cuer et corps habandonnasse.
Fol, dist-il, es-tu rassoté
Qui ce que Raison t'a noté
Veulx laissier pour estre tri-
    chierres
Faulx et mauvais et décevierres,
Et croire Barat le lobeur
Qui pires est que desrobeur?
Bien es fol et oultrecuidés
Et de sens naturel vidés,
Et bien pert que tu ne vois goute
Qui veulx mettre entente toute
A toy envers Barat plaissier,
Pour Raison la sage laissier,
Car oncques nuls ne la laissa,
Ne vers Barat ne se plessa
A qui n'en meschéist après,
Sans faillir, à loing ou à près.
De ton temps véoir l'as péu
Que maint grant maistre décéu
En ont esté, et mis à honte
Pourcequ'il ne tenoient compte
De Raison ne ses fais ensuire,
Mais se penoient de la fuire,
Et adnichilloient droiture,
Contre Dieu, Raison et Mesure.
Et combien qu'avec eulx féusse,
Jà d'eux audience n'eusse
A desdire leur voulenté,

Tant ièrent espris et tempté
Par Fol-cuidier le pou séur,
Qu'estre cuidoient asséur,
Et tousjours Barat surmontoient
Pour ce que par lui hault mon-
    toient,
Et amassèrent les trésors
Qui erent très-vils et très-ors ;
Car de ce qui par Barat vient,
En la fin nul bien n'en avient.
Il n'est pas bon logicien :
Belle entrée a et beau moyen,
Mais tousjours fait conclusion
A honte et à confusion ;
Car tout quanque Barat aüne[1],
En vingt ans, anientist fortune
En une seule heure de jour,
Ne nuls n'y puet mettre séjour.
Ainsi ne puet Barat durer,
Car ne le pourroit endurer
Droit qui tout adresse et aligne
Et qui ne fait riens fors à ligne,
Mais est enclin à son affaire
A tout ce que Raison veult faire.
Croi doncques Raison et la sers,
Car vraiement tu seras sers
D'une mauvaise servitude
Se tu mes en Barat t'estude.
Pluseurs par ses las sont passés,
Plus sages que tu n'es d'assez,
A qui mal en est advenu,
Tu le vois souvent et menu.
Plus sages que tu n'es ? Vraie-
    ment,
Par le mien mesmes jugement
Plus saiges voir ne sont-ils mie,
Car en eulx n'a de sens demie,
Combien qu'ils aient de sens le
    nom

Par grant abit et par renom,
Car tels est saiges qui est fols
En ce monde, bien dire l'os,
Tel y est fol qui est bien sage,
Ce voit on par commun usage ;
Car selon le dit de ce monde,
Ly homs qui de richesse ha-
    bonde
Et a assez or et argent
Pour sage est tenu de la gent
Et est prisié en tous pays
Combien qu'il soit uns fols naïs ;
Donc il est sage et fol ensemble
Par ce que j'ay dit, ce me semble :
Voire sage pour son avoir,
Et fol naïs pour pou savoir.
Et li povre, par opposite
De l'exemplaire que j'ay dicte,
Tant soit-il sage à grant devise,
Nul ne l'aime, honnoure ne prise,
Ains le tient-on pour fol et nice
Et est tenu son sens pour vice,
Car quant il dit sage parole,
Si la tiennent la gent pour fole,
Ne de riens ne puet avoir los,
Dont il est sage, et si est fols :
Fols, pour ce qu'il est povres
    hom :
Sage, pour ce qu'il a raison,
Et sens en soy de lui retraire
De mal faire, et à bien atraire.
Or vois-tu bien que je te preuve
Tout clèrement par une preuve
Qu'il n'a fors pure vérité
En ceste contrariété
Que je t'ay voulu cy espondre[3],
Ne nuls n'y sauroit que res-
    pondre
Pour le contraire soustenir

---

[1] Amasse. — [2] Var. B. je ment. — [3] Établir.

S'il se veult à raison tenir.
Soies sages et me croi doncques,
Tu ne féis si bon sens oncques.
Croy Raison et à luy te tiens
Et ses enseignemens retiens,
Et tu en vendras à grant bien.
Tu le verras ains dix ans bien,
Faillir n'y pues par nulles voies
Se par Barat ne te desvoies.

   A tant se tut Entendement;
Lors commençay parfondément
A penser à la vérité
Que devant m'avoit récité;
Adonc apparceu-je de voir
Que voir m' ot dit, sans décevoir,
Entendement le sages hom
Que trop mieulx vault croire
   Raison
Que Barat; si m'y assenti,
Car onc nuls ne s'en repenti.

   Lors vint Raison, sans de-
   mourée,
Blanche, vermeille, colourée,
Faisant grant joie et bonne chière
Com celle qui n'a riens tant chière
En ce monde, comme personne
Qui de bon cuer à lui se donne.
Ami, Dieux te gart, dist Raison,
Or est-il bien temps et saison
Que tu faces ma volenté,
Quant je t'en voi entalenté;
Tout maintenant jurer te fault
Que par toi n'y aura defanlt,
Et que de cuer me serviras,
Ne contre mon vouloir n'iras
Jamais, quoy que Barat te die,
Ne nul de ceulx de sa mesnie,
Par leur beau parler décevable.
Aies le cuer ferme et estable
A mes œuvres continuer
Sans ton courage point muer.

En pensée, n'en fait, n'en dit,
Comme autrefois je le t'ay dit
Et monstré pour prendre chastoy,
Quant je fus cy parler à toy;
Mais si tost com je m'entourné,
Par Barat fus tantost tourné
Et par la force de son vent,
Tout ainsi que l'en voit souvent,
Quelque part que le vent s'a-
   tourne,
Le cochet d'un clochier se tourne.
Prens doncques en toy fermeté,
Vertu, force et estableté
A bien tenir les convenances,
Que je vueil que m'enconve-
   nances
Pour avoir de toy séurté
Que tu me tendras loyaulté
Et que tous mes commans ten-
   dras
En quelque lieu que tu vendras.
Et saches bien que mon service
Est au monde droicte franchise;
Qui me sert, puet partout aler
Et devant toutes gens parler
Baudement, sans baissier la chière
Et sans traire le cul arrière:
Paour ne doit avoir ne honte
Devant pape, roy, duc, ne conte,
Ne devant autre justicier
Ordonné pour gens justicier,
Non voir devant homme qui vive,
Car mon sergent à nul n'estrive,
Ne sa pensée en nul endroit
Ne vouldroit mettre, fors en droit
Et en vérité maintenir,
Et s'y veult soir et main tenir.
Pour ce, vueil-je que tu de-
   viengnes
Mon sergent, et qu'à moy te
   tiengnes,

Sans t'en départir à nul fuer,
Et espécialment ton cuer ;
Et je aussi en ton cuer seray,
Ne jà ne m'en départiray
Jusques à la mort, ne t'en doub-
tes,
Se maugré moy hors ne m'en
boutes.
Se tu m'aimes, bien te suivra,
Et se ce non, il te fuira.
Se tu n'as l'entendement trouble,
Tu vois que mon salaire est
double ;
Que ce soit voir, je le te preuve
Par preuve où n'a point de re-
preuve.
　　En moi servant, première-
ment,
Pues-tu vivre tout seurement,
Sans nul doubter fors Dieu mon
père :
Qui ce ne croit, il le compère.
Après, quant tu trespasseras
De ceste vie, tu seras
Avecques mon père en sa gloire,
Ceste sentence est toute voire,
Et là vivras-tu finement
Sans jamais avoir finement,
Car tu dois créance avoir ferme
Que quant personne vient au
terme
Qu'elle en ce monde doit mourir,
Adonc commence-elle à flourir
Et prent commencement de vie
Tout aussi tost qu'elle dévie,
Car elle ist de vie muable
Et entre en vie pardurable.
Tout donc pues tu veoir clère-
ment
(S'en toy a point d'entendement)
Que mon loyer se double bien

Quant on en reçoit double bien,
C'est assavoir honneur parfait
Au monde, par œuvre et par fait,
Et paradis en la parfin
Qui durera tousjours sans fin.
N'il n'est nul autre bien, sans
faille,
Qui le mendre de ces deux vaille ;
Or te gard donc de les perdre
Et te veuilles du tout aherdre
A mes euvres si bien ensuivre
Que tu les aies à délivre,
Et laisse Barat et ses euvres,
Car saches que se tu en euvres
Et en son service remains,
Tu perdras le plus pour le mains.
Car ces deux biens dessus nom-
més
Qui tant sont beaulx et renom-
més
Par son service auras perdus
Et tu mesmes seras pendus
Corporelment, par aventure,
A grant angoisse et à laidure.
Tu y perdras, bien dire l'os,
→ Se tu le sers, corps, âme et los
Qui sont trois très souverains
biens,
Et si ne te puet donner riens
Fors plaisance d'acquerre avoir
Sans point de conscience avoir,
Car tousjours son servant atise
D'avoir sur l'autrui convoitise,
Et quant son servant a assez
D'avoir et trésors amassés
Et il cuide vivre asséur,
Lors lui vient aucun méséur
Qui tout met ce dessus dessoubs :
Par nuls n'en puet cstre res-
soubs,
Ne nul de son meschief ne pleure,

Mais chascun, de fait, lui queurt
    seure,
Et tel, espoir, ne le vit oncques
Qui en dit moult de mal adoncques
Et en a le cuer esjoy
Pour le mal qu'il en a oy,
Et n'en fait fors chanter et rire,
Et souvent par ramposne[1] dire :
Trop estoit riche devenu,
Tout estoit du deable venu
Et au deable tout s'en ira.
Tout ainsi chascun s'en rira
Et n'aura nuls de lui pité,
Ains sera vilment despité
Et de Dieu et du monde ensemble.
Donc pues tu voir, ce me semble,
Que Barat fait mauvais servir
Puisque l'en ne puet desservir
Fors que honte, angoisse et do-
    leur,
Et que qui le sert fait foleur.
Met le doncques en non chaloir,
Et m'aimes qui te puis valoir
En tous cas, vers Dieu et le
    monde,
Et aies le cuer pur et monde.
Aies en toy humilité,
Loyaulté, foy et vérité,
Et se humble es de contenance,
Gardes qu'il n'y ait décevance,
De cuer le soies et de fait,
Car tel humble et loyal se fait
Devant la gent, qui ne l'est mie
Ne n' a d'humilité demie,
Mais sa chiere humble et encline
Fait acroire à ceulx qu'il en-
    cline
Qu'il est preudoms, par son sem-
    blant.

Ainsi leur va leurs cuers em-
    blant
Par sa simple papelardie
Qui est pleine de renardie
Et de faulseté, car soubs l'om-
    bre
De la simplesse où il s'aombre,
Deçoit tous ceulx qui le regar-
    dent
Qui du faulx semblant ne se
    gardent ;
Si avuglés les a sans doubte
Que nulluy de luy ne se doubte,
Mais jurroit chascun fermement
Qu'il est preudoms parfaicte-
    ment,
Combien qu'en faulseté habonde.
Tout ainsi deçoit-il le monde,
Mais Dieu ne puet-il decevoir :
Cellui en scet bien tout le voir,
Car il voit tout à descouvert
Le mal qu'en son cuer a cou-
    vert ;
Jà si ne le saura répondre[2] :
Devant lui l'en fauldra respondre
Quant il son jugement tendra
Que sentence à chascun rendra
Par rigueur, selon le forfait
Qu'il aura au monde forfait.
Ou milieu du trosne sera,
Les plaies à chascun mons-
    trera,
Les cloux, la couronne et la lance :
Lors sera chascun en balance,
Là n'aura roy ne empereour
Qui n'ait en son cuer grant paour.
Là tendra-on aussi grant compte
D'un savettier comme d'un
    conte,

[1] Moquerie. — [2] Cacher.

Et de ceulx qui vestent les rois[1]
Comme des prelas et des rois,
Mais que loyaulx aient esté,
Prenans en gré leur povreté,
Et la seurté de Souffisance,
Et qu'ils aient éu créance
En Dieu, telle qu'il appartient
Et comme Crestienté tient.
Là ne pourra nuls pour avoir
Vers mon père sa paix avoir
Qu'il n'ait ce qu'aura deservi
Selon ce qu'il aura servi :
Tuit cil qui seront d'Adam nés
Auront paour d'estre dampnés,
Jà si justes ne sauront estre.
Mais Dieu fera aler à destre
Mes gens que il congnoistra bien,
Qui n'ont entendu fors à bien
Au monde, et selon moy vescu ;
Là leur seray-je bon escu,
Car Dieu tretous les bénoira.
— Ainsi mes gens départira
D'avec les gens Barat, sans
　　doubte,
Qui seront tous en une route
Dolens à senestre partie ;
Là iert la chose mi-partie,
Car mes gens qu'à destre se-
　　ront
Tous ensemble joye feront
Et auront parfaite léesse
Exemps de dueil et de tristesse.
Et les gens Barat, d'autre part,
Dont mon père aura fait depart
D'avec les miens, par leur foleur,

Grant pleur, grant cri et grant
　　doleur
Adonc tous ensemble menront
Quant ils condempnés se verront
Et tournés à perdition
Sans espérer rédemption.
　Or ne te fay pas donc hessier[2]
De moi prendre et Barat laissier,
Rens toy à moy tout en ceste
　　heure,
Sans querre y terme ne demeure,
Fay moy tost hommage mains
　　joinctes,
Et selon mes œuvres t'apointes
Si com je t'ay cy-devant trait,
Et persévères sans retrait,
Car qui aujourd'uy bien feroit
Et demain ne perséverroit,
Tout ce ne vauldroit un festu.
Lors me dit Raison : Que fais-tu ?
Il me semble que tu n'oies goute.
Dame, dis-je, je vous escoute,
Car tant me plaist à vous oïr
Que tout me faites resjoïr
Des grans biens que vous m'a-
　　prenez,
Et pour ce à tort me reprenez,
Car vous m'avez dit et apris
Que qui veult avenir à pris,
Il doit oïr et bien entendre
Avant qu'il doie response rendre,
Et qu'à parler si à point preigne
Et par avis, qu'il ne mespreigne :
Et que de parler ne se haste,
Ne que nuls n'en doit avoir haste

---

[1] Il me paroît impossible d'entendre par ces mots, très-distinctement écrits dans tous les manuscrits, *ceux qui habillent les rois*. Je crois que *rois* doit désigner ici quelque étoffe grossière. L'auteur ne termine d'ailleurs que très-rarement deux vers de suite par le même mot pris dans la même acception. — [2] Exciter, pousser.

Qu'avant n'y ait trois fois avis ;
Et pour ce, dame, il m'est avis
Se je vous ay laissié parler
Sans reprendre vostre parler
Que je n'ay fait cy nullement
Fors selon vostre enseignement
Auquel faire je sui tenu.

C'est voir, tu l'as bien retenu,
Ce dit Raison, et à cuer mis :
Si en seras à honneur mis
S'ainsi le veulx continuer
Sans ton courage point muer.
Puisqu'estre veulx de mes com-
plices,
Garde bien que tu acomplisses
Mes commandemens, sans re-
traire,
Que tu m'as oy cy retraire.

Je respondi : Voulentiers,
dame,
Tout sui vostre de corps et d'âme ;
En vous ay mis tout mon courage,
Tenez et je vous fay hommage
Et me rént jointes mains à vous,
Comme le vostre, à nus genouls ;
Et si vous ay enconvenant
Que bien vous tendray convenant
En tous les lieux où je seray,
Ne jamais chose ne feray,
Que je puisse, qui vous desplaise.

Lors Raison se baisse et me
baise
Et en baisant s'esvanouy.
Plus parler ne la vis, n'oy,
Mais bien dedens moy la senti,
N'oncques puis je ne m'assenti
De faire à nulluy desraison
N'autre chose contre raison,
A tout le mains que je péusse
Ne que congnoissance en éusse.
Quant dedens moi senti ainsi

Raison la sage que j'aim si
Que tousjours en mon cuer-de-
meure,
Lors vindrent à moy, sans de-
meure,
Un moult simples homs et sa
femme ;
Bien sembloient gens sans dif-
fame
Et sans estre de mal tempté :
Bon-cuer et Bonne-voulenté
Se faisoient-ils appeller.
(Tels noms n'affierent à céler.)
Chascun moult bel se maintenoit ;
Bonne-voulenté si menoit
Un enfant bel et doulx et gent
Et gracieux à toute gent,
(En tous cas ert de bon affaire,)
Nommé fut Talent-de-bien-faire ;
Bon-cuer le preudom fut son
père
Et Bonne-voulenté sa mère.
Tous trois de lez moy s'arres-
tèrent
Et moult bel semblant me mons-
trèrent ;
Bon-cuer premier m'araisonna
Et moult bel salut me donna
Par doulx parler, com simples
hom :
Amis, dist-il, puisque Raison
As avec toy acompaignie,
Tu m'auras en ta compaignie
Tous temps, et avec toi seray,
Ne jamais jour ne te lairay ;
Ma femme et mon fils que vois cy
Ne te lairont jamais aussi ;
Nous trois te conduirons en-
semble
A la voie, se bon te semble,
Que Raison t'a dit et apris

II   C

Qui fait gens avenir à pris ;
Et se tu nous veulx croire et suire,
Tous prets sommes de toy conduire
Et d'aprouver en vérité
Ce que Raison t'a endité ;
Et sans nous trois ne pues-tu faire
Chose qui puist à Raison plaire,
Car ne saroies assener [1]
Au chemin qui te doit mener
Au noble chastel de Richesse
Qui tant parest plain de noblesse.
Qui sans nous y vouldroit aler
Il ne feroit que reculer
Jusqu'à tant qu'il se fust bouté
Droit au chemin de Povreté
Qui tant parest boueux et ort.
Lors lui dis : Sire, je m'acort
A vous trois, et si vous requier
Que vous me vueilliez convoïer
Ou chemin que je tant désir,
Si m'acomplirez mon désir :
C'est au chemin de Diligence
Que je ne say où l'en commence
A y entrer, qu'onques n'y fuy,
Dont dolent et courroucié suy.
Tu y entreras tout en l'eure,
Dist Bon-cuer, or tost, sans demeure,
Lieves sus et si t'apareilles ;
Il fauldra bien que tu t'esveilles
Tel fois que tu dormisses bien,
Se tu veulx avenir à bien :
En ce chemin faut traveillier,
Pou dormir et souvent veillier.
Par trop dormir pues-tu bien perdre,

Nuls ne s'en scet à quoi aherdre [2]
Se n'est à robe dessirée
Qui n'est pas chose désirée
De personne qui honte craint ;
Pour ce est saige qui se contraint
A souffrir un pou d'abstinence
Dont on vient à telle excellence
Que on a des biens a planté.
Lors parla Bonne-volenté :
Beaux fils, dist-elle, à moi entens,
Il te fault employer ton temps
Tout autrement que tu n'as fait,
Et si bien maintenir ton fait
Que tu puisses acquerre avoir
Sans chose de l'autrui avoir ;
Et me croy moi et mon seigneur,
Si en vendras à grant honneur.
Tu n'y verras jà le contraire,
Amis, dist Talent-de-bien-faire,
Croy ma mère que tu os cy,
Et mon père Bon-cuer aussi ;
En leur conseil met tout assens
Et les aimes, si feras sens :
Lieves sus tost, sans plus d'atente,
Si te menrons droit à la sente
Du beau chemin de Diligence ;
Et ne met point de débat en ce,
Car tu en pues venir à pris,
Si comme Raison t'a apris.

A ce mot respondi en l'eure :
Sire, voulentiers, sans demeure ;
Jà par moy n'y aura débat ;
Vostre conseil pas ne débat,
Ains le vueil du tout acomplir.
Lors me commençay à vestir
Et me chaussay appertement,
Puis dis : C'est fait, alons nous en,
Véez moy cy tout apresté.

[1] Parvenir. — [2] Prendre. (Cela n'est utile qu'à ceux dont la robe est déchirée, qui n'ont pas de quoi se vêtir ?)

Lors ala Bonne-voulenté
Tantost alumer la chandelle,
Car moult estoit le cuer chault
    d'elle
Que fusse entré en Diligence
Le beau chemin plain d'excel-
    lence ;
Puis dist doulcement, sans hault
    braire,
A son fils Talent-de-bien-faire :
Tien, dist-elle, mon enfant doulx,
Ceste chandelle devant nous
Porte, si que plus cler voyons
Tant qu'en Diligence soions ;
Or tost, n'y ait plus séjourné.
Dame, véez me ci attourné,
Dist Talent-de-bien-faire adonc-
    ques.
Désobéissant n'en fut oncques,
A la voie se mist devant,
Pié à pié l'alasmes suivant.
    Tous quatre ensemble tant
    errasmes
Que nous en Diligence entrasmes,
Où je onquesmais entré n'avoie
Pour ce que aler n'y savoie.
En ce chemin grant et ferré
N'éusmes pas grantment erré
Que nous trouvasmes un chastel,
Onques personne ne vit tel
Se ce ne fust cellui meismes ;
Et quant à la porte venismes
Et nous cuidasmes ens entrer,
Adonc nous vint à l'encontrer
Cellui qui la porte gardoit,
Qui moult fellement regardoit
Et moult estoit mal engroigné
Et, par semblant, embesoigné.
Moult lourdement me print à dire :
Qu'est-ce que voulez-vous, beau
    sire ?

Voulez-vous entrer sans congié
Si tost que vous l'avez songié ?
Nul n'entre ou chastel de céans,
S'il n'est à moy obédiens
Et à ma femme que veez cy.
Ay ! sire, pour Dieu mercy !
Ce dist lors Talent-de-bien-faire,
Ne vous vueille à tous deux des-
    plaire,
Il n'y vueil pas, sans vous entrer.
Lors a prins Bon-cuer à parler :
Sire, dist-il, il est bien digne
D'entrer léans sans long termine,
Car je le sçay pour vérité.
C'est mon, dist Bonne-voulenté,
Sire, n'en soie en doubtance,
Car je sçay bien qu'il a béance,
Grant voulenté et grant désir
D'acomplir tout vostre plaisir
Et de la dame de vos biens,
Car sans ce ne vauldroit-il riens ;
Dictes que voulez-vous qu'il face,
Et il le fera sans fallace.
    Lors dist le portier doulcement :
Puisque de son assentement
L'avez jusques ci amené,
Il sera moult bien asséné
Ne il ne le pourroit mieulx estre.
Adonc me prist par la main
    destre
Et me commença à preschier
En disant : Mon amy très chier,
Puisque tu es céans venu,
Tu seras désormais tenu
De moy et ma femme obéir,
Se tu veulx Richesse véir,
Qui demeure assez près de cy
En son bel chastel seignoury.
A elle ne puet nuls aler
Sans à ceulx de céans parler
Et toute leur voulenté faire

Et persévérer sans retraire ;
A moy fault parler tout premier
Qui suis de ce chastel portier,
Qu'on clame chastel de Labour[1],
Où l'en besongne nuit et jour ;
On m'appelle par mon nom Soing
Qui maine les gens par le poing,
Entre moy et Cure ma femme,
A monseigneur et à madame
Qui de céans ont le demaine,
Qu'on appelle Travail et Peine :
Si que, beaux amis, se tu veulx,
Nous te menrons tout droit à eulx,
Mais moult t'y fauldra endurer
Ou tu n'y pourras jà durer,
Car on te feroit hors chacier,
En l'eure, sans toy menacier,
Se n'y faisoies ton devoir.
Je ne te vueil pas décevoir,
Demourer pués, ou retourner ;
On dit souvent qu'à l'enfourner
Font li fournier les pains cornus[2].
Sire, dis-je, n'en parle nuls,
De retourner n'est pas m'entente
Pour nulle durté que je y sente :
Jà ne m'en verrez remuer
Pour froit, pour chaut, ne pour
    suer ;
Bon-cuer et Bonne-voulenté
Le vous ont assez créanté,
Et Talent-de-bien-faire aussi,
Qu'amené m'ont avec eulx cy,
Et se defaillir m'en véez,
Jamais, nul jour, ne me créez.
    Lors me menèrent Soing et
    Cure

Ens ou chastel grant aléure.
Là avoit bien plus de cent mille
Ouvriers ouvrans par la ville,
Dont chascun faisoit son mestier
Si comme il lui estoit mestier ;
Là n'ot homme ne femme oi-
    seux.
Tant estoit ce chastel noiseux
De férir et de marteller[3]
Qu'on n'y oïst pas Dieu tonner ;
Qui de trois jours n'eust som-
    meillé
Si fust-il là tout esveillé.
Quant les ouvriers vy et oy,
J'en eu le cuer tout esjoy
Et me fut tart que je m'y veisse
Et que je aussi comme eulx feisse.
Soing et Cure me regardèrent
Talentif[4], si me demandèrent
Se je vouloie demourer
En Labour et y labourer :
Oïl, dis-je, pour Dieu mercy !
Moult me plaist à demourer cy ;
Au chastellain bien parleray
Et à sa femme, quant j'aray
Icy esté jusques au soir.
Dist Soing et Cure : Tu dis voir,
Or commence donc, de par Dieu.
Adonc prins ma place et mon lieu
Et m'alay tost mettre en conroy.
Ma chandelle mis devant moy
Sur la table, en un chandelier,
Pour mieulx véoir à besongnier.
Et comme je m'apareilloie
Et que je commencier vouloie,
Es-vous venir la chastellaine

---

[1] C'est le titre de l'ouvrage de Gringore ; voy. la note 1, § 2, page 4. —
[2] C'est le commencement qui décide de tout l'œuvre. Voir sur ce très-
ancien proverbe, *Livre des proverbes français* de M. Le Roux de Lincy,
II, 148. — [3] Vers omis dans 7201 qui ajoute après le suivant : *Et, ne
finast-il, détonner.* — [4] Désireux.

De ce chastel, à grant alaine,
Peine qui aloit visitant
Tous les ouvriers dont je vy tant.
Les pans avoit à sa ceinture
Et moult aloit grant aléure ;
De telle ardeur se remuoit
Qu'a pou que le sang ne suoit ;
Nulle fois surcot ne vestoit,
Mais en sa povre cote estoit
Et aucune fois en chemise,
Quant elle l'avoit blanche mise.

En passant Peine m'apparçut,
Et pour ce que ne me congnut,
Demanda à Soing le portier :
Qui est, dist-elle, cel ouvrier
Que je voy là tout seul séoir ?
Ne l'ay point apris à véoir,
Il est venu tout nouvel huy,
Je vueil aler parler à luy
Savoir s'il croire me voulra
Et s'à mon plaisir labourra.
Dame, dist Soing, vueilliez savoir
Qu'il a grant fain de vous véoir ;
Tesmoingnié nous a bien esté :
Bon-cuer et Bonne-voulenté
Et aussi Talent-de-bien-faire
Dient qu'il est de bon affaire
Et qu'il d'estre oiseux n'a cure.
Lors parla moult haultement Cure
Et dist : Vraiement, se n'a mon[1],
Et pour ce nous du cuer l'amon
Entre moy et mon mari Soing,
Avec lui serons près et loing :
Prests sommes de le vous plégier
Et de nous en bien obligier.
Lors respondi la chastellaine :

Puisqu'il est, dist-elle, en tel
    vaine,
Je le vueil aler essaier
Si me pourra si appaier
Comme vous dictes, or y parra ;
S'ainsi le fait, il acquerra
Pour l'amour de moy moult d'a-
    voir
Que nuls ne puet sans moy avoir.
Peine se trait lors près de moy :
Amis, ne soies en esmoy,
Dist-elle, mais fay liement
Ta besoigne, et appertement
A ta main entens sans muser
Et ne t'entens pas à ruser,
Mais si l'ouvrage continues
Que par force d'ouvrer tressues,
Car nuls ne doit céans oser
Soy alaschir ne repouser,
Car tantost seroit bouté hors.
Je respondi humblement lors :
Dame, dis-je, j'ay grant désir
De faire tout vostre plaisir,
Ne jà jour ne vous pourrez
    plaindre
De moy que m'aiez véu faindre,
Ne que vous face mesprenture,
En tesmoing de Soing et de Cure.
Amis, dist Peine, c'est bien dit,
Fay que le fait s'accorde au dit,
Ou tout ce ne vauldroit un ail,
Si que quant mon mari Travail
Vendra au soir, puist parcevoir
Que bien aies fait ton devoir.
Je visite nos gens au main,
Et il les visite au serain :

---

[1] Expression usitée jusqu'au xviiᵉ siècle et dont il est bien difficile de déterminer le sens précis. Si on adopte l'opinion de Niçod, ce mot représente quelquefois le μεν et d'autres fois le μεν des Grecs ; dans le second cas, ce passage signifieroit : Il n'a certes pas (ce défaut).

Or fay tant qu'il ne se cour-
        rouce,
Car de pou parle, tence et grouce.
    A tant se tut la chastellaine
Qui moult estoit d'angoisse
        plaine ;
A besongnier commençay lors,
Entente y mis, et cuer et corps.
Ainsi besongnay sans séjour
Jusqu'à tant que je vy le jour
Par les fenestres pairoir cler :
Lors ma chandelle alay souffler,
Puis entendi à ma besoigne,
Sans querre y terme ne essoigne,
Jusqu'à heure de desjuner
Qui vault desjuner et disner
A la coustume des ouvriers.
De ceulx illec vis-je premiers
La manière et la contenance[1],
Qui vivoient en abstinence.
N'y ot si grant ne si petit
Qui ne préist grant appétit
En pain sec, en aux et en sel,
Ne il ne mengoit riens en el
Mouton, buef, oye ne poucin ;
Et puis prenoient le bacin,
A deux mains, plain d'eaue et
        buvoient
A plain musel, tant qu'ils po-
        voient
Quant je regarday cel afaire,

Grant talent me print d'ainsi
        faire
Combien que pas ne l'eusse apris ;
Mais aux ouvriers exemple pris,
Qui mengoient, si me prist fain :
Lors fis tant que j'eus du pain
De Corbueil[2], du sel et des aulx,
Et si prins du vin aux chevaulx[3],
Puis mengay par si grant sa-
        veur
Qu'oncques ne mengay par grei-
        gneur,
Car moult me vint à gré cel ordre.
Qui me véist en mon pain mordre,
Ma manière et mon contenir,
Grant appétit l'en peust venir.
Et tout adès en besongnant
Alay illec mon pain mengant
Et beu de l'ieaue à plain musel ;
Vin ne prisoie un viel fusel.
Et quant j'éu mengié et beu,
Aussi bien me sentis-je peu
Comme s'à feste éusse été
Ou j'éusse eu à grant planté
Mouton, buef, poulaille et paons,
Pastés et tartes et flaons,
Pain de bouche[4] et estrange vin
Bourgouing, Gascoing et Ange-
        vin[5],
Beaune, Rochelle, Saint-Pour-
        çain[6]

[1] Var. 7201.
        Lors regarday moult voulentiers
        De ces ouvriers la contenance.

[2] C'étoit du gros pain qu'on apportoit de Corbeil à Paris, le plus ordinairement par la Seine. Voy. Le Grand d'Aussy, I, 105. Nous verrons
dans le *Viandier* qu'on s'en servoit pour faire des *tranchouers*. — [3] De
l'eau. — [4] Petit pain fait pour une seule personne. Voy. Le Grand
d'Aussy, I, 116. — [5] Var. B. *de Bourgongne et Angevin*. — [6] Voir
sur ce vin d'Auvergne si estimé au moyen âge, Le Grand d'Aussy, III, 5.

Que l'en met en son sein pour
    sain.
Lors me pris fort à besongnier,
Je ne m'en fis pas essoignier,
Car là furent, lez mon costé,
Bon-cuer et Bonne-voulenté
Et aussi Talent-de-bien-faire
Qui regardoient mon affaire;
Soing et Cure aussi y estoient
Qui tout adès m'admonnestoient
Que j'ouvrasse à col estendu
Et que bien me seroit rendu,
Car j'en auroie bon loier.
Ainsi ouvray sans délayer
Jusqu'à la nuit noire et obscure;
Adonc alèrent Soing et Cure
Tost la chandelle appareillier
Pour jusqu'à cueuvre-feu veil-
    lier,
Car d'iver estoit la saison
Qu'on ne souppe pas, par raison,
Jusqu'à tant qu'on l'oie sonner.
    Lors m'alay tost habandonner
A l'œuvre, de cul et de pointe,
Je n'en fis oncques le mes-
    cointe,
Et tant besoignay que j'oy
Cueuvre-feu, si m'en esjoy,
Car lassés et vaincus estoie
De besongner, et si sentoie
Un appétit qu'on clame fain.
A ce point vint le chastellain
Travail qui me dit : Doulx amis
Bien doy amer qui cy t'a mis,
Car bien y as fait ton devoir;
Je m'en scay bien apparcevoir.
Bien voy que tu as sans faintise
Huy en labour t'entente mise,
Et pour ce te vueil pourvéoir
Que tu puisses Repos véoir.
C'est cil qui les gens de céans

Qui en labour sont paciens
Fait aaisier à leur plaisir,
Boire, mengier, dormir, gésir
Et prendre consolation
Après la tribulation
Que ma femme leur fait souffrir
Quant à lui se veullent offrir.
Et pour ce qu'à lui t'es offert
Et grant ahan as huy souffert,
Congié te doing, en guerredon,
D'aler à Repos le preudon
Qui te fera ton corps aisier,
Ta char et ton sang appaisier
Que tu as huy moult esméu
Pour l'enhan que tu as éu.
Sire, dis-je, je m'y accort
Puisque ce vient de vostre ac-
    cort :
A Repos m'en vois orendroit.
Lors me mis à voie tout droit
Vers la porte, par un sentier :
Là requis à Soing le portier
Et à Cure que par amour
Hors me méissent sans demour.
Adonc respondi li portiers :
Beaulx amis, dist-il, voulentiers,
Car tu es vains et endormis.
Lors m'ont Soing et Cure hors
    mis,
Qui virent que temps en estoit,
Mais trop forment m'admonnes-
    toit
Chascun d'eulx deux de moi
    lever
Dès matines, pour achever
L'œuvre que commencié avoie
Pour plus tost achever ma voie
D'aler ou chastel de Richesse
Où l'en ne va pas par paresse,
Non fait-on pas par diligence
Se il n'y a persévérance.

Raison me dist, (bien m'en sou-
    vient)
Que persévérance convient
En bien faire, c'est ce qui fait
L'ouvrier louer de son bienfait.
Amis, dist Soing, à Repos vas :
Plus décevable ne trouvas
Puis que tu fus de mère nés;
Repos a maintes gens menés
Ou hideux chemin de Paresse
Qui tourne le cul à Richesse :
Repos a tous ceulx décéu
Qui contre Raison l'ont créu,
Et si est prest de décevoir
Tous les jours ceulx qui recevoir
Veulent ce qu'il leur veult don-
    ner;
Tous ses biens veult habandon-
    ner
A tous ceulx qui prendre les
    veulent,
Mais vraiement tous ceulx se
    deulent,
En la fin, qui contre raison
Les prennent hors heure et saison
Sans cogente nécessité.
Bien est raison et vérité,
Sans Repos ne puet vivre nuls,
De quelque estat, gros ne menus,
Mais ceulx qui Repos croient trop
Povres en la fin sont com Job.
Or ne le vueilles mie croire,
Mais aies tousjours en mémoire
Ce que je te dy et enseigne
Et le retien en cest ensaingne.
Adonc me tira Soing l'oreille;
Cure, d'autre part, s'appareille
A moi enseigner et aprendre

Comme je doy par raison prendre
Les biens que Repos scet donner
Quant il se veult habandonner.
Amis, dist Cure, ne crois pas
Repos, se ce n'est un trespas [1]
Quant en auras nécessité,
Car, si comme Soing t'a dicté,
Nuls ne pourroit sans Repos
    vivre [2]
S'il n'est ou hors du sens ou yvre.
Mais qui Repos croit à oultrage,
Il pert du tout son bon courage
Qu'il avoit, par devant, d'ouvrer
Et ne le puet pas recouvrer
Aucune fois à son vouloir,
Dont en la fin le fait douloir.
Garde donc bien qu'il ne te
    tiengne
Que par raison, et te souviengne
De moy à ces enseignes-cy.
Lors me tira l'oreille aussi
Comme Soing ot fait par devant
En moy mon preu ramentevant.
A tant du portier prins congié
Et de sa femme, et eslongnié
Le lieu au plus tost que je pos
Et m'en alay droit à Repos
Qui m'attendoit en ma maison,
Car il en estoit bien saison.
Ens entray, si trouvay ma femme
Qui ne pensoit à nul diffame,
Mais m'appareilloit à mengier
A lie chière et sans dangier.
Mes mains lavay et puis m'assis,
Et souspasmes à sang rassis,
Moy et ma femme, bec à bec,
Du pain et du potage avec,
Et de ce que Dieu mis y ot.

---

[1] En passant. — [2] Var. 7201 :
    Ne qu'il pourroit sans autre vivre.

Quant soupé eusmes sans riot
Et la nappe si fu ostée,
Près de moy se fu acostée
Ma femme; lors luy comptay brief
Mon affaire de chief en chief :
Dame, dis-je, ne savez mie
Comme j'ay eu forte nuitie
Quant vous de lez moy dormiez
Et vostre repos preniez.
Vous n'avez pas véu à-nuit
La male gent qui tant m'a nuit
Et fait si grant adversité :
Besoing avec Nécessité,
Souffreté, Disette autressy,
Pensée la vieille et Soussy,
Desconfort et Désespérance.
Et tant m'ont fait de meschéance,
Sachié, bouté et tourmenté,
Qu'à poi qu'ils ne m'ont craventé ;
Mais Raison la bonne et la sage
M'a apris la voie et l'usage
D'eschever toute adversité
Et de vivre en prospérité.
Entendement, com mes amis,
En la voie aussi m'en a mis,
Et m'ont fait de Barat retraire
Qui se penoit de moy attraire
Pour moy faire à mal habonder
Et moy honnir et vergonder,
Et aussi son clerc Tricherie
Et son varlet Hoquelerie.
Tant m'a donné Entendement
Et Raison bon enseignement,
Que je sui en foy et hommage
De Raison la bonne et la sage,
Et tousjours en moy demourra
Ne jamais jour n'en partira,
Ainsi comme elle m'a promis ;
A lui faire hommage ay trop mis.
Si m'y ont moult bien aidé

Bon-cuer et Bonne-voulenté,
Talent-de-bien-faire leur fils.
Quant à moy vindrent, je leur fis
Tout ce que il me commandèrent
Et alay où ils me menèrent.
Au chastel de Labour alasmes,
Où nous Soing et Cure trouvasmes
Qui sont de ce chastel portiers :
Ceulx me reçurent moult volentiers
Et me menèrent droit à Peine
Qui de Labour est chastellaine ;
Peine me reçut sans séjour :
O moy a esté toute jour ;
Travail ores, puis l'anuitier,
Vint à moy non pas pour luitier,
Mais pour dire et ramentevoir
Qu'avoie bien fait mon devoir
Et que temps estoit de venir
Mon corps aisier et soustenir.
Mais trop m'ont hasté Soing et Cure
Qui de long aisement n'ont cure,
De moy, dès matines, lever
Pour tost ma besoigne achever.
Or vous ay compté sans mençonge
Ma vision qui n'est pas songe.
Lors respondi ma femme ainsi :
Qu'est-ce que vous me dictes cy ?
Vous estes, je croy, hors du sens,
Car ne me congnois en nul sens
En ce que vous m'alez disant
Et toute nuit cy devisant,
Car ce n'est tout que fantasie
Que vous dictes par frenaisie.
Quant ma femme ramposné m'ot,
Je me teus et ne sonnay mot,

Car s'à lui me feusse engaignié,
Certes riens ne eusse gaignié
Et j'ay pieça du sage apris
Que nuls ne devroit prendre à
     pris
Nulle chose que femme die.
Soit bien, soit mal, tence ou
     mesdie,
Tousjours veult femme estre loée,
Et de ce que dit advoée :
De riens ne veult estre reprise,
Ains veult que l'en la loe et prise
Aussi bien du mal com du bien :
Ceste coustume say-je bien,
Et pour ce que je bien le sçay,
De la ramposne me passay,
Car contre femme se fault taire
Et toute leur voulenté faire :
Ainsi le conseil à tous ceulx
Qui ont femmes avecques eulx ;
Combien que ce soit folletés
De leur faire leurs voulentés,
Encore est-ce plus grant foleur,
Selon raison, de faire leur
Nulle chose qui leur desplaise,
Car jà femme ne sera aise
Se son mary lui fait despit,
Jusqu'à tant, sans aucun respit,
Que rendu lui ait doublement,
Ou nature de femme ment.
Dont doit-on, qui bien veult
     eslire,
De deux maulx prendre le moins
     pire ;

Bon se fait près d'un péril traire
Pour de greigneur péril retraire.
    Lors m'appareillay pour cou-
     chier
Et mis en coste moy l'eschier [1],
Pour tost alumer ma chandelle
Sans moy bougier, dessus ma
     selle.
De Soing me souvint et de Cure
Qui de fétardie n'ont cure,
Car moult estoie entalenté
De bien faire leur voulenté,
Et ferai d'ores-en-avant,
Et Dieu, par sa grâce, m'amand
De si bien vivre en Diligence
Et en bonne Persévérance,
Au gré de Travail et de Peine,
Que véoir me puisse ou demaine
De Richesse la haute Dame,
Au sauvement de corps et d'âme.
Et se je ne puis advenir
A la grant Richesse, et venir,
Qui est la mendre selon Dieu,
Je pry la Vierge de cuer pieu,
Qui le benoit fils Dieu porta,
En quoy les pécheurs conforta,
Qu'avenir puisse à Souffisance,
Car j'ay en ce ferme créance
Que qui à Souffisance adresse,
En lui a parfaicte richesse,
Ne jà ne croiray le contraire.
Icy vueil mon livre à fin traire
Appellé la *Voie et l'adresse*
De Povreté et de Richesse.

Chière seur, par ce que dit est vous povez veoir qu'est diligence et qu'est persévérance, et ainsi, chière seur, est le premier article démonstré.

[1] Briquet ; *esca*, *esche* signifiant l'amadou ou au moins une matière inflammable aux étincelles provenant du briquet.

LE SECOND ARTICLE

DE LA SECONDE DISTINCTION,

LEQUEL ARTICLE DOIT PARLER DE COURTILLAGE.

Primo, est à noter que tout ce que l'on sème, plante ou ente, l'en le doit semer, planter ou enter par temps moite et au soir ou au bien matin, avant l'ardeur du soleil et en décours[1], et doit-l'en arroser le pié et la terre et non la fueille.

Item, par l'ardeur du soleil l'en ne doit mie arroser, mais au soir et au matin; ne coper choux, percil[2], ne autres telles verdures qui regettent, car la chaleur du soleil cuiroit la coupeure et l'ardroit, et ainsi ne regetteroit jamais par iceluy endroit de la coupeure.

Nota que en temps pluieux fait bon planter, mais non mie semer, car la graine se retient au ratel.

Dès la Toussains sont fèves des marais, mais afin que icelles ne gellent, on en plante vers Noël et en Janvier et Février et au commencement de Mars; et les plante-l'en ainsi à diverses fois afin que se les unes sont gelées, les autres ne le soient pas. Et quant elles se lièvent hors de terre, si tost qu'elles poignent l'en les doit harser et rompre le premier germe : et si tost qu'elles ont six fueilles, l'en les doit seurfouir[3]. Et de toutes icelles, les premières venues sont les plus chières et doivent estre mengées le jour qu'elles sont escossées, ou autrement elles deviennent noires et aigres.

Nota que marjolaine et violettes que l'en veult garder en yver contre la froidure, l'en ne les doit mie mettre

[1] De la lune. — [2] Var. A. *Perrecin*. — [3] Mettre de la terre par-dessus.

soudainement de froit à chault, ne de moite à froit, car qui longuement les garde l'iver en un célier moite et soudainement les met au sec, il les pert ; *et sic de contrariis similibus.*

En yver l'en doit oster les branches du sauger qui sont mortes. Encores en Janvier et Février, sauge, lavende, coq[1], mente, toutebonne[2] soient plantés jusques à Juing. — Panoit[3] soit semé large à large. — Oseille soit semée ou décours et jusques à Mars et plus.

Nota que l'iver de Décembre et de Janvier fait mourir les porées, c'est assavoir ce qui est hors terre, mais en Février les racines regettent nouvelle et tendre porée, c'est assavoir si tost comme la gelée cesse, et quinze jours après viennent les espinars.

Février. — Sarriette et marjolaine sont comme d'une saveur à mengier, et sont semés ou décours et ne sont que huit jours en terre. — *Item*, sarriette ne dure fors jusques à la Saint-Jehan. — *Item*, en décours doit-l'en planter arbres ou vignes et semer choux blans et pommés. — *Nota* que les marquets chevelus portent dès l'année qu'ils sont plantés chevelus.

Espinars sont en Février et ont longue fueille et crenelée comme fueille de chesne, et croissent par touffes comme porées, et les convient esverder[4] et bien cuire après. — Bettes viennent après.

Nota que framboisiers et aussi framboises sont bonnes à planter.

Mars. — Ou décours doit l'en enter : jombarde[5] planter

---

[1] Cost, *costus.* — [2] autrement *orvale ; sclarea, horminum magnum.* — [3] Panais ? Var. B. *Pavot.* — [4] C'est ce qu'on appelle *faire blanchir* les épinards, les faire bouillir et changer l'eau. — [5] Joubarbe.

de Mars jusques à la Saint-Jehan. — Violettes, giroflée semée en Mars ou plantée à la Saint-Remy. — *Item*, soit l'une, soit l'autre, quant les gelées approuchent, l'en la doit en aucun décours replanter en pos pour mettre à couvert et garder en cave ou en célier pour le froit, et de jour mettre à l'air ou au soleil et arroser de telle heure que l'eau soit beue et la terre sèche avant que l'en la mette à couvert, car nullement l'en ne la doit au vespre estuier[1] mouillée. — Fèves planter et rompre le premier tuiau au herser comme dit est dessus. — *Nota* que le percil qui est semé la veille de la Nostre-Dame en Mars, yst hors de terre à neuf jours.

Fenoul et marjolaine plantez ou décours de Mars ou en Avril; et *nota* que marjolaine veult plus grasse terre que violettes[2], et s'elle a trop ombre elle devient jaune. — *Item*, quant elle est bien reprise, adonc la dois arrachier par touffes et replanter à large en pots. — *Item*, les branches couppées, fichées en terre et arrousées prennent racines et croissent. — *Item*, terre engressée par fiens de vaches et brebis est meilleur que de fiens de cheval.

Violette de karesme et violette d'Arménie[3] ne veullent né couver ne mucier; et *nota* que violette d'Arménie ne porte fleur jusques au deuxième an, mais les jardiniers qui l'ont eue un an en terre, la vendent et replantent ailleurs, et lors elle porte.

[1] Resserrer. — [2] Var. B, *Violiers.*

[3] La *Violette de caresme* doit être la violette dite de *Mars* dans la *Maison rustique*, etc., et dans le singulier livre intitulé le *Quadragésimal spirituel*, ch. viii. C'est la violette commune. Quant à celle d'Arménie, je ne la vois citée que dans le *Ménagier*. Ce pourroit être la violette de Parme.

Ozeille, bazeillecoq[1] soient semées en Janvier et Février ou décours et jusques à Mars, et se tu veulx replanter ozeille surannée[2], il te la convient replanter à toute sa terre qui est entour la racine. *Item*, à la queillir a maistrise[3], car l'en doit tousjours queillir les grans fueilles et laissier croistre les petites fueilles qui sont dessus icelles grans; et se tout estoit par aventure cueilli, il convient coupper le tuyau rez à rez de terre, et il regettera nouvelle ozeille.

Percil sème, sarcle, oste les pierrettes; et celuy qui est semé en Aoust est le meilleur, car il n'espie[4] point et se tient en vertu toute l'année.

Laictues doivent estre semées, et *nota* qu'elles n'arrestent point en terre et reviennent bien drues: et pour ce les arrache-l'en çà et là à toute la racine pour donner espace aux autres et oster espoisseur. Et *nota* que la semence des laictues de France est noire, et la semence des laictues d'Avignon est plus blanche, et en fit apporter Monseigneur de La Rivière[5], et sont les laictues

---

[1] Basilic. — [2] Semée l'année précédente. — [3] Il y a de l'art à la cueillir. — [4] Il ne monte pas.

[5] C'est le fameux Bureau de La Rivière, favori de Charles V, mort le 16 août 1400, et enterré dans l'abbaye de Saint-Denis. La laitue d'Avignon me paroit être sans doute la même que notre Romaine, seule espèce de laitue à graine blanche qu'on connût encore au xvi° siècle (voy. *Maison rustique*, 1570, ch. xiv). C'est donc à Bureau de La Rivière que nous devons cette salade devenue d'un usage si commun. Bureau de La Rivière a dû aller plusieurs fois à Avignon; mais il y passa notamment en mai 1389 avec Jeanne, comtesse de Boulogne et d'Auvergne, qu'il avoit été demander en mariage pour le duc de Berry à Gaston Phébus, comte de Foix, son tuteur. Cette princesse qui l'avoit prise en amitié, lui sauva la vie en 1392, quand ce grand homme faillit être sacrifié aux haines des oncles du roi. (Voir Froissart à l'année 1392.) Est-ce donc ce voyage de 1389 qui nous a valu la Romaine ?

trop meilleurs et plus tendres assez que celles de France ; et ne se queult la semence fors bouton après autre, ainsi comme chascun bouton s'avance de getter sa bourre. — *Nota* que laictues ne se plantent point, et mesme-ment quant l'en les veult mengier, si arrache-l'en racine et tout.

Courges. Les pepins sont la semence et les convient tremper deux jours, puis semer, et sans les moullier laisser croistre jusques à ce qu'elles appairent dehors, et lors mouillier le pié seulement et la terre sans moul-lier les feuilles, et en Avril les arrouser courtoisement et les planter d'un lieu en autre un dour[1] ou demy pié en terre, et à demy-pié l'une courge de l'autre, et moul-lier le pié continuelment et pendre à un eschalat un pot percié, un festu et de l'eaue etc., ou une lesche de drap neuf ou pot[2].

Bettes semez en Mars, et quant elles sont bonnes à mengier, soient coupées près de la racine, car tousjours rejettent et recroissent et deviennent porées.

Bourraches, arraches[3] comme dessus.

---

[1] C'est quatre pouces. La perche (mesure de longueur) des environs de Paris étoit de 18 pieds et le *dour* ou quatre pouces. Je sais bien que Nicod donne au dour quatre doigts, ou la longueur d'un poing serré, ou enfin le *quart* du pied-de-Roi, et le fait venir du grec δῶρον, et que Du Cange l'évalue aussi à *trois pouces*, mais la valeur de *quatre pouces* est constam-ment attribuée au dour dans tous les anciens terriers des environs de Paris. Cette circonstance me semble devoir fixer la longueur du dour à quatre pouces. J'ajouterai que ce passage du *Ménagier* me paroît confirmer cette évaluation, puisqu'il est plus naturel que l'auteur fasse varier la profon-deur de la plantation de quatre à six pouces que de trois à six, ce qui constitueroit une différence de moitié.

[2] Ou un morceau de drap (au lieu du fétu de paille) afin que l'eau en découle goutte à goutte sur le pied de la plante. — [3] *Arroches*, plante po-tagère appelée aussi *Follete* ou *Bonne-Dame*.

Choulx blans et choulx cabus est tout un; et sont semés ou décours de Mars, et quant ils ont cinq fueilles, adonc l'en les arrache courtoisement et les plante-l'en à demy-pié loing l'un de l'autre, et les convient mettre en terre jusques à l'œil et arrouser le pié; et les mengue-l'en en Juing et en Juillet. — Pommes de chou sont semées en Mars et replantées en May. — Choulx Romains sont de la nature de pommés et de auques[1] pareille semence, car l'une et l'autre semence croist sur un tronc, et de la semence qui vient par le tuyau du milieu et qui est au bout d'en haut croist la pomme, et de la semence qui vient d'en bas viennent les choulx Romains. — Minces en karesme est le regaing du chou, et durent jusques en Mars, et lors sont icelles minces en Mars de plus fort saveur à mengier, et pour ce les convient plus parboulir, et en iceluy temps l'en arrache les troncs hors de terre. — *Nota* que en Juillet, quant il pleut, l'en doit planter des choulx.

Nota que se fromis habondent en un jardin, et l'en gette en leur repaire de la scieure d'ais de chesne, ils mourront ou vuideront à la première pluie qui cherra, car les scieures retiennent la moiteur.

Nota que en Avril et Mai, tout le mois, sème-l'en les porées qui sont mangées en Juing et en Juillet. — Les porées d'esté doivent estre soyées, et laissées les racines en terre, et après yver les racines gettent, et les convient surfouir et lever la terre à l'environ et illecques semer les nouvelles qui venront et cueillir le gecton des vieilles. — *Nota* que depuis Avril jusques à la Magdelaine fait bon semer porées, et les porées de karesme

---

[1] Aussi.

sont semées en Juillet et jusques à la Magdelaine et non plus, et les appelle-l'en bettes. — *Item*, espinars. — *Item* icelles bettes, quant elles sont levées de terre, sont replantées par ordre. — *Item*, en Avril et May convient planter choulx blans et pommes de chou qui furent semés en Février et Mars. — En May treuve-l'en fèves nouvelles, navez, raves.

Nota que en Juing, la végille St.-Jehan, doit-l'en semer percil, et aussi la veille de la mi-Aoust.

Aoust et my-Aoust. — Ysope semez. Choulx pasquerés[1] soient semés ou décours; percil aussy, car celui n'espie point.

Nota que la porée qui est en terre regette nouvelle porée cinq ou six fois comme percil, et la peut-l'en coupper audessus du troignon jusques la my-septembre, et d'illec en avant non mie coupper, car le troignon pourriroit, mais esbranchier à la main les fueilles d'entour, et non le milieu.

En icelluy temps convient esbranchier[2] toutes semences de porées, car les semences ne pevent meurir pour la froidure du temps, mais la semence esbranchée et gettée, le troignon regette nouvelle porée. — *Item*, en ce temps ne convient point couper le percil, mais effueiller.

Après la septembresse[3], pivoine, serpentine, oignons de lis, rosiers, groselliers soient plantés.

Octobre. — Pois, fèves, un doit[4] parfont en terre, et loing l'un de l'autre un dour, et que ce soient grosses fèves des plus grosses, car quant elles sont nouvelles, elles se démonstrent plus grosses que les petites ne

---

[1] Du temps de Pâques (à manger à Pâques). — [2] Couper les poirées montées à graine. — [3] La Notre-Dame de septembre ? — [4] Var. B. *Dour*,

font, et n'en doit-l'en planter que un petit, et à chascun décours après, un petit, afin se l'une partie gelle que l'autre non.

Se tu veulx semer ou planter poix perciés, sème les par temps sec et bel et non pluyeux, car se l'eaue de la pluie entroit dedens les pertuis du pois, il se fendroit et partiroit en deux et ne germeroit point.

Jusques à la Toussains peut-l'en tousjours replanter choulx : et quant ils sont trop mengiés de chenilles, qu'il n'y a point de fueille fors les arrestes, s'ils sont replantés, tout revient minces : et convient oster les feuilles d'en bas et les replanter jusques à l'euil d'en hault. Les troncs qui sont tous défueillés ne convient-il plus replanter, mais laissier en terre, car ils getteront minces.

Nota que se tu replantes en esté en temps sec, tu dois getter de l'eaue en la fosse; en temps moiste, non.

Nota que se les chenilles menguent tes choulx, quant il plouvera sème de la cendre par dessus les choulx et les chenilles mourront. — *Item,* tu peus regarder par dessoubs les fueilles des choulx et là trouveras grant assemblée de mittes blanches en un tas, et saches que c'est dont les chenilles naissent, et pour ce l'en doit coupper la place où est celle graine et getter loing.

Poreaux soient semés en la saison, puis replantés en Octobre et Novembre.

Se vous voulez avoir roisins sans pepins, prenez en croissant[1] ou temps que l'en plante la vigne, c'est assavoir en Février, une plante de vigne avecques la racine et fendez le cep moitié par moitié tout au long jusques à la racine, et ostez la mouelle d'une part

---

[1] De la lune.

et d'autre. Puis rongnez le cep et liez tout au long de fil noir, puis plantez le cep et fumez de bonne fumeure et estoupez de terre le trou d'en hault de la jointure du cep.

Se vous voulez enter un cerisier ou un prunier sur et dedans un cep de vigne, tailliez la vigne, puis en Mars la fendez à quatre dois près du bout et ostez la mouelle d'une part et d'autre, et là faictes la place de l'amande d'un noyau de cerise, et la mettez et encloez dedans celle fente et liez de fil le cep joinct comme devant.

Se vous voulez enter un cep de vigne dedans un cerisier, faictes tailler le cep de vigne qui sera planté et de long temps enraciné emprès le cerisier, et en Mars, environ Nostre-Dame[1], perciez icelluy cerisier d'une tarière du gros[2] d'icelluy cep, et parmy le trou dudit cerisier boutez icelluy cep, qu'il passe tout oultre un pié de long, puis estoupez le tout aux deux costés du cerisier, c'est assavoir de terre glaze, de mousse, et entortillez de drappeaulx tellement que aucune pluie ne puisse atouchier au pertuis. *Item*, le cep de vigne doit estre escorchié et l'escorce d'icelluy cep pelée et ostée jusques au vert, en tant seulement comme touche ce qui est dedans le corps du cerisier, car s'ainsi est fait et que l'escorce soit pelée et ostée, le vif du cep qui joindra au vif du cerisier se consolidera l'un à l'autre, ce qui seroit empeschié par l'escorce du cep se elle y demouroit. Ce fait laissiez les ensemble deux ans, et après coupperez le cep par derrière et audessoubs de la jointure du cerisier.

Item, sur un tronc ou souche de chesne, povez enter

---

[1] L'Annonciation, 25 mars. — [2] De la grosseur.

dix ou douze arbres, c'est assavoir que ou mois de
Mars, environ la Nostre-Dame, vous soiez garnis de tant
de greffes et de divers fruis que vous vouldrez avoir pour
enter, et ferez scier au travers le chesne ou arbre sur
lequel vous vouldrez enter ; et aiez aguisés vos greffes
d'un costé tant seulement à manière d'un coin borgne
si comme il est cy : ▌ et tellement que l'escorce
d'icelluy greffe soit toute entière de l'un des costés et
sans estre escorchée ou entamée, puis fichiez vos greffes
entre l'escorce du chesne et la char, ou [1] le vif du greffe
devers le bois ou le vif du chesne. Puis estoupez et
couvrez de terre glase, de mousse et de drappeaulx
tellement [2] que pluie, neige ou gelée ne y puisse férir.

Se vous voulez garder roses en yver [3], prenez sur le
rosier petis boutons qui ne soient point espanis et les
laissiez les queues longues, et entassez en un petit tonnelet de bois comme un tonnellet à composte et sans
eaue. Faictes bien enfoncer le tonnellet et qu'il soit
serréement relié qu'il n'y puisse riens entrer ne yssir,

---

[1] Il semble qu'il faudroit et.— [2] A. et C. ajoutent : *qu'elle soit si fort serrée.*
[3] Nos ancêtres faisoient une grande consommation de roses et d'autres
fleurs en général. Nous verrons tout à l'heure dans les menus de grands
repas, l'acquisition de chapeaux ou couronnes de fleurs pour les convives.
On voit dans les comptes du duc d'Anjou pour 1379, un don de dix francs
fait par mandement de ce prince, en date du 8 juin, à *Yolent, jadis femme
de feu Gillet Le Pelletier, en récompensation de ce que depuis que Monseigneur
estoit venus en la ville de Paris* (c'étoit en mai seulement) *elle l'avoit très-
bien servi de roses et de flours* (K. 52, 3, fol. 93 v° et 101). L'auteur des
Rues et églises de Paris, qui écrivoit tout au commencement du xvi° siècle,
estimoit à quinze mille écus la dépense annuelle qui se faisoit à Paris, « en
chapeaux de fleurs, bouquets et may verds tant pour noces que confrai-
ries, baptêmes, images des églises, audiences de Parlement.... le Trésor,
Chastelet et aussi pour festins et banquets qui se font en l'Université en
faisant les gradués et autrement. »

et aux deux bouts d'icelluy tonnellet liez deux grosses pierres pesans et mettez icelluy tonnellet en une rivière courant.

Romarin. Les jardiniers dient que la semence de romarin ne vient point en la terre de France, mais qui d'un romarin arracheroit et desmembreroit, en dévalant, aucunes petites branchettes et les tendroit par le bout et les plantast, ils revendroient ; et qui les vouldroit envoïer loing, il convendroit icelles branches envelopper en toile cirée et coudre, et puis oindre par dehors de miel, et puis poudrez de fleur de fourment et l'envoïez où vous vouldrez.

J'ay oy dire à Monseigneur de Berry que en Auvergne a trop plus grosses cerises que en France pour ce qu'ils provignent leurs cerisiers.

DE LA SECONDE DISTINCTION
LE TROISIÈME ARTICLE
QUI DOIT PARLER DE CHOISIR VARLETS, AIDES ET CHAMBERIÈRES, ETC.

Sur quoy, chière seur, ou cas que vous vouldriez entreprendre à estre mesnagière, ou introduire une autre vostre amie, sachiez que serviteurs sont de trois manières. Les uns qui sont prins comme aides pour certaine heure, à un besoing hastif, comme porteurs à l'enfeutreure[1], brouetiers, lieurs de fardeaulx et les semblables ; ou pour un jour ou deux, une sepmaine ou

[1] Ce doit être, sans aucun doute, une pièce de feutre ou un coussin bourré, que les porte-faix mettoient sur leur tête ou sur leur épaule, afin que les fardeaux ne les blessassent pas. On disoit aussi *la feutreure*. Voy. Du Cange à *feutrum*, où ce mot ne semble pas bien expliqué. — Il me paroît de même que dans les exemples cités dans Du Cange au mot *Feltrum*, *afeutrement* signifie le coussin garnissant la selle, et qu'un cheval dés-

une saison, en un cas nécessaire ou pénible ou de fort
labour, comme soieurs, faucheurs, bateurs en granche
ou vendengeurs, hottiers, fouleurs, tonneliers et les
semblables. Les autres à temps et pour certain mis-
tère, comme cousturiers, fourreurs, boulengiers, bouchiers, cordoenniers et les semblables qui euvrent à la
pièce ou en tâche pour certain euvre. Et les autres sont
pris pour estre serviteurs domestiques pour servir à l'année et démourer à l'ostel. Et de tous les dessusdis aucun
n'est qui voulentiers ne quière besongne et maistre.

Quant est des premiers, ils sont neccessaires pour
descharger et porter fardeaulx et faire grosses et pesans
besongnes; et ceulx sont communément ennuyeux,
rudes et de diverses responses : arrogans, haultains, fors
à paier, près de dire injures et reprouches se l'en ne les
paie à leur gré quant la besongne est faicte. Si vous pry,
chière seur, que quant vous en aurez à faire, dictes à
maistre Jehan le despensier [1] ou autres de vos gens qu'ils
quièrent et choisissent et prennent ou facent choisir et
prendre les paisibles; et tousjours faictes marchander
à eulx avant ce qu'ils mettent la main à la besoigne afin
qu'il n'y ait débat après, jasoit-ce que le plus souvent il ne veulent marchander, mais se veulent bouter
en la besoigne sans marchié faire, et si doulcement
dient : « *Monseigneur, ce n'est riens, il n'y a que faire :
vous me paierez bien, et de ce que vous vouldrez je
seray content.* » —Et se ainsi maistre Jehan les prent,

afeutré, signifie un cheval privé de sa selle plutôt que de housse et de cou-
verture. Il est parlé d'un *porteur d'afeutrure* dans le mariage des quatre fils
Aymon, t. I, pag. 369 des *Mystères du xv* siècle*, de M. Jubinal.
[1] Maître-d'hôtel ou intendant : *Dispensator*; de là les Spencer en Angleterre. Froissart appelle toujours Hugues Spencer, *Hue le Despensier.*

quant ce sera fait ils diront : *Sire, il y avoit plus à faire que je ne cuidoie; il y avoit à faire et cecy et cela, et d'amont et d'aval;* et ne se vouldront païer et crieront laides parolles et villaines. Si dictes à maistre Jehan qu'il ne les embesoigne point, ne seuffre embesoigner, sans marchander avant, car ceulx qui ont voulenté de gaigner sont vos subjects avant que la besoigne soit commencée, et pour le besoing qu'ils ont de gaigner, craignent que un autre ne l'entrepreigne par devant eulx pour doubte de perdre le marchié et que autre n'ait ce gaing : et pour ce ils se mettent à plus grant raison. Et se maistre Jehan estoit si crédule à eulx et à leurs douces paroles ès quelles il se fiast trop, et il advenoit que il souffrist que sans marchander ils entrassent en la besoigne, ils scevent bien que après la besoigne par eulx commencée, nul autre, pour honte, n'y mettra pardessus eulx la main, et ainsi seriez en leur subjection après et en demanderoient plus; et se lors ils ne sont païés à leur voulenté, ils crieront et brairont vilain blasme et oultrageux, et ne sont honteux de rien et publient male renommée, qui est le pis. Et pour ce est-il meilleur de faire marchander à eulx plainement et entendiblement avant le coup pour oster toutes paroles de débat. Et très à certes vous prie que se le cas ou la besoingne le désire, vous faictes enquerre de quelle condition sont et ont esté vers autres, ceulx que vous vouldrez faire embesongner, et aussi que à gens repliquans, arrogans, haultains, raffardeurs [1] ou de laides responses ne aiez riens à faire, quelque prouffit que vous y véez ou quelque advantage, ne quelque bon

[1] Moqueurs.

marchié qu'ils vous facent, mais gracieusement et paisiblement les esloingnez de vous et de vos besongnes,
car se ils s'y boutent, vous n'en eschapperez jà sans es-
clandre ou débat. Et pour ce faictes par vos gens prendre des serviteurs et aides paisibles et debonnaires et
leur donnez plus, car c'est tout repos et paix que d'avoir
à faire à bonnes gens; pour ce est-il dit que *qui a à
faire à bonnes gens, il se repose* : et par semblable peut-
l'en dire que qui a à faire à hargneux, douleur luy croist.

Item, des autres comme vignerons, bateurs en granche, laboureurs et les semblables, ou autres comme
cousturiers, drapiers, cordoenniers, boulengiers, mares-
chaulx, chandeliers de suif[1], espiciers, fèvres, charrons,
vignerons et les semblables autres, chière seur, je vous
conseille et pry que vous aiez tousjours en mémoire de
dire à vos gens qu'ils aient à besongner à gens paisibles,
et marchandent tousjours avant le fait, et comptent et
paient souvent sans attendre longue créance sur taille
ne sur papier, jasoit-ce que encores vault-il mieulx taille
ou escripture que soy attendre du tout à sa mémoire,
car les créditeurs cuident tousjours plus et les debteurs
moins, et de ce naissent débas, haines et lais reprouches;
et vos bons créanciers faictes païer voulentiers et souvent de ce que vous leur devrez et les tenez en amour
afin qu'ils ne vous changent, car l'en n'en recueuvre
mie bien tousjours de bien paisibles.

Item, quant aux chamberières et varlets d'ostel que
l'en dit domestiques[2], chière seur, sachiez que afin

---

[1] Les trois manuscrits ajoutent ici la phrase suivante qui paroît singu-
lièrement placée en cet endroit : *Et nota que qui veult faire chandelle de
suif, il est neccessaire de très bien faire sécher son lumignon au feu.*

[2] On trouve dans la grande ordonnance rendue par le roi Jean, en fé-

qu'elles vous obéissent mieulx et qu'elles vous doubtent et craignent plus à courroucier, je vous laisse la seignorie et auctorité de les faire choisir par dame Agnès la béguine[1] ou autre de vos filles qui vous plaira, à recevoir en nostre service, de les louer à vostre gré et de les païer et tenir en nostre service tant comme il vous plaira et leur donner congié quant vous vouldrez. Toutesvoies de ce devez-vous à part secrètement parler à moy et faire par mon conseil pour ce que vous estes trop jeune et y pourriez bien estre déceue par vos gens mesmes. Et sachiez que d'icelles chamberières qui n'ont service, pluseurs sont qui se offrent et ramentoivent et quierent à grant besoing maistres et maistresses, et de celles ne prenez aucunes que vous ne sachiez avant où elles ont demouré, et y envoiez de vos gens pour enquérir de leurs conditions sur le trop parler, sur le trop boire : combien de temps elles ont demouré : quel service elles faisoient et scevent faire : se elles ont chambres ou acointances en ville : de quel païs et gens elles sont : combien elles y démourèrent et pour-

vrier 1350-1, pour remédier à l'augmentation de prix de toutes choses et surtout de la main-d'œuvre, produite par la peste de 1348 et la disette, le montant des salaires exigibles par quelques domestiques. On y voit que les chambrières des bourgeois de Paris gagnoient 30 sols par an et leurs chaussures ; un vacher gardant trente vaches, 50 sols ; les meilleurs chartiers sept livres ; les soyeurs (scieurs, moissonneurs) de grain, 2 sols ½ par jour. Les laboureurs ne pouvoient prendre que 24 s. pour la façon d'un arpent à 4 labours, et les faucheurs de prés que 4 s. par arpent, etc. (Le marc d'argent valoit alors 6 fr. : aujourd'hui 52 fr.)

[1] Sorte d'ordre ou association religieuse, tenant le milieu entre la vie laïque et la vie monastique (voy. Œuvres de Rutebeuf, t. I, pag. 160). Nous verrons plus loin (p. 61) que cette dame Agnès la béguine, quoique sous les ordres de la jeune femme de l'auteur, étoit cependant pour elle une sorte de duègne ou gouvernante. Il résulte de cet article que l'auteur du Ménagier avoit un grand nombre de domestiques.

quoy elles s'en partirent; et par le service du temps
passé, enquérez quelle créance ou espérance l'en
peut avoir de leur service pour le temps à venir. Et
sachiez que communément telles femmes d'estrange
pays ont esté blasmées d'aucun vice en leur pays, car
c'est la cause qui les amaine à servir hors de leur lieu.
Car s'elles fussent sans tache, elles fussent maistresses et
non serviteresses; et di des hommes autel. Et se
vous trouvez par le rapport de leurs maistres ou
maistresses, voisins ou autres, que ce soit vostre besoigne, sachiez par elles, et devant elles faictes par
maistre Jehan le despensier enregistrer en son papier de
la despense [1] le jour que vous la retendrez, son nom et
de son père et de sa mère et d'aucuns de ses parens :
le lieu de leur demourance et le lieu de sa nativité et
ses pleiges [2]; car elles en craindront plus à faillir pour
ce qu'elles considéreront bien que vous enregistrez ces
choses pour ce que s'elles se deffuioient de vous sans
congié, ou qu'elles feissent aucune offense, que vous en
plaindriez ou rescririez à la justice de leur pays ou à
iceulx leurs amis. Et nonobstant tout, aiez en mémoire
le dit du philosophe lequel s'appelle Bertran le vieil, qui
dit que se vous prenez chamberière ou varlet de haultes
responses et fières, sachiez que au départir, s'elle peut,
elle vous fera injure; et se elle n'est mie telle, mais

[1] Livre de dépense.

[2] Ses répondans. Il y avoit dès lors et sans doute antérieurement des
recommanderesses ou femmes tenant des espèces de bureaux de placemens.
L'ordonnance de 1351, déjà citée p. 56, leur assigne 18 deniers pour leur
salaire d'avoir placé une chamberière, et 2 sols pour une nourrice, à prendre
tant d'une partie comme d'autre, et leur défend, sous peine de pilori, de
louer ou recommander la même chamberière ou nourrice plus d'une fois
dans la même année.

flateresse et use de blandices, ne vous y fiez point, car
elle bée en aucune autre partie à vous trichier; mais se
elle rougist et est taisant et vergongneuse quant vous
la corrigerez, amez la comme vostre fille.

Après, chière seur, sachiez que sur elles, après vostre
mary, vous devez estre maistresse de l'ostel, comman-
deur, visiteur, gouverneur et souverain administrateur,
et à vous appartient de les tenir en vostre subjection et
obéissance, les endoctriner, corrigier et chastier; et
pour ce, deffendez leur à faire excès ne gloutonnie de
vie tellement qu'elles en vaillent pis. Aussi deffendez
les de rioter[1] l'une à l'autre ne à vos voisins; deffendez leur de mesdire d'autruy, fors seulement à vous et
en secret, et en tant comme le meffait toucheroit vostre
prouffit seulement, et pour eschever vostre dommaige
et non plus; deffendez leur le mentir : le jouer à jeux
illicites : de laidement jurer et de dire parolles qui sentent
villenies ne parolles déshonnestes ne gouliardeuses,
comme aucunes mescheans ou mal endoctrinées qui
maudient *de males sanglantes fièvres, de male sanglante sepmaine, de male sanglante journée.* Il semble
qu'elles sachent bien qu'est sanglante journée, sanglante sepmaine etc., et non font-elles, ne doivent point
savoir qu'est sanglante chose, car preudefemmes ne le
scevent point; car elles sont toutes abhominables de
veoir seulement le sang d'un aignel ou d'un pigon quant
on le tue devant elles. Et certes, femmes ne doivent
parler de nulle laidure, non mie seulement... des secrès
membres de nature, car c'est déshonneste chose à
femme d'en parler.

[1] Se quereller.

J'oy une fois raconter d'une jeune preudefemme
qui estoit assise en une presse de ses autres amis et
amies, et par adventure, elle dist par esbatement aux
autres : Vous me pressez si fort que .... [1] Et jasoit-ce
qu'elle l'eust dit par jeu et entre ses amis, cuidant faire
la galoise[2], toutesvoies les autres saiges preudefemmes
ses parentes l'en blasmèrent à part. *Item*, telles femmes
gouliardoises dient aucunes fois de femme qu'elle est
p..... ou qu'elle est ribaude, et par ce disant il semble
qu'elles sachent qu'est p..... ou ribaude, et preudefemmes ne scevent que ce est de ce; et pour ce deffendez
leur tel langaige, car elles ne scevent que c'est. Deffendez leur vengence, et endoctrinez en toute patience
à l'exemple de Melibée dont il est cy-dessus parlé, et
vous mesmes, belle seur, soiez telle en toutes choses
que par vos fais elles puissent en vous prendre
exemple de tout bien.

Or nous convient parler d'embesongner vos gens et
serviteurs aux heures propres à besongner, et aux
heures convenables leur donner repos. — Sur quoy,
chière seur, sachiez que selon les besongnes que vous
avez à faire et que vos gens sont propres plus à une

---

[1] L'auteur se sert, en cet endroit, d'expressions qu'il étoit difficile de
reproduire, et manque lui-même au précepte qu'il vient de donner à sa
femme quelques lignes plus haut. Néanmoins la délicatesse qu'il témoigne
ici, *au moins en intention*, est remarquable pour son époque. On étoit alors
si peu scrupuleux que ces expressions étoient même employées pour désigner certains mets de figure fort inconvenante. Voy. Legrand d'Aussy,
t. II, pages 304, 305.

[2] La gentille, la galante. Voir au ch. cxxii du chevalier de La Tour, la
curieuse histoire d'une association amoureuse dite des Galois et Galoises.

Par ce point-là je n'entends, quant à moi,
Tours ni porteaux, mais gentilles Galoises.
LA FONTAINE, *les Rémois*.

besongne que à l'autre, vous et dame Agnès la béguine qui avec vous est pour vous aprendre contenance sage et meure et vous servir et endoctriner, et à laquelle principalment je donne la charge de ceste besongne, la devez diviser et crier, et commander l'une besongne à l'un, et l'autre besongne à l'autre. Et se vous leur commandez maintenant à faire aucune chose, et iceulx vos serviteurs respondent : *il est assez à temps, il sera jà bien fait*, ou *il sera fait demain bien matin*, tenez le pour oublié : c'est à recommencier, c'est tout néant. Et aussi de ce que vous commanderez généralment à tous, sachiez que l'un s'atend à l'autre : c'est comme devant.

Si soiez advertie, et dictes à dame Agnès la béguine qu'elle voie commencier devant elle ce que vous aurez à cuer estre tost fait; et premièrement qu'elle commande aux chamberières que bien matin les entrées de vostre hostel, c'est assavoir la salle et les autres lieux par où les gens entrent et s'arrestent en l'ostel pour parler, soient au bien matin balléyés et tenus nettement, et les marchepiés[1], banquiers et fourmiers qui illecques sont sur les fourmes, despoudrés et escoués; et subséquemment les autres chambres pareillement nettoiées et ordonnées pour ce jour, et de jour en jour, ainsi comme il appartient à nostre estat.

Item, que par la dicte dame Agnès vous faciez prin-

---

[1] Tabourets de toute la longueur des bancs. Les banquiers et les formiers étoient des housses placées sur les bancs et les formes (escabelles). Un *banquier* à (orné de figures d') *oiseaux* est cité dans l'Inventaire de R. Picque, archevêque de Reims (1389) au ch. des *couvertoirs et tapis*. On voit dans la planche pag. 9 du t. I, l'auteur et sa femme assis sur un *banc* recouvert d'un *banquier*; ils s'appuient sur des *cousies* ou *oreillers*, et la femme a les pieds sur un *marchepié* qui paroît à la droite de l'homme.

cipalment et songneusement et diligemment penser de vos bestes de chambre comme petis chiennés, oiselets de chambre[1] : et aussi la béguine et vous pensez des autres oiseaulx domeschés, car ils ne pevent parler, et pour ce vous devez parler et penser pour eulx, se vous en avez.

Et aussi dy-je à dame Agnès la béguine que des autres bestes, quant vous serez au village, elle commande à ceulx à qui il appartient à en penser : comme à Robin le bergier, qu'il pense de ses moutons, brebis et aigneaulx; à Josson le bouvier, des beufs et des toreaulx; à Arnoul le vachier et Jehanneton la laictière, qu'ils pensent des vaches, genices et veaulx, truies, cochons et pourceaulx; à Eudeline femme du mettoier qu'elle pense des oés, oisons, coqs, gelines, poucins, coulons, pigons; au charretier ou mettoier, qu'il pense de nos chevaulx, jumens et les semblables. Et doit la dicte béguine et aussi vous devez faire semblant devant vos gens qu'il vous en souviengne, que vous y congnoissiez et que vous l'avez à cuer, car par ce en

---

[1] On verra dans les comptes d'Isabeau de Bavière pour les années 1408 et 1409 (Archiv. du Roy. K., 268), dont notre collègue M. de Lincy donnera de longs et très-curieux extraits dans son appendice de la première partie des *Femmes célèbres de l'ancienne France*, actuellement sous presse, que cette princesse dépensoit des sommes considérables en *bêtes de chambre*, mais des gens de condition plus modeste mettoient aussi un assez haut prix à de certains oiseaux. En 1406, Augustin Isebarre, changeur de Paris, accusé d'avoir eu des acointances avec un certain Sansonet, marchand d'oiseaux qui avoit, avec d'autres, volé pour 4,000 liv. de vaisselle et joyaux dans le *retrait* (cabinet) de la reine, disoit qu'il l'avoit connu parce *qu'un sien varlet lui dit que Sansonet avoit une très bonne linotte, et l'acheta 40 sols.* (La valeur de 2 ou 3 septiers de blé.) Nous verrons plus loin (à la fin du *Viandier*) l'auteur parler encore d'oiseaux, et notamment de ceux d'Hugues Aubriot.

seront-ils plus diligens. Et faictes faire, s'il vous en souvient, par vos gens penser du vivre d'icelles bestes et oiseaulx, et y doit la dite dame Agnès embesongner ceulx et celles qui y sont propres. Et sur ce est à noter que à vous appartient bien à faire savoir par la dicte dame Agnès la béguine le conte de vos moutons, brebis et aigneaulx, et les faire reviseter, et enquérir de leur accroissement et descroissement, ne comment ne par qui elles sont gouvernées, et elle le doit rapporter à vous, et entre vous deux le devez faire enregistrer.

Et se vous este en païs ou il y ait repaire de loups, je vous enseigneray maistre Jehan vostre maistre d'ostel ou vos bergiers et gens de les tuer sans cop férir par la recepte qui s'ensuit. — *Recepte de pouldre pour tuer loups et renars.* — R.[1] la racine de l'ectoire de cana-rade (c'est l'ectoire qui fait fleur de couleur blanche[2]), et faictes séchier icelle racine meurement et sans soleil, et gectez hors la terre : et adonc face-en pouldre en un mortier, et avec celle poudre mettez la quinte partie de voirre bien moulu et la quarte partie de la feuille de lis, et tout soit meslé et pilé ensemble, et tellement qu'il se puisse passer ou cribler. *Item*, ait miel et sain[3] frès autant de l'un comme de l'autre et mesle parmy de la poudre dessusdite, et face paste qui soit dure et fort, et gros morceaulx rons du gros d'un œuf de poule, et cuevre iceulx morceaulx de sain frès et les mette sur les pierres ou tuillettes ès lieux qu'il saura que loups et renars repaireront. Et se il veult faire amorse[4] de une vielle beste morte, faire le peut deux ou trois jours

---

[1] *Recipe.* — [2] Voir l'art. v de cette distinction au chapitre des *Menues choses.* — [3] Graisse. Var. A. *Sang.* — [4] Mettre une bête morte là où il mettra ensuite son poison.

devant. *Item*, sans faire morceaulx, peut-il la poudre jetter sur la charongne.

Ainsi vous et la béguine embesongnez les unes de vos gens aux choses et besongnes qui leur sont propres, et aussi dictes à maistre Jehan le despensier qu'il envoie ou face envoier les autres reviseter vos greniers, remuer et essorer[1] vos grains et autres garnisons[2]; et se vos mesgnies vous rapportent que les ras dommagent vos blés, lars, fromages et autres garnisons, dictes à maistre Jehan qu'il les puet destruire en six manières : 1º Par avoir garnison de bons chats. 2º Par ratières et soricières. 3º Par engins d'aiselles appuiées sur buchettes que les bons serviteurs font. 4º Par faire tourtellés de paste et fromage frit ensemble et poudre de riagal[4], et mettre en leur repaire où ils n'aient que boire. 5º Se vous ne les povez garder qu'ils ne treuvent à boire, il convient faire de l'espurge[5] par morcellés, et lors s'ils les avallent, plus tost buveront et plus tost enfleront et mourront. 6º Prenez une once de riagal : deux onces fin arcenic : un quarteron gresse de porc : une livre fleur de farine de fourment et quatre œufs, et de ce faites pain et cuisiez au four et tailliez par lesches et les clouez à un clou.

Or revien encores à ma matière de faire embesongner vos gens, vous et la béguine, en temps convenable,

---

[1] Mettre à l'air, sécher. — [2] Provisions en général, voy. t. I, pag. 237. — [3] Aiselles, petits ais, petites planches. — [4] Aconit, en espagnol *rejagar*. (Nicot.) — [5] L'auteur a voulu parler ici de l'*éponge*, car je ne vois pas que ce qu'il dit de l'*espurge* puisse convenir en rien à l'herbe qui porte ce nom (*Cataputia*. — Voy. Nicot et le *Grant herbier en françois*). Plus loin il emploie encore le mot *espurge* évidemment pour désigner l'éponge.

par vos femmes essorer, esventer et reviseter vos draps, couvertures, robes et fourreures, pennes et autres telles choses. — Sur quoy sachiez et dictes à vos femmes que pour conserver et garder vos pennes et draps, il les convient essorer souvent pour escheuer les dommages que les vers y pevent faire; et pour ce que telle vermine se congrée par le ramolissement du temps d'automne et de yver et naissent sur l'esté, en iceulx temps convient les pennes et les draps mettre à bon soleil et beau temps et sec; et se il survient une nuée noire et moicte qui s'assiée sur vos robes et en tel estat vous les ploiez, cest air envelopé et ployé dedans vos robes couvera et engendrera pire vermine que devant. Et pour ce, choisissiez bel air qui soit continué et bien sec, et tantost que vous verrez autre gros air survenir, avant qu'il soit venu vers vous, faictes mettre vos robes à couvert et escourre pour oster la grosse pouldre[1], puis nettoier à unes verges sèches[2]. Et la béguine scet bien et le vous le dira que s'il y a aucune tache d'uille ou autre gresse, le remède est tel : Ayez pis..t et le chauffez comme tiède, et mettez la tache tremper dedans par deux jours, et puis espraignez le drap où est la tache sans le tordre, et se la tache ne s'en est alée, si le face dame Agnès la béguine, mettre en un autre pis..t et battre un fiel de beuf avec, et face-l'en comme devant. Ou vous faictes ainsi : faites prendre de la terre de robes[3] et tremper en lessive, puis mettre sur la tache et laissiez sécher, et puis frotez; et se la terre ne s'en va légièrement, si faictes mouillier en lessive, et laissiez en-

---

[1] La plus grande partie de la poussière. — [2] Var. C. *vergettes*. — [3] Sans doute *terre à foulons*, argile dont on se sert encore quelquefois pour enlever les taches de graisse, surtout sur le bois.

cores séchier et frotez tant qu'elle s'en soit alée; ou se vous n'avez terre de robes, faictes mettre cendres tremper en lessive, et icelles cendres bien trempées mettez sur la tache; ou vous faictes prendre de bien nettes plumes de poucins et moulliez en eaue bien chaude pour là laissier la gresse qu'elles auront prise, et remoulliez en eaue necte bien chaude : bien refrottez aussi et tout s'en yra.

S'il y a sur robe de pers[1] aucune tache ou destaincture de couleur, faictes prendre une espurge et la moulliez en necte et clère lessive, puis espraigniez et traynnez sur la robe en frotant la tache, et la couleur y revendra. Et se sur quelsconques autres couleurs de drap y a tache de destainture de couleur, faictes prendre de la lessive bien nette et qui point n'ait coullé sur drappeaulx, et mettre avec la cendre sur la tache, et laissiez sécher, puis faictes frotter, et la première couleur revendra.

Pour oster tache de robe de soie, satin, camelot, drap de Damas ou autre, trempez et lavez la tache en vertjus et la tache s'en yra, et mesmes se la robe est destainte, si revendra-elle en sa couleur (*ce que je ne croy pas*)[2].

Vertjus. Nota que ou temps que le vertjus nouvel se fait, l'en en doit prendre, sans sel, une fiole et la garder, car ce vault pour oster tache de robe et la remettre en sa couleur, et est tousjours bon, et nouvel et vieil.

Item, et se aucunes de vos pennes ou fourreures

---

[1] De couleur bleue. — [2] Ces mots qui se trouvent dans les trois manuscrits me paroissent être une observation critique, un doute de l'auteur sur une recette qu'il transcrivoit. Nous trouverons encore de semblables remarques dans le cinquième article de cette distinction.

ont esté moulliées et se soient endurcies, faictes def-
fourrer le garnement[1], et arrouser de vin la penne qui
est dure, et soit arrousée à la bouche ainsi comme un
cousturier arrouse d'eaue le pan d'une robe qui veult
retraire, et sur icelluy arrousement faictes gecter de la
fleur[2] et laissiez sécher un jour; puis frottez très bien
icelle penne[3]... en son premier estat.

Or revien au propos que devant, et dy que vostre
maistre d'ostel doit savoir qu'il doit chascune sepmaine
faire reviseter et boire de vos vins, vertjus et vinaigres;
veoir les grains, huilles, noix, pois, fèves et autres garnisons. Et quant aux vins, sachiez que s'ils deviennent
malades, il les convient garir de maladies par la manière qui s'ensuit :

Premièrement se le vin est pourri, il doit mettre la
queue[4], en yver, emmi une court sur deux tréteaulx
afin que la gelée y frappe, et il garira.

Item, se le vin est trop vert, il doit prendre plain
pennier de morillons[5] bien meurs, et gecte dedens la
queue, par le bondonnail, tous entiers, et il amendra.

Item, se le vin sent l'esventé[6], il doit prendre une
once de seurmontain[7] en pouldre et autant en graine

---

[1] Le vêtement (auquel est joint la fourrure). On appelloit souvent *robe*
un habit complet, et *garnement* chaque vêtement composant la *robe*; ainsi
dans ce cas, le surcot, le corset, la cotte, le manteau étoient dits *garne-
mens*. Voir la collection Le Ber, xix, 156, 374, 383, etc.

[2] Fleur de farine : nous verrons souvent dans le *Viandier* le mot fleur
employé seul dans ce sens. — [3] Suppléez *tant qu'elle revienne*.

[4] Gros tonneau qui contenoit, à la mesure de Paris, 54 setiers de
8 pintes (la pinte 2 livres pesant d'eau, un peu plus qu'une bouteille ordinaire, 93 centilitres) ou 391 litres 76. — [5] Nom parisien du raisin noir.
Voir le Dict. de Nicot. — Var. B. *mourillons*.

[6] Var. A. *la sente*. — [7] *Sileos* ou *siler montanum* dans le *Grant herbier*.

de paradis[1] en pouldre et mettre chascune desdictes pouldres en un sachet et le pertuisier d'une greffe[2], et puis pendez tous les deux sachets dedens la queue à cordelettes et estoupez bien le bondonnail.

Item, se le vin est gras, preigne douze œufs et mette boullir en eaue tant qu'ils soient durs, et puis gecte hors le jaune et laisse le blanc et les coquilles ensemble, et puis frire en paelle de fer et mettre tout chault dedens un sachet et pertuisé d'une greffe comme dessus, et pendre dedans la queue à une cordelette. *Item*, preigne un grant pot neuf et le mette dessus un trepié vuit[3], et quant il sera bien cuit, despièce le par pièces et le gecte dedans la queue, et il garira de la gresse.

Item, pour desroussir le vin blanc, preigne plain pennier de feuilles de houx et gecte dedens la queue par le bondonnail.

Item, se le vin est aigri, preigne une cruche d'eaue et gecte dedans pour départir le vin de devers la lie, et puis preigne plain plat de fourment et mettez tremper en eaue, et puis gectez l'eaue, et mettez boullir en autre eaue, et faciez bien boullir en autre eaue tant qu'il se vueille crever, et puis l'ostez; et s'il en y a des grains tous crevés, si les gecte, et après gecte le froment tout chault dedens la queue. Et se pour ce le vin ne veult esclarcir, preigne plain pennier de sablon bien lavé en Saine et puis gecte dedens la queue par le bondonnail et il esclarcira.

Item, pour faire ès vendenges un vin fort, n'emple pas la queue que il s'en faille deux sextiers[4] de vin, et

---

[1] *Cardamomon*, employé souvent dans le *Viandier*. — [2] Var B. *d'un*. Percer d'un greffoir ou d'un petit bâton aiguisé? — [3] Vide. — [4] Le sétier contenoit 8 pintes.

frotte tout entour le bondonnail, et lors il ne pourra gecter et en sera plus fort.

Item, pour traire une queue de vin sans luy donner vent, face un petit pertuis d'un foret emprès le bondonnail, et puis ait un petit plastreau [1] d'estouppes du large d'un blanc et puis mette dessus, et preigne deux petites bûchettes et mette en croix dessus le dit plastreau, et mette un autre plastreau sur les dictes bûchettes. Et pour esclarcir vin troublé, se c'est une queue, vuide-l'en deux quartes [2], puis le remue-l'en à un baston ou autrement, tellement que lie et tout soit bien meslé, puis preigne-l'en un quarteron d'œufs, et soient batus moult longuement les moyeulx et les blans tant que tout soit fin cler comme eaue, et tantost gectez après un quarteron d'alun batu et incontinent une quarte d'eaue clère et l'estoupez, ou autrement il se vuideroit par le bondonnail.

Et après ce et avec ce que dit est, belle seur, faictes commander par maistre Jehan le despensier à Richart de la cuisine escurer, laver, nettoier et tout ce que appartient à cuisine, et véez comme dame Agnès la béguine quant aux femmes, et maistre Jehan le despensier quant aux hommes, mettront vos gens en œuvre de toutes pars : l'un à-mont, l'autre à-val, l'un aux champs, l'autre en la ville, l'un en chambre, l'autre en solier [3] ou en cuisine et envoieront l'un çà, l'autre là, un chascun selon son endroit et science, et tant que iceulx serviteurs gaignent leur salaire chascun et chascune en ce qu'il saura et devra faire ; et s'ils le font, ils feront

---

[1] Coussinet, emplâtre. — Les blancs frappés sous le règne de Charles VI, avoient 11 à 12 lignes de diamètre. — [2] La quarte ou pot contenoit deux pintes. — [3] Rez-de-chaussée.

bien, car sachez que paresse et oisiveté engendrent
tous maulx.

Toutesvoies, belle seur, aux heures pertinentes faictes
les seoir à la table, et les faites repaistre d'une espèce
de viande largement et seulement, et non pas de
plusieurs, ne délitables ou délicatives, et leur ordonnez
un seul buvrage nourrissant et non entestant, soit vin
ou autre et non de plusieurs; et les admonestez de
mengier fort et boire bien et largement, car c'est raison qu'ils mengeussent d'une tire, sans seoir à oultrage[1], et à une alaine, sans reposer sur leur viande ou
arrester ou acouster[2] sur la table. Et si tost qu'ils com-
menceront à compter des comptes ou des raisons, ou
à eulx reposer sur leurs coustes[3], commandez la béguine qu'on les face lever et oster leur table, car les
communes gens dient : *Quant varlet presche à table et
cheval paist en gué, il est tems qu'on l'en oste, que assez
y a esté.* Deffendez leur yvresse, et que personne yvron-
gne ne vous serve ne approuche, car c'est péril, et
après leur reffection prise à midy, quant temps sera,
les laissiez par vos gens remettre à besongner. Et après
leur second labour et aux jours de feste aient autre
repas, et après ce, c'est assavoir au vespre, soient repus
habondamment comme devant et largement, et se la
saison le requiert soient chauffés et aaisiés.

Et après ce, soit par maistre Jehan le despencier
ou la béguine vostre hostel clos et fermé, et ait l'un
d'eux les clefs par devers luy, afin que nuls sans congié
n'y entre ne ysse. Et chascun soir et avant vostre
coucher, faictes par dame Agnès la béguine ou maistre

---

[1] Outre le temps convenable : trop longtemps. — [2] S'accouder. —
[3] Coudes.

Jehan le despensier faire reviseter à la clarté de la chandelle les fons de vos vins, vertjus, ou vinaigre, que nul ne s'en voit[1], et facent par vostre closier ou fermier savoir par ses gens que vos bestes soient bien affouragées pour la nuit. Et quant vous aurez sceu par dame Agnès la béguine ou maistre Jehan le despencier que le feu des cheminées sera couvert partout, donnez à vos gens, pour leurs membres, temps et espace de repos. Et ayez fait adviser par avant, qu'ils aient chascun loing de son lit chandelier à platine[2] pour mettre sa chandelle, et les aiez fait introduire[3] sagement de l'estaindre à la bouche ou à la main avant qu'ils entrent en leur lit, et non mie à la chemise[4]. Et aussi les aiez fait admonnester et introduire, chascun endroit soy, de ce qu'il devra commencier l'endemain, et de soy lever l'endemain matin, et recommencier chascun endroit soy son service, et de ce soit chascun advisié. Et toutesvoies de deux choses vous advise : l'une que se vous avez vos filles ou chamberières de quinze à vint ans, pour ce que en tel aage elles sont sottes et n'ont guères veu du siècle, que vous les faciez coucher près de vous en garderobe ou chambre où il n'ait lucarne ne fenestre basse, ne sur rue, et se couchent et lièvent à vostre heure, et vous mesmes qui avant ce temps serez sage se Dieu plaist, les gardez de près ; l'autre si est que se l'un de vos serviteurs chiet en maladie, toutes choses communes mises arrière, vous mesmes pensez de luy très amoureusement et charitablement et le revisetez et pensez de lui ou d'elle très curieusement

---

[1] S'en voise, s'en aille, fuie. — [2] Avec un large pied. — [3] Instruire. — [4] En jetant leur chemise dessus? On sait que nos pères couchoient sans aucun vêtement.

en avançant sa garison, et ainsi aurez acompli cest article.

Or vueil-je, en cest endroit, vous laissier reposer ou jouer et non plus parler à vous :[1] vous esbatrez ailleurs, je parleray à maistre Jehan le despencier qui nos biens gouverne, afin que se aucun de nos chevaulx tant de charrue comme à chevauchier est en essoine[2], ou qu'il conviengne acheter ou eschanger, qu'il s'y congnoisse un petit.

Sachiez donc, maistre Jehan, que cheval doit avoir seize[3] conditions, c'est assavoir :

Trois des conditions du renart : c'est courtes oreilles droictes, bon poil et fort et roide, queue bien pelue.

Du lièvre quatre : c'est maigre teste, bien esveillé, de légier mouvant, viste et tost alant.

Du beuf quatre, c'est assavoir : la harpe[4] large, grosse et ouverte, gros bouel, gros yeulx et saillans hors de la teste, et bas enjointé.

De l'asne trois : bon pié, forte eschine, et soit débonnaire.

De la pucelle quatre, c'est assavoir : beaulx crins, belle poitrine, beaulx rains et grosses fesses.

Maistre Jehan, mon ami, qui veult acheter un cheval, il le doit premièrement veoir en l'estable, car là voit-l'en s'il est en main d'affaiteur ou non, et s'il est bien ou mal gardé; s'il a bonne cocte[5], et comment il

---

[1] Suppléez : et pendant que. — [2] En état d'empêchement. — [3] Il y en a dix-huit. Ces conditions du bon cheval ont été souvent imprimées au xvie siècle. — [4] Les hanches. On appeloit en termes de vénerie un chien bien harpé celui qui avoit les hanches larges et grosses. Voy. Salnove. — [5] Ou coite, de quies? S'il se tient bien en repos?

siet sur le fien[1]. Après ce, à l'issir de l'estable, s'il a courtes et droites oreilles, maigre ou grasse teste, bonne veue et saine, et bons yeulx, gros, saillans dehors la teste; et puis taster dessoubs les gencives qu'il y ait grant entre-deux et bonne ouverture et large, et qu'il n'y ait gourme, bube ne malen[2], et que l'entrée du gavion ne soit en riens empeschée.

Et puis, mon ami maistre Jehan, tu te dois congnoistre à l'aage; dont il est à savoir que quant un cheval a deux ans, il a ses dens nouvelles, blanches, déliées et pareilles. Au troisième an, les trois dens de devant luy muent, et dedens icelluy troisième an deviennent plus grosses assez et plus brunes que les autres. Au quatrième an, les deux dens qui sont aux deux costés d'iceulx trois dens muées, luy muent et deviennent pareilles aux trois dont dessus est parlé. Au cinquième an, les autres muent. Au sixième an, viennent les crochés dont le fons est creux, et est la fève ou fons du creux. Au septième an les bors du creux des crochés si usent, et n'y a mais point de creux ne de fève, et devient tout plat et tout aouni[3] et de là en avant on n'y congnoist aage.

Après ce, maistre Jehan, tu dois aviser se le cheval a bonne encontre et bonne herpe et ouverte : qu'il ne soit courbé ne fuiselé[4]; et s'il est durié[5] c'est bon signe. Et par entre les deux jambes de devant, regardes aux jambes de derrière qu'il n'y ait esparvain ou courbe. Esparvain dedens le plat de la cuisse de derrière est, et s'apperçoit mieulx par entre les deux jambes de devant. Courbe est à icelluy endroit que devant, et plus sur le derrière; car elle tient au bout du gerret derrière, sur

---

[1] Fumier, litière. — [2] Je n'ai pu trouver la signification de ce mot. — [3] Uni. — [4] Qu'il n'ait ni courbes ni fusées. — [5] S'il a des durillons?

le bout de la jointe de la queue en dévalant; et est au commencement une petite bossette qui agrandist et est longuette, et gist au long et dessoubs le pli du gerret. Et quant on veult gracieusement parler devant marchans, on dit ainsi : *Véez-cy un bon cheval, il est long et esgarretté.* Et lors on entent que c'est à dire qu'il est corbeux.

Après ce, maistre Jehan mon amy, tu dois aler au costé et regarder s'il est point grevé soubs la selle, car en cheval qui ait tendre dos ne vous fiez; gardez aussi qu'il ne soit blécié au jarret[1]. *Item*, qu'il ait bon bouel; s'il est point batu d'esperons, qu'il n'ait grosses c......, qu'il ait long corps, car on dit un cheval plat quant il n'est pas ront ne bien esquartellé. Véez aussi quelle chière il fait par l'apparence de ses oreilles et de ses yeulx et par l'esmouvement de sa teste et le remuement de ses piés, et gardez bien qu'il n'ait malandres, [malandre est dedans le garret derrière; gardez aussi qu'il n'ait][2] molettes ne suros; ne soit crapeux, ne ne s'entretaille de la jambe de l'autre lez[3], car d'illec le peut-l'en bien veoir.

Après ce que dit est, doit-l'en adviser que le cheval ait maigres jambes, larges et plates, et qu'il n'ait pas les genoulx couronnés, et que les joinctes[4] de dessus les couronnelles ne boutent mie devant. Et regardez s'il a piés gras et combles, piés fendus, faulx quartiers, piés avalés, crapaudines ou fourme. Fourme sur couronnelle est quant au travers sur le coup-du-pié a une soubaudreure[5] qui se hausse, et en huit jours est formée aussi derrière comme devant, et durant ce qu'elle est

---

[1] Il semble que ce doit être garrot. — [2] Voir ci-après, p. 75, note 1. — [3] De l'autre côté. — [4] Le paturon. — [5] Var. A. *subaudeure*, enflure?

entière, l'en l'appelle fourme et fait piés avalés, mais quant elle est crevée, l'en dist crapaudine et ne garist-l'en puis, et est sur le bout de la couronnelle du pié[1].

Après, va par derrière et garde qu'il ait les fesses escartelées et bien secourcées[2], belle queue et bien pelue et serrant aux fesses que on ne la puisse sourdre[3], car c'est bon signe quant le cheval a bon et fort quoier, saines c....... Et encores de rechief, advise qu'il ne s'entretaille, ne ne soit crapeux ne rongneux, ne qu'il n'ait javart et rongne, et par entredeux icelles jambes de derrière qu'elles ne soient arçonnées parmy le milieu comme un arc, et audessoubs qu'il n'y ait esparvain, molette, suros dedens la jambe ou dehors, ou malandre, et qu'il ne s'entretaille ne n'ait crape[4] ne rape, ne derrière ne devant. Après, le convient veoir trotter bellement de rechief en sa droicte aleure commune, et adviser adonc s'il liève ses piés ouniement et égaulment, d'un hault[5] et d'une légièreté; s'il plie bien ses jambes devant et qu'elles ne soient mie roides; s'il escout sa teste, s'il soufle du nez et ouvre ses narines, et s'il est long en la main, car toutes ces choses sont de bon signe. Après, le dois faire trotter fort, et prendre garde s'il trotte bel et qu'il ne s'entretaille ne ataigne. Puis faire courre et aler les galos, et lors regarder à certes s'il a grosse alaine; s'il soufle et qu'il ait grant et grosse alaine par la bouche, se les flancs luy baletent ou qu'il soit poucis; et ce puet aussi estre veu dessoubs la queue. Puis le veoir l'endemain à froit, et savoir en

---

[1] Les manuscrits A et B répètent ici textuellement ce qui précède depuis *tu dois aller au costé* jusqu'à *Fourme sur couronnelle;* il n'y a de plus ici que les mots *malandre est,* etc., placés, p. 74, entre crochets.

[2] Var. A. *stourcées.* — [3] Sortir. — [4] Grappe. — [5] A la même hauteur.

l'estable comment il se tient sur le fien, puis trotter et
aler les galos et reveoir s'il est poucis, et ce peut estre veu
dessous la queue, puis le veoir et savoir de rechief
aux champs et ailleurs s'il est bon aux esperons.

Nota, maistre Jehan, que ès festes de Flandres, se
vous avez barguaignié[1] et sceu le pris d'un cheval, et
vous demandez à le veoir courre, *eo ipso* vous vous
départez de tous les autres vices, tellement que s'il est
bon à l'esperon et qu'il queure, il est vostre, quelque
autre tache qu'il ait.

Maistre Jehan, s'aucun cheval est qui ait passé aage,
et soit trouvé sans suros, malandre, courbe, entretaille, molettes *et similia*, c'est adonc à entendre qu'il
est affermé[2], et que puis qu'il a passé sa jeunesse sans
tache, jamais n'en aura aucune.

Item, tant est un cheval plus court, maistre Jehan,
tant a plus fort eschine. — *Item*, tant plus dur trotte,
maistre Jehan, tant plus est fort. — *Item*, maistre
Jehan, s'il est délié sur la poincte d'en bas, c'est mauvais
signe.

Maistre Jehan, se vous voulez engresser, pour vendre,
un de nos chevaulx, *primo* soit estrillé, lavé et tenu
nettement, et fresche lectière. — *Item*, s'il ne fut pieçà
seigné, si le faictes seigner des costés, c'est du ventre,
car icelle seignée des costés est propre pour leur donner
bon bouel. Puis luy emplissiez son ratellier de très bon
foing d'une part, et de feurre d'avoine d'autre part;
puis prenez quatre boisseaulx de bien nette paille de
fourment, deux boisseaulx de bran[3], un boissel de
fèves menues et un boissel d'avoine, et meslez tout

---

[1] Marchandé. — [2] Assuré. — [3] Son.

ensemble et luy en donnez quatre fois le jour, avant boire. *Item* après, boire de l'eaue de rivière chauffée au soleil ou sur le fumier, ou en yver chauffée sur le feu, et y ait du son dedens une toille, car sans toille le cheval toussiroit comme s'il eust mengié plume; puis mengeusse du foing. Puis pour prou vendre[1], comme dessus, ou se c'est cheval de petit pris, il ait avant boire, trois fois orge boulu, et après boire, fèves et bran et bien pou d'avoine.

OINGNEMENT POUR LES PIÉS DES CHEVAULX. — Prenez un quarteron de suif de bouc, un quarteron de cire, un quarteron de terbentine, un quarteron de poix rasine et boulez tout ensemble, et oignez les piés des chevaulx. — *Item*, aiez un drappel moullié en viez oint et mettez ou fons du pié et de la fiente avec.

Pour garir de rape, crape, rongne et javart, lavez d'uille de chennevis avec eaue batue ensemble, et s'il n'en garist, il le convient seigner de la pointe du pié.

Item, est à noter que quant un cheval est seigné du col, l'en le doit tenir lié hault, et faire petitement mengier et hault, car le débatement des mandibules et du col le pourroient faire escrever. *Item*, le convient abuvrer le plus loing de la seignée que l'en puet et lier hault, pour ce que le baisser la teste le fait escrever. *Item*, se le cheval est de grant pris, si soit veillé de nuit.

Malandre veult estre lavé deux fois le jour de chault pis.t ou chaude eaue. *Item*, *idem*, grosses jambes derrière[2]; et se ainsi l'en ne peut garir, que l'en face restrainctif, c'est assavoir de sang-de-dragon[3], d'aubun

---

[1] Pour vendre chèrement. Var. B. *prouvende*, ration.

[2] Phrase obscure qui me paroît signifier que le remède des malandres sert aussi pour l'enflure des jambes de derrière. — [3] Sorte de résine.

d'œufs[1], ou plastre bien sassé et aubun d'œufs[2], et liez par bandeaulx entour la jambe, et puis seicher à un tison de feu par derrière.

Quant cheval pert la veue, faictes mouldre du saing[3] de voirre vieil, et luy gette-l'en dedens l'ueil à un tuel[4].

Quant cheval a tranchoisons, faictes-le mettre par terre et puis luy faictes mettre à un cornet un quarteron de quelque huille dedens le c.l, et puis le faites chevauchier tant qu'il sue, et il garira.

Quant cheval a vives[5], il luy convient dire ces trois mos, avec trois patenostres : † abgla, † abgly, † alphara, † asy, † pater noster etc.

Contre farcin, te convient ce couver[6] par neuf jours, et chascun jour en jeun dire par trois fois, et chascune fois dire trois patenostres et toucher le mal † In nomine Patris † et Filii † et Spiritus Sancti † amen † Je te conjure, mal félon de par Dieu omnipotent et de par le Père et de par le Fils et de par le Saint Esperit, et de par tous les sains et de par tous les anges de nostre Seigneur Jhésu Crist, et par toutes les vertus que Dieu donna à paroles ne en voix, par les vertus que Dieu fist de faire le ladre guérir de sa maladie : et que tu, mal félon, n'ailles plus avant, et que ne doubles ne ne enfles, n'en fenestres, n'en fistules, néant plus que firent les cinq plaies nostre Seigneur Jhésu Crist, et aussi le monde sauva, et pour ce se firent les cinq plaies de nostre Seigneur Jhésu Crist. In nomine Patris † et Filii † et Spiritus Sancti † Amen.

S'aucun cheval est morfondu, il le convient tantost

---

[1] Blancs d'œufs. — [2] Tamisé. — [3] Var. A. du seing de sain. J'ignore ce que peut signifier ici le mot saing. — [4] Tuyau, chalumeau. — [5] Avives, glandes derrière la mâchoire. — [6] Cacher?

faire seigner des jambes devant au plus bas, et au hault du plat des cuisses, et recueillir le sang, et d'icelluy oindre les piés, puis torchier de foing moullié et pourmener sans boire et sans mengier, et dedens quatre heures ou environ, mettre un restraintif sur les couronnelles afin qu'il ne face pié neuf; et le convient pourmener sans arrest trente-six heures, et luy donner à la main du foing s'il en veult mengier : et ne boive point d'un jour naturel; et après vint-quatre heures depuis la seignée, boive de l'eaue chaude avec du bran. Et pendant le dit temps et tantost après ce qu'il sera seigné, soit couvert de trois linceuls moulliés tout à une fois, et au bout de trente-six heures ou plus, c'est assavoir quant il se prendra à mengier du bran et faire bonne chière et qu'il aura fienté, luy face-l'en bonne lictière et blanche, et le face-l'en reposer, puis pourmener, et quant il yra de bon cuer, si luy oste-l'en un jour un drap, l'autre jour l'autre, et le tiers l'autre, et ne luy donne-l'en fors brennée à boire et à mengier jusques à ce qu'il face bonne chière. Aucuns leur donnent du buvrage de pommes à un cornet. Et de tout le mareschal puet avoir franc et demi[1].

_____

[1] La valeur de deux setiers de blé environ, donnée au maréchal pour le traitement assez compliqué de cette maladie.

Les manuscrits donnent ensuite un Traité de l'épervier que l'auteur avoit annoncé devoir faire le 2e article de la 3e distinction. J'ai pensé devoir rétablir la division indiquée par l'auteur et suivie jusqu'ici par lui, et j'ai renvoyé à la fin du livre le Traité de la chasse à l'épervier.

'DE LA DEUXIÈME DISTINCTION

LE QUART ARTICLE

QUI VOUS DOIT APRENDRE QUE VOUS, COMME SOUVERAIN MAISTRE DE
VOSTRE HOSTEL, SACHIEZ COMMANDER ET DEVISER A MAISTRE JEHAN
DISNERS ET SOUPPERS, ET DEVISER MÈS ET ASSIETES.

Et à ce commencement je vous mettray aucuns
termes servans aucun pou, et qui vous donront commencement ou au moins esbatement.

Primo, pour ce qu'il convient que vous envoiez
maistre Jehan ès boucheries, cy-après s'ensuivent les
noms de toutes les boucheries de Paris et leur délivrance de char.

A la Porte-de-Paris² a dix-neuf bouchiers qui par esti-

---

¹ Le Ms. C porte avant ces mots, *Cy commence le Viandier.* C'est pourquoi j'ai renvoyé au *Viandier* dans diverses notes de cet ouvrage.

² On appeloit ainsi l'espace placé entre les rues Saint-Denis, Pierre-à-
Poisson et la Grande-Boucherie, devant laquelle il se prolongeoit jusqu'à
la rue Pied-de-Bœuf. (Voir Corrozet, éd. 1543, le Plan de Turgot, etc.) Cet
espace est aujourd'hui compris dans la place du Châtelet. Mais l'auteur
désigne ici sous ce nom, la grande boucherie de la Porte-Paris, connue
sous le seul titre de *Grande-Boucherie*, sur l'emplacement de laquelle la
grande maison de la place du Châtelet qui fait face au pont au Change,
me semble avoir été construite.

On peut voir dans du Breuil (éd. 1612, p. 1053), mais mieux dans
Sauval (I, 623), les *Variétés historiques* (I, 170), et surtout dans le *Traité
de la Police* de Lamarre, des détails sur l'origine de cet établissement dont
l'existence signalée dès le commencement du XIIᵉ siècle remontoit peut-
être aux temps de la domination Romaine. La propriété des étaux de
cette boucherie, au nombre de trente-deux au XVᵉ siècle, et plus tard de
vingt-neuf, et le droit d'être reçu maître boucher (à sept ans et un jour),
appartenoient exclusivement aux rejetons mâles d'un petit nombre de familles. A leur joyeux avénement seulement les rois de France pouvoient
faire un nouveau maître boucher comme ils faisoient au reste un nouveau maître de chaque profession. (C'est ainsi qu'en 1438, Oudin de Ladehors tige d'une de ces familles dont il est parlé ci-dessus, parvint à la

mation commune vendent, pour sepmaine, eulx tous, l'un temps parmi l'autre, et la forte saison portant la

maîtrise par cession de Guillaume Lefèvre dit *Verjus* queux du roi Charles VII, que ce prince avoit créé maître boucher à son joyeux avénement et confirmé à son entrée dans Paris). Mais plus tard ce droit paroît être tombé en désuétude, s'il ne fut pas racheté par les bouchers.

Depuis 1358 au moins, la grande boucherie étoit le siége d'une importante juridiction devant laquelle les bouchers pouvoient évoquer toutes leurs causes, et dont les appels se relevoient devant le parlement. Cette juridiction se composoit : 1° d'un *maire* ordinairement membre du Châtelet (avocat du roi, conseiller ou avocat au Châtelet), qui me semble avoir dû être nommé par le roi ou le prévôt de Paris encore en 1430, car dans le registre de la boucherie pour cette année, son nom est placé avant celui du *maître*, ce qui n'auroit pas eu lieu, je crois, s'il n'eût tenu ses pouvoirs que de la communauté. En 1461, il étoit élu par le *maître* en présence, et je pense par les suffrages des quatre jurés, du procureur et du receveur de la communauté, de deux écorcheurs jurés et des maîtres bouchers; 2° *d'un maître de la grande boucherie* (un des bouchers les plus riches) nommé à vie par douze électeurs désignés eux-mêmes par tous les maîtres bouchers. Le maire, et le maître ne siégeoient pas ordinairement tous les deux à la fois, et il n'est pas facile de définir les différences existant entre leurs attributions. La puissance du maire me semble au reste avoir été successivement restreinte; ainsi, tandis qu'en 1431 il désigne le *maître* pour *tenir ses plais*, ce qui semble placer le pouvoir judiciaire dans la personne du *maire*, on voit la communauté décider, en 1470, que *le maître sera nommé et intitulé aux lettres et actes qui se feront en la justice de la boucherie, excepté quand on besognera contre le maître, sera nommé et intitulé le maire* (les actes et jugemens seront rendus en son nom); 3° d'un procureur (au Châtelet); 4° d'un tabellion qui étoit aussi ordinairement procureur au Châtelet. Les quatre jurés nommés annuellement, le vendredi d'après la Saint-Jacques (25 juillet), par quatre électeurs désignés par l'ensemble de la communauté, remplissoient l'office de ministère public devant ce tribunal, et pouvoient provisoirement et par eux-mêmes saisir des viandes suspectes; et comme aussi le *maire* et le *maître*, envoyer préventivement en prison les malfaiteurs. Cette juridiction avoit le plus souvent à juger les violences des garçons bouchers, des malversations commerciales, des réclamations de dettes contractées par des bouchers, etc. La boucherie avoit en outre un *conseil de parlement* et un *conseil de Châtelet*; c'étoient deux membres de ces juridictions chargés des intérêts de la communauté et rétribués par elle. — La mairie de la

II   F

foible, dix neuf cens moutons, quatre cens beufs, quatre cens pourceaulx, et deux cens veaulx.

grande boucherie dura jusqu'en 1673, que Louis XIV la réunit au Châtelet.

Les rejetons mâles des familles propriétaires de cet établissement étoient tenus d'exercer par eux-mêmes ou au moins *de leurs deniers* la profession de leurs pères. On voit dans Lamarre (t. II, p. 560), qu'au xvie siècle, beaucoup de descendans de ces anciennes familles occupoient des positions assez élevées, et avoient abandonné le commerce de la boucherie; mais il ne faut pas croire qu'aux xive et xve siècle ces riches bouchers s'occupassent par eux-mêmes des *détails* de leur profession. Beaucoup avoient pour tailler et vendre leurs chairs, des valets répondans du produit de la vente, et se bornoient à les surveiller et à traiter en grand et par des facteurs le commerce des bestiaux destinés à l'approvisionnement de Paris.

Un arrêt rendu en 1383 (7 mars) pour Jehan Le Pontonnier et Louis Thibert héritiers, à cause de leurs femmes, de Guillaume de Saint-Yon, contre la veuve de ce dernier, établit d'une manière aussi curieuse que certaine, l'étendue et la nature des richesses très-diverses que possédoit ce boucher, le plus riche de la Porte-Paris, et la nature de ses occupations commerciales. Il est dit qu'il étoit propriétaire de trois étaux : qu'*il y faisoit vendre* chaque semaine des viandes pour 200 livres parisis, sur quoi il bénéficioit de 20 ou 30 livres ; il avoit une rente de 600 livres, quatre maisons de campagne près Paris, bien fournies de meubles et d'instrumens aratoires : de grandes coupes, des hanaps, des aiguières, des tasses d'argent de grand prix, des coupes de madre avec des pieds d'argent d'une valeur de 100 fr. et plus ; sa femme avoit pour plus de 1 000 fr. de joyaux, ceintures, bourses, épingliers ; des robes longues et courtes bien fourrées, 3 manteaux fourrés de gris : de très-beau linge. Il possédoit en outre 300 cuirs de bœuf valant bien 24 s. la pièce, 800 mesures de graisse valant 3 s. et demi, et 800 moutons de 10 s. ; 5 ou 600 florins d'argent comptant. On évaluoit ses biens meubles à 12 000 florins. Son sceau étoit d'argent ; il avoit donné 2 000 florins de dot à ses deux nièces, et avoit dépensé 3 000 florins à rebâtir sa maison de Paris (Jugés, XXX, 198 v°). Après cette énumération de richesses énormes pour le temps, peut-on s'étonner de l'influence si puissante de ces maîtres bouchers, signalée dans tous les historiens du xve siècle?

La famille de ce Guillaume de Saint-Yon, que Du Breuil et l'abbé Lebeuf ont cru, mais sans preuve, être issue de celle des anciens seigneurs de Saint-Yon près Montlhéry (Lebeuf, X, 260), étoit la plus puissante

Saincte-Geneviefve : cinq cens moutons, seize beufs, seize porcs, et six[1] veaulx[2].

Le Parvis : quatre-vint moutons, dix beufs, dix veaulx, huit porcs.

A Saint-Germain a treize bouchiers; deux cens moutons, trente beufs, trente veaulx, cinquante porcs.

Le Temple, deux bouchiers; deux cens mou-

de la grande boucherie. Elle y exerçoit, comme aussi celle Thibert, la profession de boucher au moins dès 1260 (Reg. de la Boucherie). Au xviie siècle, ces deux familles restées seules des vingt existantes en 1260, étoient avec celles de Ladehors et Dauvergne, en possession exclusive des vingt-neuf étaux de la grande boucherie; elles furent réduites à trois en 1660, par l'extinction des Dauvergne. Plusieurs de leurs membres étoient sans doute sortis du commerce de la boucherie pour occuper des emplois plus importans, et étoient seulement propriétaires d'étaux qu'ils louoient, mais d'autres étoient restés dans ce commerce, et c'est assurément à un descendant de l'ancienne famille Thibert qu'il faut attribuer l'histoire singulière du boucher de ce nom chez le chevalier de Bragelongne, vers 1680. Sandras de Courtilz rapporte dans les *entretiens de Colbert avec Bouin* (Bauyn, I, 67), que ce boucher, qui étoit gros joueur, couroit chez le chevalier dès qu'il avoit vendu sa viande, et là, avec son tablier et sa camisole rouge, jouoit 3 ou 400 pistoles à la fois. Le duc de Roquelaure (Gaston-Jean-Baptiste, mort en 1683), qui connoissoit cependant Thibert, voulant un jour le plaisanter sur sa mise, s'écria : *Masse à la camisole rouge!* en mettant une poignée de louis sur la table. Le boucher, sans s'émouvoir, accepta le défi en répondant aussitôt : *Top et tingue au cordon bleu!* et ayant eu les dés et les rieurs pour lui, releva gaiement l'argent du duc.

(J'ai consulté pour cette note les 106 premières pages, années 1430 à 1483, de l'extrait du registre de la grande boucherie, n° 290 du Cabinet généalogique, dont mon ami M. de Lincy m'a signalé l'existence.)

[1] Var. C. *seize.*

[2] Cette boucherie, située sur la Montagne Sainte-Geneviève, existoit au moins dès 1245, selon Sauval. Elle avoit été fondée par une émigration des bouchers de Saint-Marcel. — Suivant une plaidoirie du 30 avril 1377 (Félibien, t. IV, p. 532), ces deux boucheries, que l'auteur du *Ménagier* a peut-être confondues à dessein à cause de leur communauté d'ori-

tons, vint-quatre beufs, vint-huit[1] veaulx, trente-deux
porcs.

Saint-Martin : deux cent cinquante moutons, trente-
deux beufs, trente-deux veaulx, vint-deux[2] porcs.

Somme des boucheries de Paris, pour sepmaine,
sans le fait du Roy et de la Royne et des autres nos
seigneurs de France, trois mille quatre-vint moutons,
cinq cent quatorze beufs, trois cent six veaulx, six

gine, existoient de toute antiquité; elles auroient compté anciennement
cent vingt bouchers, mais n'en avoient plus alors que trente-cinq. Au
temps de Sauval, il n'y avoit plus que quatorze étaux. Les Le Gois,
chefs des émeutiers parisiens au xv° siècle, étoient bouchers de Saintc-
Geneviève.

On croit que la boucherie du Parvis était la plus ancienne de Paris.
Lamarre dit que Philippe Auguste en fit don à l'évêque de Paris quand
les bouchers l'eurent abandonnée pour se fixer à la Porte-Paris. Suivant
Sauval, ce prince n'auroit fait que les confirmer dans une possession an-
térieure. Caboche étoit écorcheur dans cette boucherie en 1411.

On ignore l'époque du premier établissement de la boucherie de Saint-
Germain; peut-être étoit-elle aussi ancienne que l'abbaye. Elle n'avoit
d'abord que trois étaux, mais en 1274 l'abbé Gérard en fit bâtir seize
autres dans l'endroit où est aujourd'hui la rue des Boucheries. (Félibien,
I, 429.)

La boucherie du Temple fut établie par les Templiers. Ils transigèrent
à ce sujet avec les bouchers de la Porte-Paris en 1182, selon Félibien,
mais seulement en 1282 selon Lamarre que je crois avoir été mieux
informé. Elle étoit rue de Braque et se composoit de deux étaux seulement.

La boucherie de Saint-Martin me paroît devoir être la même que celle
dite de Saint-Nicolas-des-Champs, et qui étoit située rue Saint-Martin,
au coin de la rue Aumaire. Sauval qui est à ma connoissance le seul
auteur qui en parle, ne cite rien de plus ancien à son sujet que la répa-
ration faite en 1426 de la maison où elle étoit située.

Il est étonnant que l'auteur du Ménagier n'ait pas parlé ici de la boucherie de Saint-Éloi établie rue Saint-Paul par le prieur de Saint-Éloi,
en vertu des lettres du régent (depuis Charles V) en date du 30 novembre 1388. (Trés. des Chartes, 80, 131.)

[1] Var. A trente-deux. — [2] Var. A trente-deux.

cens porcs[1]. Et au vendredi absolut[2], sont vendus de deux mille à trois mille lars[3].

Pour ce qu'il a cy-devant esté parlé du fait du bouchier et poullaillier, le fait de l'ostel du Roy en office de boucherie monte bien, pour sepmaine, six-vints moutons, seize beufs, seize veaulx, douze porcs : et par an deux cens lars.

Le fait du poullaillier : par jour, six cens poullailles, deux cens paires de pigons, cinquante chevriaux, cinquante oisons.

La Royne et les enfans. Boucherie, pour sepmaine, quatre-vins moutons, douze veaulx, douze beufs, douze porcs : et par an six-vins lars. — Le fait du poullaillier : pour jour, trois cens poullailles, trente-six chevreaulx, cent cinquante paires de pigons, trente-six oisons.

Orléans[4] aussi.

Berry aussi.

Les gens de Monseigneur de Berry dient que aux dimenches et grans festes, il leur convient trois beufs, trente moutons, huit-vins douzaines de perdris, et connins à l'avenant, mais j'en doubte. — Avéré depuis. — Et est certain que[5] plusieurs grans festes, dimenches et jeudis, mais le plus commun des autres jours est à deux beufs et vingt moutons. — *Nota* encores que à la court de Monseigneur de Berry on fait livrée à pages et à varlets des joes de beuf, et est le museau du beuf taillié à travers, et les mandibules demeurent pour

---

[1] Cela fait 3130 moutons, 512 bœufs, 528 porcs (538 suivant A), et 306 veaux (310 suivant A et 320 suivant C). Voir dans l'Introduction mes observations sur ces renseignemens statistiques. — [2] Vendredi saint. C'est encore l'époque de la *foire aux jambons*. — [3] Porcs salés. Voy. Du Cange au mot *Lardum*. — [4] Le duc d'Orléans. — [5] Suppléez : *c'est ainsi*.

la livrée, comme dit est. — *Item*, l'en fait du col du beuf livrée ausdis varlets. — *Item*, et ce qui vient après le col est le meilleur de tout le beuf, car ce d'entre les jambes de devant, c'est la poitrine, et ce dessus, c'est le noyau[1].

Bourgoingne, de parisis à tournois du Roy[2].

Bourbon, la moitié du fait de la Royne.

Item, et sans espandre ou baillier vostre argent chascun jour, vous pourrez envoïer maistre Jehan au bouchier, et prendre char sur taille[3], considérant ce qui s'ensuit :

En la moitié de la poitrine de beuf a quatre pièces, dont la première pièce a nom le grumel[4]; et toute celle moitié couste dix blans[5] ou trois sols. En la longe a six pièces, et couste six sols huit deniers ou six sols. La surlonge trois sols. Ou giste[6] a huit pièces et est la plus grosse char, mais elle fait la meilleure eaue[7] après la joe; et couste le giste, huit sols.

Le quartier de mouton a quatre pièces ou trois pièces et l'espaule, et couste huit blans ou trois sols.

Le quartier de veel, huit sols. Porc[8]....

---

[1] Aujourd'hui *talon de collier*, chair levée sur les trois dernières côtes. — [2] C'est-à-dire comme 20 est à 25 ou un cinquième en moins que le Roi. Ce devoit donc être par semaine 96 moutons, 12 ou 13 bœufs, autant de veaux, 9 ou 10 porcs, 160 lards par an, et par jour 480 volailles, 160 paires de pigeons, 40 chevreaux, 40 oisons. — [3] En marquant sur une taille la quantité prise chaque fois, comme cela se fait encore pour le pain. — [4] *Gros bout* de poitrine. Voir sur la longe, etc., p. 130. — [5] Les blancs valoient 10 deniers, mais l'auteur doit entendre ici par ce mot le petit blanc, monnoie de compte de 5 deniers. C'est comme s'il disoit que le prix de cette pièce varie de 4 sols 2 deniers à 3 sols. Le marc d'argent (52 fr. de notre monnoie) valoit 6 l. 5 s. — [6] Ou trumeau, partie de la cuisse et aussi de la jambe de devant. — [7] Bouillon. — [8] Ligne laissée en blanc dans les manuscrits.

Et *nota* que ce que l'en dit la poictrine d'un beuf, l'en dit le brichet d'un mouton : et quant l'en parle d'un cerf, l'os d'icelle poictrine est nommé la hampe.

De la poictrine d'un beuf, la première pièce qui part d'emprès le colet est appellée le grumel, et est la meilleur. D'un mouton, le flanchet est ce qui demeure du quartier de devant quant l'espaule en est levée. — *Item*, l'en dit le couart[1] d'un cerf. — *Item*, les dentés sont les c......ns.

La surlonge trois sols. La longe six sols. La char d'un mouton dix sols.

Après ces choses, convient dire et parler d'aucuns termes généraulx qui regardent fait de queurie[2] en aucune qualité, et après sera monstré à congnoistre et choisir les viandes desquelles l'en doit ouvrer comme il s'ensuit :

Primo, que en toutes sausses et potages lians en quoy l'en broie espices et pain, l'en doit premièrement broïer les espices et oster du mortier, car le pain que l'en broie après, requeut ce qui des espices est demouré; ainsi on ne pert rien ce qu'on perdroit qui feroit autrement.

Item, des espices et lieures[3] mises en potages, l'en ne doit riens couler[4], combien que sausses si fait, afin que les sausses soient plus clères et aussi plus plaisans.

Item, sachiez que pou advient que pois ou fèves ou autres potages s'aoursent[5], se les tisons ardans ne touchent au cul du pot quant il est sur le feu. — *Item*,

---

[1] Je n'ai pas vu ce mot dans les anciens auteurs de vénerie; ce doit être le quoïer ou cimier (croupe) du cerf. — [2] Cuisine. — [3] Liaisons. — [4] Passer au tamis. — [5] S'attachent au fond du pot, brûlent.

avant que ton potage s'aourse, et afin qu'il ne s'aourse,
remue-le souvent au cul du pot et appuie ta cuillier au
fons, afin que le potage ne se preigne là. Et *nota*
que si tost que tu apparceveras que ton potage s'aoursera, si ne le remue point, mais l'oste tantost de dessus
le feu et le mets en un autre pot.

Item, *nota* que communément tous potages qui sont
sur le feu surondent et s'en vont sur le dit feu jusques
à ce que l'en ait mis au pot sel et gresse, et depuis, non.

Item, *nota* que le meilleur chaudeau qui soit, c'est
de la joe de beuf lavée en eaue deux fois ou trois, puis
boullir et bien escumer.

Item, l'en scet se un connin est gras, à luy taster un
nerf ou col entre les deux espaules, car là scet-l'en s'il
a grosse gresse par le gros nerf; et s'il est tendre, l'en
le scet à luy rompre une des jambes de derrière.

Item, *nota* qu'il y a différence entre les queux,
entre boutonner et larder, car boutonner est de gi-
rofile et larder est de lart.

Item, des brochets, le laictié vault mieulx que
l'ouvé, se ce n'est quant l'en veult faire rissolles, pour
ce que des œuvés l'en fait rissolles, *ut patet in tabula*.
Des brochets, l'en dit lancerel, brochiet, quarrel, lux
et luceau[1].

Item, aloze franche entre en Mars en saison.

Item, carpe doit estre très cuite, ou autrement
c'est péril de la mangier.

Item, plais[2] sont doulces à applanier à la main, et
lymandes au contraire.

Item, à Paris, les oyers[3] engressent leurs oies de

---

[1] Les petits sont appelés *lancerons* : les moyens, *brochets* : les plus gros,
quarreaux (*Délices de la campagne*, ch. xviii). — [2] Plies. — [3] Oyeurs, rôtisseurs.

farine, non mie la fleur ne le son, mais ce qui est entre deux, que l'en appelle les gruyaux ou recoppes : et autant comme ils prennent de ces gruyaux ou recoppes, autant mettent-ils d'avoine avec, et meslent tout avec un petit d'eaue, et ce demeure ensemble espais comme paste, et ceste viande mettent en une goutière[1] sur quatre piés, et d'autre part, de l'eaue et lictière nouvelle chascun jour, et en quinze jours sont gras. Et *nota* que la lictière leur fait tenir leurs plumes nettes.

Item, pour faisander chapons et gélines, il les convient saignier par la gueule et incontinent les mettre et faire morir en un scel d'eaue très froide, et il sera faisandé ce jour mesmes comme de deux jours tué.

Item, l'en congnoist les jeunes malars[2] des viels, quant ils sont aussi grans les uns comme les autres, aux tuyaux des esles qui sont plus tendres des jeunes que des vieulx. — *Item*, l'en congnoist ceulx de rivière à ce qu'ils ont les ongles fins, noirs, et aussi ont les piés rouges, et ceulx de paillier[3] les ont jaunes. *Item*, ont la creste[4] du bec, c'est assavoir le dessus, vert tout au long, et aucunes fois les masles ont au travers du col, endroit le hasterel[5], une tache blanche, et sont tous d'un plumage et ont la plume de dessus la teste très ondoiant.

Item, coulons ramiers sont bons en yver, et congnoist-l'en les vieulx à ce que les venneaulx[6] de leurs

<hr/>

[1] Petite mangeoire portative. — [2] Canards mâles, et ici canards en général. — [3] D'abord lieu où on resserroit *la paille*, et par extension *basse-cour*. — [4] Var. B. *crouste*. — [5] Nuque.

[6] Suivant l'empereur Frédéric II, chapitre L, les ailes des oiseaux se composent de vingt-six plumes : 1° quatre plus près du corps dites *corales* ou les *coraux*; 2° les douze suivantes, qui sont les *vanneaux*; 3° dix autres extérieures (*forinsecæ*), dites les *couteaux*, à l'exception de la dernière

esles sont tout d'une couleur noire, et les jeunes d'un
an ont les venneaulx cendrés et le surplus noir.

Item, l'en congnoist l'aage d'un lièvre au nombre
des pertuis qui sont dessoubs la queue, car pour tant
de pertuis, tant d'ans.

Item, les perdris qui ont les plumes bien serrées et
bien joinctes à la char, et sont arrangéement et bien
joinctes et sont comme les plumes sont sur un espri-
vier, sont fresches tuées : et celles dont les plumes se
haussent contremont et laissent la char et se desran-
gent de leur siége et vont sans ordre çà et là, sont
vieilles tuées. — *Item*, à tirer les plumes du braier[1],
le sent-l'en.

Item, la carpe qui a l'escaille blanche et non mie
jaune ne rousse, est de bonne eaue. Celle qui a gros
yeulx et saillans hors de la teste, et le palais et langue
mols et ouny, est grasse. Et *nota*, se vous voulez porter
une carpe vive par tout un jour, entortilliez-la en foing
moullié et la portez le ventre dessus, et la portez sans
luy donner air, c'est assavoir en bouges ou en sac.

La saison des truites commence en[2] ..... et dure jusques à Septembre. Les blanches sont bonnes en yver,
et les vermeilles[3] en esté. Le meilleur de la truite est la
queue, et de la carpe c'est la teste.

Item, l'anguille qui a menue teste, becque délié,

qu'on appelle le *cerceau* (*saxellus*); les fauconniers postérieurs parlent bien
du cerceau (seul des oiseaux de proie, l'autour avoit trois plumes portant
ce nom), des *couteaux* et des *vanneaux* (d'Arcussia, éd. 1627, p. 248, dit
que ce sont les plumes adhérentes au second os de l'aile, et cette définition concorde bien avec celle de l'empereur Frédéric II), mais non des
coraux ou plumes corales.

[1] Ventre. — [2] Espace laissé en blanc dans les manuscrits. — [3] Sau-
monnées.

cuir reluisant, ondoiant et estincelant, petis yeulx, gros corps et blanc ventre, est la franche. L'autre est à grosse teste, sor[1] ventre, et cuir gros et brun.

Cy-après s'ensuivent aucuns disners et soupers de grans seigneurs et autres, et notes sur lesquels vous pourrez choisir, reconqueillir[2] et aprendre des quels mets qu'il vous plaira, selon les saisons et les viandes qui seront ès païs où vous serez, quant vous aurez à donner à disner ou à soupper.

I. Disner a jour de char, servi de trente et un mès a six assiettes.

Première assiette. Garnache[3] et tostées[4], pastés de veel, pastés de pinparneaux, boudins et saucisses.

Seconde assiette. Civé de lièvres et les costellettes, pois coulés, saleure et grosse char, une soringue d'anguilles (12)[5] et autre poisson.

Tierce assiette. Rost : connins, perdris, chappons, etc., lux, bars, carpes, et un potage escartelé (35, 36, 37).

Quarte assiette. Oiseaulx de rivière à la dodine, ris engoulé (37), bourrée à la sausse chaude et anguilles renversées (26).

[1] Jaune. — [2] Recueillir. — [3] Vin de Grenache. Voy. Legrand d'Aussy, t. III, p. 48. — [4] Rôties. — On trouvera, en recourant à la table, les endroits du *Ménagier* où sont décrits la plupart des plats qui vont figurer dans ces menus. Je me dispenserai donc de donner ici des explications qui feroient presque toujours double emploi. — [5] Ces nombres en chiffres arabes, placés ici entre parenthèses, devoient renvoyer à des feuillets d'un manuscrit ou à des numéros de chapitres, et ne se rapportent à rien dans les trois manuscrits que j'ai sous les yeux.

Quinte assiette. Pastés d'aloés, ruissolles, lait lardé (41), flaonnés succrés.

Sixième assiette. Poires et dragées, neffles et nois pelées. Ypocras et le mestier [1].

II. Autre disner de char de vint-quatre mets a six assiettes.

Première assiette. Pastés de veel menu déhaché à gresse et mouelle de beuf, pastés de pinparneaux, boudins, saucisses, pipefarce, et pastés norrois *de quibus* (41).

Seconde assiette. Civé de lièvre (16) et brouet d'anguille (17); fèves coulées, saleures, grosse char, s. [2] beuf et mouton.

Tiers mets. Rost : chappons, connins, veel et perdris, poisson d'eaue doulce et de mer, aucun taillis (36) avec doreures (39).

Quart mets. Mallars de rivière à la dodine, tanches aux soupes et bourrées à la sausse chaude [3] (26), pastés de chappons de haulte gresse à la souppe de la gresse et du persil.

Quint mets. Un boulli lardé, ris engoulé, anguilles renversées, aucun rost de poisson de mer ou d'eaue doulce, roissolles (41), crespes et vielz sucre (41).

La sixième assiette et derrenière pour yssue. Flanciaux succrés et lait lardé, neffles, noix pellées, poires cuites et la dragée. Ypocras et le mestier.

---

[1] Sorte d'oublie plus mince que la gaufre, faite de farine, d'eau, de vin blanc et de sucre, et cuite entre deux fers. — [2] *Scilicet*, savoir. — [3] Ce plat ne se retrouve ni dans le *Ménagier*, ni dans le *Grand cuisinier*, ni dans Taillevent. Il me semble résulter du menu vi qu'il pouvoit se faire avec des lamproies.

III. Autre disner de char.

Premier mès. Pastés de beuf et roissoles, poirée noire, lamproies à froide sauge, un brouet d'Alemaigne de char, une sausse blanche de poisson et une arbolastre, et grosse char de beuf et mouton.

Second mès. Rost de char, poissons d'eaue doulce, poissons de mer, une cretonnée de char, raniolles[1], un rosé de lapereaulx et de bourrées à la sausse chaude, [2]d'oiselets tourtes Pisaines (*id est* de Pise en Lombardie, et dit-l'en tourtes Lombardes, et y a des oiselets parmi la farce, et en plusieurs lieux cy-après dit tourtes Lombardes).

Tiers mès. Tenches aux souppes, blanc mengier paré, lait lardé, crottes, queue de sanglier à la sausse chaude, chappons à la dodine, pastés de bresmes et de saumon, pleis en l'eaue et leschefrite et darioles.

Quart mès. Fromentée, venoison, rost de poissons, froide sauge, anguilles renversées, gelées de poisson, pastés de chappons à la soupe courte.

IV. Autre disner de char.

Premier mès. Pastés norrois (40), un brouet camelin de char, bignés de mouelle de beuf, soringue d'anguilles, loche en eaue et froide sauge, grosse char et poisson de mer.

Second mès. Rost le meilleur que on peut et pois-

---

[1] Ce plat est ainsi écrit dans le Ms. B. Cependant, dans *le Grand cuisinier de toutes cuisines*, il est écrit *ramolle*. — [2] La phrase comme je l'ai ponctuée ne paroît pas naturelle, mais on ne peut lire *à la sausse chaude d'oiselets*; peut-être manque-t-il un mot (*gravé* ou *pasté*) avant *d'oiselets*.

son doulx, un bouli lardé, un tieule[1] de char, pastés de chappons et crespes, pastés de bresmes, d'anguilles, et blanc mengier.

Tiers mets. Froumentée, venoison, lamproie à la sausse chaude (26), leschefrites, bresmes en rost et darioles, esturgon et gelée.

V. AUTRE DISNER DE CHAR.

Premier mets et assiette. Pastés de beuf et de mouelle, civé de lièvre, grosse char, un brouet blanc de connins, chappons et venoison aux souppes, porée blanche, navés, oés salées et eschinées.

Second mets. Rost le meilleur etc., un rosé d'aloés, un blanc mengier, nomblès et queue de sanglier à la sausse chaude (26), pastés de chappons gras, frittures et pastés norrois.

Tierce assiette. Fromentée, venoison, dorures de pluseurs manières, oés et chappons gras à la dodine, darioles de cresme et leschefrites sucrées, bourrées à la galentine chaude (26), gelée de chappons, connins, poucins[2], lapereaux et cochons.

Quarte assiette. Ypocras et le mestier pour issue.

VI. AUTRE DISNER DE CHAR.

Premier mets. Fèves frasées, un brouet de cannelle (13), un civé de lièvre noir (16), un brouet vert d'anguilles (17), harenc sor, grosse char, navès, tanches aux souppes, oés et eschinées salées, roissolles de mouelle de beuf (4) et hastelés de beuf *ut p*[3].

---

[1] Sans doute une *tuile de chair*. Voir à l'art. V. — [2] Les mots qui suivent jusqu'à la fin de ce menu ne sont pas dans le Ms. B. — [3] B. ajoute, après un espace laissé en blanc : *de porc ut p*[a] (*ut proxima?*).

Second mets. Rost le meilleur que on puet, poisson doulx, poisson de mer, plais en l'eaue, bourrées à la sausse chaude *ut*[1] lamproions (26), un gravé d'aloés g. i. g.[2], de fleur de peschier, blanc mengier parti, tourtes Lombardes, pastés de venoison et d'oiselets, cretonnée d'Espaigne, harenc frais.

Tiers mès. Froumentée, venoison, dorures, gelées de poisson, chappons gras à la dodine, rost de poisson, leschefrites et darioles, anguilles renversées, escrevices, crespes et pipefarces.

VII. Autre disner de char.

Premier mets. Poirée blanche, hastelés de beuf, grosse char, civé de veel, du brouet houssé.

Second mets. Rost de char, poisson de mer et d'eaue doulce, ranioles Lombardes, une cretonnée d'Espaigne.

Tiers mets. Lamproies, alause[3], un rosé, lait lardé et croutes de lait, tourtes Pisaines *id est* Lombardes, darioles de cresme.

Quart mets. Froumentée, venoison, doreures, pastés de bresmes et de gornaux, anguilles renversées, chappons gras à la dodine.

Yssue est ypocras et le mestier. — Boute-hors; vin et espices.

VIII. Autre disner de char.

Premier mets. Grosse char, pastés norrois, bignés de mouelle de beuf, brouet camelin de char, soringue

---

[1] Comme. — [2] J'ignore le sens de cette abréviation, mais comme on trouve plus loin *un gravé d'aloés en couleur de fleur de peschier* (voir l'*Appendice* à l'art. V), ce doit être ici le même plat. — [3] Var. B. *à sausse*, ce qui me paroit défectueux, à moins qu'on ne lise *à la sausse chaude*.

d'anguilles, loches en eaue, poisson de mer et froide sauge.

Second mets. Rost le meilleur qu'on pourra, poisson doulx, un tieule de char, un bouli lardé de chevrel, pastés de chapons, crespes, pastés de bresmes et d'anguilles et blanc mengier.

Tiers mets. Froumentée, venoison, doreures, lamproies à la sausse chaude, leschefrites et darioles, bresmes en rost, boulis au verjus, esturgon et gelée.

IX. Autre disner de char.

Premier mets. Poreaux blans, pastés de beuf, oyes et eschinées, civé de lièvre et de connins, un geneste d'aloés, grosse char.

Second mets. Rost : queue de sanglier à la sausse chaude (26), blanc mengier parti, dodines d'oés, lait lardé et croutes, venoison, doreures, gelées, croutes au lait à la dodine, pastés de chapons, froide sauge, pastés de vache et talemouse.

X. Autre disner de char.

Premier mets. Pois coulés, harenc, anguilles salées, civé d'oestres[1] noir, un brouet d'amandes, tieule, un bouli de brochets et d'anguilles, une cretonnée, un brouet vert d'anguilles, pastés d'argent.

Second mets. Poisson de mer, poisson doulx, pastés de bresme et de saumon, anguilles renversées, une arboulastre brune, tanches à un bouli lardé, un blanc mengier, crespes, lettues, losenges, orillettes et pastés norrois, lux et saumons farcis.

[1] D'huîtres.

Tiers mets. Fromentée, venoison, doreures de pommeaulx et de pès d'Espaigne et de chastellier, rost de poisson, gelée, lamproies, congres et turbos à la sausse vert, bresmes au vert jus, leschefrites, darioles et l'entremès grant.

XI. Autre disner.

Premier mets. Pastés de beuf et roissoles, porée noire, un gravé de lamproies, un brouet d'Alemaigne de char, un brouet georgié de char, une sausse blanche de poisson, une arboulastre.

Second mets. Rost de char, poisson de mer, poisson doulx, une cretonnée de char, ranioles, un rosé de lapereaulx et d'oiselets, bourrées à la sausse chaude (26), tourtes Pisaines.

Tiers mets. Tanches aux souppes, blanc mengier parti, lait lardé et croittes[1], queues de sanglier à la sausse chaude (26), chapons à la dodine, pastés de bresmes et de saumon, plais en l'eaue, leschefrictes[2] et darioles.

Quart mets. Fromentée, venoison, doreures, rost de poisson, froide sauge, anguilles renversées, gelée de poisson, pastés de chappons.

XII. Autre disner.

Premier mets. Fèves frasées, un brouet de canelle, un civé de lièvre noir ou brouet d'anguilles vert, harens sors, grosse char, navets, tanches aux souppes, oés et eschinées salées, roissolles de mouelle de beuf.

Second mets. Rost le meilleur qu'on peut, poisson

[1] Croûtes ou crottes au lait, plat sucré. — [2] Var. B. leschefroies.

d'eaue doulce, poisson de mer, plais en l'eaue, bourrées à la sausse chaude, un gravé d'aloués en couleur de fleur de peschier, blanc mengier parti, tourtes Lombardes, pastés de venoison et d'oiselés, cretonnée d'Espaigne, harens frais.

Tiers mets. Froumentée, venoison, doreures, gelée de poissons, chappons gras à la dodine, rost de poisson, leschefrictes et darioles, anguilles renversées, escrevices, crespes et pipefarces.

XIII. Autre disner de char.

Premier mets. Un brouet d'Alemaingne, choulx cabus, une soringue d'anguilles, navez, pastés de beuf, grosse char.

Second mets. Rost le meilleur qu'on pourra avoir, oés grasses à la dodine, poisson d'eaue doulce, blanc mengier, une arboulastre, pastés norrois, crespes, lait lardé, tourtes de lait.

Tiers mets. Pastés de chapon à la doudine, ris engoulé, queue de sanglier à la sausse chaude, leschefrictes et darioles succrées.

Quart mets. Fromentée, venoison, doreures, anguilles renversées, rost de bresmes.

La teste de sanglier à l'entremès.

XIV. Autre disner de char.

Premier mets. Poreaulx blancs à chappons, oé à l'eschinée et à l'andoulle rostie, pièces de beuf et de mouton, un brouet gorgé[1] de lièvres, de veel, de connins.

Second mets. Chappons, perdris, connins, plou-

---
[1] Georgé.

viers, cochons farcis, faisans pour les seigneurs[1], gelée
de char et de poisson.

L'entremets. Lux et carpes.

L'entremets eslevé[2]. Cine, paons, butors, hérons et
autres choses.

L'issue. Venoison, ris engoulé, pastés de chappons,
flaons de cresme, darioles, anguilles renversées, fruit,
oublées[3], estrées[4] et le claré[5].

XV. Autre disner de vint quatre mets[6] a trois assiètes.

Premier mets. Pois coulés, anguilles salées et harenc, poireaux aux amandes, grosse char, un brouet
jaunet, une salemine, poisson de mer, civé d'oïtres.

Second mets. Rost, poisson doulx, poisson de mer,
un brouet de Savoie, un brouet lardé d'anguilles renversées.

Tiers mets. Rost de bresmes, galentine, cine, chapons pelerins, gelée, blanc mengier parti, plais en

---

[1] Je ne pense pas que l'auteur parle ici du faisan présenté solennel-
lement (comme le paon) aux convives pour faire un vœu, car s'il en
étoit ainsi, il n'en auroit pas parlé au pluriel. Il me paroît seulement in-
diquer par ces mots que le faisan étoit un gibier recherché, réservé aux
seigneurs (et auquel ne touchoient pas les *servans* ou ceux qui dînoient
ensuite?). Il ne faudroit cependant pas croire que le faisan fût autrefois
plus rare qu'aujourd'hui. On trouve dans le *Modus* un chapitre qui enseigne à prendre cet oiseau, et dans un grand nombre d'aveux rendus
par des seigneurs Angevins aux xive et xve siècles, on voit figurer des
garennes à perdrix et à *faisans*. Voir la note sur Jean de Craon, sieur de
La Suze, dans mon édition du *Trésor de Vénerie*.

[2] Voir l'Introduction. — [3] Oublies. — [4] Estriers, sortes d'oublies. —
[5] Clairet, sorte d'hypocras fait avec du miel au lieu de sucre, et du vin
blanc au lieu de rouge. — [6] Quoique ce menu se termine par un etc.,
il me paroît impossible de croire qu'il ait pu s'appliquer à un repas de
24 *services*, et je crois que *mets*, dans cet intitulé, signifie *plat*, comme
dans ceux des menus I et II ci-dessus.

l'eaue, turbos à la soucie, darioles de cresme, lamproies à la sausse chaude, doreures, ris engoulé, etc.

SOUPERS.

XVI. Souper de char a quatre assiètes.

Première assiète. Seymé, poules aux herbes, brouet de vertjus et de poullaille, une espinbesche de un bouly lardé, brochereaulx et loche en eaue, rougé et chastelongnes salées.

Second mets. Rost le meilleur que on peut de char et poisson, et drois au persil et au vinaigre, poisson à la galantine, une sausse blanche sur poisson, et fraze de char.

Tiers mets. Pastés de chapons, bécuit de brochets et d'anguilles, laittues, tubesches et une arboulastre, poisson, crespes et pipefarces.

Quart mets. Gelée, escrevices, plais en l'eaue, ables et froide sauge, nomblès à la sausse chaude, pastés de vache et talemouses. — Potage pour faire yssue, appellé gelée.

XVII. Autre souper de char.

Première assiète. Chapons aux herbes, une comminée, poix daguenets, loches au jaunel, venoison aux souppes.

Second mets. Rost le meilleur qu'on peut avoir, gelée, blanc mengier parti flanceaulx de cresme bien succrés.

Tiers mets. Pastés de chapons, froides sauges, espaules de mouton farcies, brochetons à un rebouly, venoison à la queue de sanglier, escrevices.

XVIII. Autre souper de char.

Premier mets. Trois manières de potages, chapons entiers en un blanc brouet, une chaudumée de beschets, venoison aux souppes, loches et anguilles tronsonnées dessus.

Second mets. Rost, chapons, connins, perdris, plouviers, mesles[1], oiselets, chevriaulx, un blanc mengier sus, etc., lux carpes et bars, etc., anguilles renversées. — Faisans et cines pour entremets.

Tiers mets. Venoison à la froumentée, pastés de turtres et d'alouettes, tartes, escrevices, harens frais, fruit, claré, nieulles[2], neffles, poires, noix pelées.

XIX. Disners de poisson pour caresme.

Premier mets et assiète. Pommes cuites, grosses figues de Prouvence rosties et fueilles de lorier pardessus, le cresson et le soret au vinaigre, poix coulés, anguilles salées, harens blans, gravé sur friture de mer et d'eaue doulce.

Second mets. Carpes, lux, soles, rougés, saumons, anguilles.

XX. Autre disner de poisson pour caresme.

Premier mets. Pommes cuites, etc., comme dessus.
Second mets. Carpes, lux, soles, rougés, saumon, anguilles renversées à la boe et une arboulastre.
Tiers mets. Pinperneaulx rostis, merlans fris, marsouin poudré à l'eaue et fromentée, crespes et pastés norrois. Yssue : figues et roisins, ypocras et le mestier, comme dessus est dit.

---

[1] Merles — [2] Pâtisserie légère; et peut-être sorte d'oublies.

XXI. Autre disner de poisson.

Premier mets. Pois coulés, purée, civé d'oïstres, une sausse blanche de brochets et de perches, porée de cresson, harens, graspoix, anguilles salées, loches en l'eaue.

Second mets. Poisson d'eaue doulce et de mer, turbot à la soucie, taillis, un bécuit, anguilles en galentine.

Tiers mets. Rost le plus bel et le meilleur qu'on pourra avoir, blans pastés, larras, loche au waymel, escrevices, perches au percil et au vinaigre, tanches aux souppes, gelée.

XXII. Autre disner de poisson.

Premier mets. Pois coulés, harens, porée, anguilles salées, oïstres, une salaminée de brochets et de carpes.

Second mets. Poisson d'eaue doulce, une soringue d'anguilles, pastés norrois et blanc mengier parti, une arboulastre, pastés, bignés.

Tiers mets. Rost le meilleur, etc., ris engoulé, tartres, leschefrayes et darioles, pastés de saumon et de bresme, une chaudumée.

Quart mets. Taillis, crespes, pipefarces, escherois, loche frite[1], doreures, congres et turbos au soucié[2], tourtes Lombardes, anguilles renversées.

XXIII. Autre disner de poisson.

Premier mets. Pommes cuites, figues grasses, Garnache, cresson et poulés, pois coulés, aloze, anguille

_____
[1] N'est que dans B. — [2] Var. A. C. _au sucre_.

salée, harens et craspois, brouet blanc sur perches, et sèches à un gravé sur friture.

Second mets. Poisson doulx le meilleur qu'on peut et poisson de mer, anguilles renversées, bourrées à la sausse chaude, tenches aux souppes, escrevices, pastés de bresmes et plais en l'eaue.

Tiers mets. Fromentée au marsouin, pastés norrois et maquereaulx rostis, pinperneaulx en rost et crespes, oïttres, sèches frites avec un bescuit de broche-reaulx.

XXIV. Autre disner de poisson.

Premier mets. Pois coulés, harenc, anguilles salées, civé d'oïttres noir, un brouet d'amandes, tieule, un bouly de brochets et d'anguilles, une cretonnée, un brouet vert d'anguilles, pastés d'argent.

Second mets. Poisson de mer, poisson doulx, pastés de bresmes et de saumon, anguilles renversées, une arboulastre brune, tanches à un bouly lardé, un blanc mengier, crespes, lettues, losenges, orillettes et pastés norrois, lux et saumon farcis.

Tiers mets. Fromentée au pourpois[1], doreures de pommeaulx et de pets d'Espaigne et de chastellier, rost de poisson, gelée, lamproies, congres et turbot à la sausse vert, bresmes au vert jus, leschefroies, darioles et l'entremès : puis Desserte, l'Issue et le Bou-tehors.

Cy après s'ensuivent aucuns incidens servans auques[2] a ce propos.

Primo, L'appareil que fist faire M. de Laigny[3] pour

[1] Gros poisson salé. — [2] Aussi. — [3] L'abbé de Lagny.

un disner qu'il fist à Monseigneur de Paris, le président, procureur et advocas du Roy et son autre conseil [1], mon-

---

[1] Les autres membres du conseil du Roi

Il y avoit, en 1379, un abbé de Lagny qui assistoit au parlement, soit qu'il en fût membre, soit qu'il fût du grand conseil du Roi (il résulte en effet d'une ordonnance de Charles VI, adressée le 21 janvier 1388-9 aux présidens du parlement, que les abbés et prieurs membres du conseil du Roi avoient seuls le droit d'assister aux délibérations du parlement (*Ord. antiquæ*, A. 119 v°), et il est bien à croire que c'est de lui qu'il s'agit ici. Je l'ai vu pour la première fois nommé comme assistant au parlement le 1er mars 1378-9 (*Plaid. civiles*). Il y avoit sans doute peu de temps qu'il avoit droit d'y venir; il se pourroit donc que le dîner dont notre auteur nous donne le menu, fût un dîner de bienvenue qui auroit eu lieu à cette époque. Pâques tombant le 10 avril 1379, on étoit alors en Carême, et en effet le dîner est maigre.

Si j'ai rencontré vrai dans cette conjecture, et si ce dîner a en effet eu lieu en 1379, M. de Paris est Aymery de Maignac, évêque de Paris, le persécuteur d'Hugues Aubriot, le protecteur persévérant de tous les soi-disant clercs que le prévôt de Paris faisoit arrêter comme accusés d'assassinat, de vol, etc., qui, dès 1381 (*Plaid. civ.*, juillet), pendant qu'Hugues Aubriot étoit encore dans ses prisons, lançoit des monitoires contre Audouin Chauveron son successeur, et faisoit dire au procureur du Roi que si on laissoit faire l'évêque, *il vaudroit mieux au prévost aller glaner qu'estre prévost*. Le président (sans doute le premier président) est Arnault de Corbie, depuis chancelier de France, un des hommes d'État les plus illustres et les plus honorables du xive siècle, mort en 1413 à un âge fort avancé. Le procureur du Roi est Guillaume de Saint-Germain, d'abord avocat célèbre ou *solennel* au Châtelet, puis procureur général au parlement ou procureur du Roi (ce qui étoit la même chose), depuis 1365 jusqu'à sa mort arrivée en février 1383-4. (Il est du moins affirmé dans la plaidoirie citée plus bas, qu'il occupa ces fonctions dix-huit ou dix-neuf ans.) Il avoit en cette qualité 100 fr. de gages fixes et 500 fr. de don annuel. Il étoit au reste fort simple, car suivant les plaidoiries de ses héritiers, *il n'estoit que lui cinquiesme en son hostel, et n'avoit cheval ne asne, et n'y chaloit de quels draps il fust vestus, mais qu'il fust de couleur*. Sa femme Denisette Mignon ne savoit ni lire ni écrire. (*Plaid. civiles du Parlement*, mai 1386.) J'ai dit, t. I, p. 137, que Giles Labat étoit procureur général au parlement en 1381, *parceque cette qualité lui est donnée dans les lettres de rémission que j'ai citées*, mais à moins qu'on ne suppose qu'il y a eu interruption dans les fonctions de Guillaume de Saint-Germain,

tans à huit escuelles[1].

Primo, appareil de draps à tendre, vaisselle de sale

ce qui me paroît peu probable d'après les termes de la plaidoirie, il se pourroit que Giles Labat n'eût été que *procureur* au parlement, et que *général* eût été ajouté par erreur par l'écrivain de la chancellerie. En tout cas, Giles Labat étoit simplement *procureur au parlement* en 1385.) Des deux avocats du Roi, l'un peut être Jean Pastourel, qui exerçoit cet emploi en 1364 et 73, mais l'autre étoit certainement le célèbre Jean Des Mares ou Des Marès, mort si malheureusement en 1382. (Voir t. I, p. 136. — *Arch. jud*, tables de Lenain, t. III, IV, VI, VII.)

J'ai vu avec étonnement que le nom de famille de cet abbé de Lagny et sa position dans le conseil du Roi, ont été inconnus aux auteurs de la *Gallia Christiana*. Ils se bornent à citer, dans leur liste des abbés de La-gny, un Jean IV, vivant en 1357 et 1367, et ensuite Pierre II du nom, vivant en 1396 (VII, 503). Le nôtre peut être l'un des deux.

[1] Le mot écuelle signifie ordinairement une assiette creuse, mais il est évident qu'il y a ici et dans d'autres passages de cet ouvrage, un rapport certain et connu du temps de l'auteur entre le nombre des écuelles et celui des convives. On sait qu'on mangeoit sur des *tranchoirs* ou morceaux de pain plats, mais cet usage qu'on comprend quand il s'agit de viandes solides, ne pouvoit s'appliquer aux sauces et potages qui devoient évidemment se prendre à l'aide de cuillers dans des vases creux. Voici un repas montant à *huit* écuelles, et qui est servi à *seize* convives (voir p. 106, n. 2, et p. 107, n. 3). On pourroit donc supposer qu'on servoit une écuelle par deux convives, (dans tout l'Orient on place encore au milieu de la table un grand plat ordinairement de pilau, etc., dans lequel chacun prend avec les doigts ; puis *entre deux convives*, un petit plat creux contenant des mets liquides qu'ils prennent tous deux avec des cuillers) que deux personnes mangeoient ainsi ensemble les mets liquides, et que par suite, un repas d'un certain *nombre d'écuelles* signifioit un repas d'un nombre double de convives. On seroit même d'autant plus porté à penser qu'une écuelle servoit à deux convives au moins, que l'usage des assiettes creuses *personnelles* étoit encore nouveau et peu général sous la minorité de Louis XIV. On en a la preuve dans les *Délices de la campagne*, ouvrage de Nicolas de Bonnefons, valet de chambre du Roi, dont la 1re édition est, je crois, de 1653, et dans lequel on lit (p. 250 de la 5e éd. de 1673, article de l'*Instruction pour les festins*) : « Les assiettes des conviés seront creuses aussi afin que « l'on puisse se présenter du potage et s'en servir à soi-même ce que cha- « cun en désirera manger, *sans prendre cuillerée à cuillerée dans le plat*, à « *cause du dégoust que l'on peut avoir les uns des autres de la cueillière qui*

et de cuisine, may, herbe vert à mettre sur table, aiguières et hanaps à pié, deux dragouers, salières d'argent, pain de deux jours pour chappeler et pour tranchouers. Pour cuisine : deux grans paelles, deux cuviers à eaue et deux balais.

Nota que Monsr. de Paris ot trois escuiers de ses gens pour luy servir, et fut servi seul et à couvert[1]. Et Monsr. le Président, un escuier, et fut servi seul et non couvert. *Item,* par le dit de Monsr. le président, le procureur du Roy fut audessus de l'advocat du Roy.

Les assietes et mès s'ensuivent : Garnache deux quartes, c'est à deux personnes une chopine[2], mais c'est sur le trop, car il souffist à trois une chopine et que les seconds en aient. Eschaudés chaulx, pommes de rouvel rosties et dragée blanche dessus, un quarteron : figues grasses rosties, cinq quarterons : soret et cresson, rommarin.

« *au sortir de la bouche puisera dans le plat sans l'essuïer auparavant.* » Il me paroît bien résulter de l'instruction donnée en cet endroit par l'auteur sur l'utilité des assiettes creuses, qu'alors cet usage étoit encore bien nouveau. (Voir pour plus de détails la note 374 du *Palais Mazarin*, par M. le comte de Laborde.) Cela étant, il n'est guère possible de supposer qu'au xive siècle on servit une écuelle ou assiette creuse à chaque convive personnellement. Cependant, nous verrons plus loin, (article du *Houssebarre de chair*) l'auteur conseiller de mettre ordinairement deux *lesches* ou languettes de chair *dans chaque écuelle*, mais quand on a *plus de convives et moins de chair*, de servir le brouet seul dans des écuelles, et dans un plat cinq *lesches* pour *quatre* personnes. Il sembleroit positif, d'après ce passage, que deux lesches dans chaque écuelle étoient un service plus abondant que cinq *lesches* pour quatre personnes, et que par conséquent une écuelle de deux lesches étoit pour une seule personne en temps ordinaire. (Voir en outre p. 114, n. 3.) Il m'est impossible de faire concorder ces deux passages du *Ménagier*, et je les livre à l'examen éclairé de mes lecteurs.

[1] Dans des plats couverts, servis seulement pour lui, comme c'étoit l'usage pour le roi, les ducs, etc. — [2] La quarte contenoit deux pintes et la pinte deux chopines; il y avoit donc seize convives. Voy. p. 107, note 3.

Potages, c'est assavoir salemine de six becquets et six tanches, poirée vert, et harenc blanc, un quarteron : six anguilles d'eaue doulce salées d'un jour devant et trois mellus trempés d'une nuit devant.

Pour les potages : amandes, six livres ; pouldre de gingembre, demie livre ; saffren, demie once ; menues espices, deux onces ; pouldre de canelle, un quarteron ; dragée, demie livre.

Poisson de mer : soles, gournaulx, congres, turbot, saumon. Poisson d'eaue doulce : lux faudis[1], deux carpes de Marne[2] faudisses, bresme.

Entremès : plays, lemproie à la boe. Rost : et convient autres touailles et seize[3] pommes d'orenge, marsouin à sa sausse, maquereaux, soles, bresmes, aloses à la cameline ou au vertjus, ris et amandes frictes dessus ; succre pour ris et pour pommes, une livre ; petites serviettes.

Pour desserte : composte, et dragée blanche et vermeille mise par-dessus : rissoles, flaonnés, figues, dates, roisins, avelaines.

Ypocras et le mestier sont l'issue. Ypocras deux quartes, et est le surplus comme dit est dessus de Garnache[4], oublies deux cens et les supplications[5]. Et *nota*, pour chascune escuelle l'en prent huit oublies et quatre supplications et quatre estriers, et est largement ; et coustent huit deniers pour escuelle.

Vin et espices sont le Boute-hors. Au laver, grâces et aler en la chambre de parement ; et lors les servans

---

[1] Mot que je ne comprends pas. — [2] L'abbaye de Lagny avoit droit de pêche dans la Marne. — [3] Une pour chaque convive ? — [4] L'auteur veut dire que c'est trop de deux quartes d'hypocras, comme il a dit plus haut que c'étoit trop de deux quartes de vin de Grenache. — [5] Sorte d'oublies.

disnent, et assez tost après vin et espices[1]; et puis congié.

L'ordenance des nopces que fera maistre Helye en May, à un mardy; disner seulement pour vint escuelles.

Assiette : beurre, rien, pour ce qu'il est jour de char. *Item*, cerises, rien, pour ce que nulles n'en estoient trouvées; et pour ce assiette nulle.

Potages : chapons au blanc mengier, grenade et dragée vermeille par-dessus.

Rost : en chascun plat un quartier de chevrel : quartier de chevrel est meilleur que aignel; un oison, deux poucins et sausses à ce; orenges, cameline, vertjus, et à ce fraîches touailles ou serviettes.

Entremès : gelée d'escrevices, de loches, lapereaux et cochon. Desserte : froumentée et venoison. Yssue : ypocras et le mestier. Boute-hors : vin et espices.

L'ordonnance du souper que fera ce jour est telle pour dix escuelles.

Froide sauge de moitiés de poucins, de petites oés, et vinaigrette de ce mesmes mets pour icelluy soupper en un plat. Un pasté de deux lappereaulx et deux flaons (jasoit-ce que aucuns dient que à nopces franches convient darrioles), et en l'autre plat la frase de chevreaulx et les demies testes dorées.

Entremets : gelée comme dessus. Issue : pommes et fromage sans ypocras, car il est hors de saison[2].

Dancer, chanter, vin et espices et torches à alumer.

Or convient[3] la quantité des choses dessus dictes et

---

[1] B. ajoute : *et le vin.* — [2] L'auteur du *Trésor de santé* conseille de n'en user qu'au fort de l'hiver. — [3] S. e. *dire* ou *déclarer.*

leurs appartenances et le pris d'icelles, et qui les pour-verra[1] et marchandera.

Au boulengier, dix douzaines de blanc pain plat cuit d'un jour devant et de un denier pièce[2].

Pain de tranchouers, trois douzaines de demi pié d'ample et quatre dois de large de haut, cuit de quatre jours devant et sera brun, ou qu'il soit pris ès halles pain de Corbueil[3].

Eschançonnerie : trois paires de vins.

Au bouchier, demy mouton pour faire la souppe aux compaignons et un quartier de lart pour larder ; le maistre os d'un trumeau de beuf pour cuire avecques les chapons pour avoir le chaudeau à faire le blanc mengier ; un quartier de veel devant pour servir au blanc mengier. Les seconds[4], un trumel de veel derrière ou des piés de veel, pour avoir l'eaue pour la gelée. Venoison[5], un pié en quarreure.

A l'oubloier convient ordonner : *primo*, pour le service de la puoelle, douzaine et demie de gauffres fourrées[6], trois sols ; douzaine et demie de gros bastons,

---

[1] Var. A. C. *payera*.

[2] Le prix du setier de blé, à l'époque où l'auteur écrivoit, varioit de 13 à 20 sols. En prenant 16 s. pour prix moyen, et en appliquant à ce prix le règlement du prix du pain fait par Charles V en 1372, il en résulte qu'un pain d'un denier de la meilleure qualité pesoit tout cuit six onces. Cette quantité de pain et de provisions paroît bien considérable pour un dîner de vingt écuelles (quarante personnes?), et un souper de dix (vingt personnes?), mais on peut supposer qu'elle servoit aussi à un grand nombre de domestiques, de *compagnons*, etc.

[3] C'étoit du gros pain, et probablement bis. Voir ci-dessus, page 38, note 2. — [4] Nous avons déjà vu plus haut, p. 106, *et que les seconds en aient.* Je ne sais s'il faut entendre par là les serviteurs ou peut-être aussi des gens d'une position moins élevée qui dînoient après les premiers convives. — [5] Nous verrons, pages 110 et 122, que les poulaillers vendoient aussi de la venaison. — [6] Avec du fromage dedans. Voy. p. 121.

six sols; douzaine et demie de portes[1], dix-huit deniers; douzaine et demie d'estriers, dix-huit deniers; un cent de galettes succrées, huit deniers.

Item, fut marchandé à luy pour vint escuelles, pour le jour des nopces au disner, et six escuelles pour les serviteurs, qu'il aura six deniers pour escuelle, et servira chascune escuelle de huit oublies, quatre supplications et quatre estriers.

Au poullaillier, vint chappons, deux sols parisis la pièce; cinq chevriaulx, quatre sols parisis; vint oisons, trois sols parisis pièce; cincquante poucins, douze deniers parisis pièce; c'est assavoir quarante rostis pour le disner, cinq pour la gelée et cinq au souper pour froide sauge. Cincquante lappereaux, c'est assavoir quarante pour le disner, lesquels seront en rost, et dix pour la gelée, et cousteront douze deniers parisis chascun. Un maigre cochon, pour la gelée, quatre sols parisis; douze paires de pigons pour le soupper, dix deniers parisis la paire. — A luy convient enquérir de la venoison.

Es halles, pain pour tranchouers, trois douzaines. Pommes grenades pour blanc mengier, trois qui cousteront.... Pommes d'orenges, cincquante qui cousteront[2].... Six frommages nouveaulx et un vieil, et trois cens œufs.

Est assavoir que chascun fromage doit fournir six

[1] Je ne trouve nulle part ce mot qui paroît désigner une espèce d'oublies.

[2] L'auteur n'a pas mis de prix aux grenades et aux oranges, sans doute parce que leur prix varioit. Legrand d'Aussy, I, 250, cite un compte du dauphin Humbert, de 1333, où il est parlé d'orangers, et passe ensuite de là au règne de Louis XIV. On voit par ce passage du *Ménagier*, que les oranges étoient fréquemment servies sur les tables parisiennes au xiv° siècle.

tartelettes, et aussi pour chascun fromage convient trois œufs.

Ozeille pour faire vertjus pour les poucins, sauge et percil pour faire la froide sauge, deux cens pommes de blandureau.

Deux balais et une pele pour la cuisine, et du sel[1].

Au saussier, trois chopines de cameline pour disner et souper et une quarte de vertjus d'ozeille.

A l'espicier : dix livres d'amande, quatorze deniers la livre. — Trois livres fourment mondé[2], huit deniers la livre. — Une livre pouldre de gingembre-coulombin, onze sols. — Un quarteron gingembre-mesche, cinq sols[3]. — Demie livre canelle batue, cinq sols. — Deux livres ris batus, deux sols. — Deux livres succre en pierre, seize sols. — Une once de saffren, trois sols. — Un quarteron clou[4] et graine entre,

[1] Var. B. *du teil.* On trouve dans Roquefort *teille,* grande terrine de bois ; nous verrons dans l'Appendice, ce mot désigner un vase de terre.

[2] Plus loin (chapitre des *Entremets, Fromentée*), l'auteur dit que ce froment mondé coûtoit un *blanc* la livre chez les épiciers. Je crois avoir eu de bonnes raisons pour fixer la valeur du blanc à 5 deniers (voir p. 86, n. 4), et en effet la livre de froment mondé, au prix de 5 d., mettroit déjà le setier au prix de 100 sols, somme assez supérieure au prix moyen de 16 s. du setier de blé ordinaire au xive siècle (voir p. 109), pour représenter les frais de mondage, le profit du détaillant, etc. Le prix de 8 deniers donné ici mettroit le setier à 160 s. Au reste, cette différence peut s'expliquer par la qualité du froment mondé dont on prenoit sans doute le plus beau pour un repas de noces, et par les variations du prix du blé.

[3] L'auteur, au chapitre des *Sauces non bouillies,* nous apprend que le *gingembre de mesche* avoit l'écorce plus brune, étoit plus mou au couteau, plus blanc, meilleur et plus cher que le *colombin ;* et en effet, on voit ici qu'il coûtoit 20 s. la livre et le *colombin* 11, mais je n'ai rien pu trouver sur les différences d'origine ou d'espèce qui causoient sans doute celle des noms de ces deux gingembres.

[4] Girofle. Je crois que la *graine* en est aussi, et que l'auteur ne veut pas parler ici de la graine de paradis, *cardamomon,* qui ne devoit pas être

six sols. — Demi quarteron poivre long, quatre sols. — Demi quarteron garingal[1], cinq sols. — Demi quarteron macis[2], trois sols quatre deniers. — Demi quarteron feuille lorier vert, six deniers. — Deux livres bougie grosse et menue, trois sols quatre deniers la livre, valent six sols huit deniers. — Torches de trois livres la pièce, six; flambeaux de une livre la pièce, six; c'est assavoir trois sols la livre à l'achat, et la reprise six deniers moins pour la livre[3].

. A luy espices de chambre[4], c'est assavoir orengat, une livre, dix sols. — Chitron[5], une livre, douze sols. — Anis vermeil, une livre, huit sols. — Succre rosat[6], une livre, dix sols. — Dragée blanche, trois livres, dix sols la livre. — A luy hypocras, trois quartes, dix sols la quarte, et querra tout.

---

vendue mêlée au girofle. Nous verrons souvent la graine de paradis désignée sous le seul nom de *graine*.

[1] Racine de *galanga*, plante des Indes orientales. L'auteur, chapitre des *Sauces non bouillies*, dit que le meilleur est le plus dur, le plus pesant, et celui dont la couleur violette est la plus vive. Ces mots prouvent qu'il parloit du petit *galanga* qui vient des Indes, et qui est en effet rougeâtre, tandis que le grand, qui croît en Chine, est de couleur blanchâtre ou cendrée.

[2] Fleur de muscade, deuxième écorce de la noix muscade ou *muguette*, comme on l'appeloit au temps de l'auteur. Toutes ces épices figurent dans les ordonnances de février 1349 (50) et 3 mai 1351, relatives à des droits supportés par certaines denrées à l'entrée de Paris. On y voit que le poivre, le sucre, le gingembre, la cannelle, le ris, l'anis, le safran et le girofle venoient à Paris par balles, et que le cubèbe (employé aussi quelquefois dans la cuisine), le macis, la graine de paradis, le poivre long, les noix muguettes, l'espic (nard), le garingal, le citoual, les dattes, les pignons, etc., venoient sans doute par plus petites quantités, puisqu'ils sont taxés par livre (4 deniers en 1350, et 6 en 1351).

[3] C'est-à-dire que l'épicier reprenoit les bouts à raison de 2 s. 6 d. la livre. On ne perdoit donc que 6 deniers par livre pour la façon. — [4] Épices, bonbons, servis dans le salon ou *chambre de parement*. — [5] Citron confit? — [6] Sucre blanc clarifié et cuit dans de l'eau de rose.

Somme que ceste espicerie monta à douze francs, à compter ce qui fut ars des torches[1], et petit demoura d'espices; ainsi peut estre pris demi franc pour escuelle[2].

A la Pierre-au-Lait[3], un sextier de bon lait non esburré et sans eaue, pour faire la froumentée.

En Grève[4], un cent de costerez de Bourgongne, treize sols; deux sacs de charbon, dix sols.

A la Porte-de-Paris[5] : may, herbe vert, violette, chappeaulx, un quart de sel blanc, un quart de sel

[1] En comptant seulement ce qu'on brûla de cire, le reste étant rendu à l'épicier. — [2] Je ne sais comment l'auteur établit son compte, puisqu'il y avoit vingt écuelles au dîner, dix au souper, et qu'il en compte encore six au dîner des *servans*.

[3] La Pierre-au-Lait, place où l'on vendoit le lait, auroit été située devant le portail de Saint-Jacques la Boucherie, et dans la partie de la rue des Écrivains située entre celles du Petit-Crucifix et des Arcis, suivant M. Géraud (*Paris sous Philippe le Bel*, p. 256); mais l'abbé Vilain, auteur d'une très-bonne histoire de Saint-Jacques la Boucherie, tout en reconnaissant que la grande porte de Saint-Jacques s'appeloit *la porte de la Pierre-au-Lait*, croit devoir, suivant les titres qu'il avoit consultés, donner le nom de *Pierre-au-Lait* seulement à la partie de la rue dite depuis des Écrivains, comprise entre celle du Petit-Crucifix et celle de la Vieille-Monnoie (ce qui est nommé *Lormerie* sur le plan de M. Géraud). Suivant le même abbé Vilain, la rue dite depuis de *Saint-Jacques la Boucherie* auroit encore été dite de la Vannerie au XIVe siècle. Il faudroit en conclure que la rue Saint-Jacques, nommée dans le rôle de la taille de 1292 comme attenant à *la Pierre-au-Lait*, seroit la rue du Crucifix, dite autrefois et encore au XVIe siècle, rue du Porche. Voir l'abbé Vilain, pages 17, 19, 58, 74, 251, 252. L'auteur d'une nomenclature des rues de Paris par tenans et aboutissans, insérée dans une édition de Corrozet de 1543, confirme complétement l'assertion de l'abbé Vilain en ce qui touche la position de *la Pierre-au-Lait*, au moins au XVIe siècle. En effet, suivant cet auteur, la Pierre-au-Lait touchoit aux rues des Écrivains, de la Vieille-Monnoie, de la Savonnerie et de la Haulmerie; enfin, entre la rue de la Vieille-Monnoie et celle de la Savonnerie, il met : *la Pierre-au-Lait ainsi qu'elle se comporte.*

[4] La place de Grève. — [5] Voir ci-devant, p. 80.

gros, un cent d'escrevices, une chopine de loche,
deux pots de terre, l'un d'un sextier pour la gelée, et
l'autre de deux quartes pour la cameline.

Or avons *primo* le service en général, et secondement où les matières seront trouvées : or convient,
tiercement, trouver sur ce administreurs et officiers.

Primo, convient un clerc ou varlet qui fera finance
d'erbe vert, violette, chapeaulx, lait, fromages, œufs,
busche, charbon, sel, cuves et cuviers tant pour
sale que pour garde-mengiers, vertjus, vinaigre,
ozeille, sauge, percil, aulx nouveaulx, deux balais,
une pesle et telles menues choses.

Item, un queux et ses varlets qui cousteront deux
francs de loyer, sans les autres drois, mais le queux
paiera varlets et portages, et dient : *à plus d'escuelles,
plus de loyer.*

Item, deux porte-chappes[1], dont l'un chappelera
pain et fera tranchouers et sallieres de pain, et porteront et le sel et le pain et tranchouers aux tables, et fine-
ront pour la sale de deux ou trois coulloueres pour
gecter le gros relief[2] comme souppes, pain trenché ou
brisié, tranchouers, chars et telles choses : et deux
seaulx pour gecter et recueillir brouets, sausses et
choses coulans[3].

[1] Dans l'ordonnance de 1388 sur l'organisation de la maison du Roi,
on voit figurer à la panneterie, des officiers dits porte-chapes ; une de
leurs attributions étoit d'acheter les blés nécessaires à la consommation
du Roi. Leur nom pouvoit venir de ce qu'ils portoient le coffre où l'on
enfermoit le pain du Roi, de *capa,* dans le sens de *capsa.* (Voy. Du Cange
à *Capiger.*) Mais ce passage du *Ménagier* pourroit faire croire qu'il
viendroit plutôt d'un instrument à chapeler le pain qui auroit été dit
chape ou *chaple; capellare, capulare,* signifiant couper. — [2] Les restes
solides. — [3] Il résulte de ce passage que les convives pouvoient avoir aussi
des restes *liquides* à ôter de devant eux. Cela ne se conçoit guère avec des

Item, convient un ou deux porteurs d'eaue. *Item*, sergens grans et fors à garder l'uis.

Item, deux escuiers de cuisine et deux aides avec eulx pour le dressouer de cuisine, desquels l'un ira marchander de l'office de cuisine, de paticerie et du linge pour six tables; ausquelles convient deux grans pos de cuivre pour vint escuelles, deux chaudières, quatre couloueres, un mortier et un pestail[1], six grosses nappes pour cuisine, trois grans pos de terre à vin, un grant pot de terre pour potage, quatre jaltes et quatre cuillers de bois, une paelle de fer, quatre grans paelles à ance, deux trépiers et une cuillier de fer. Et aussi marchandera de la vaisselle d'estain : c'est assavoir dix douzaines d'escuelles, six douzaines de petits plas, deux douzaines et demie de grans plas, huit quartes, deux douzaines de pintes, deux pos à aumosne[2].

écuelles communes à deux personnes, et nécessairement renouvelées avec chaque mets. Les assiettes *personnelles* de métal étoient-elles donc déjà en usage? (Voy. p. 105, n. 1.)

[1] Var. B. *petueil*, pilon.

[2] Vases placés sur la table ou sur un dressoir, et dans lesquels on faisoit remettre une portion des mets qu'on avoit devant soi pour être ensuite donnée aux pauvres. C'étoit la même pensée éminemment charitable et chrétienne qui faisoit donner aux pauvres la première part du gâteau des Rois, dite pour ce motif *la part de Dieu*. Les pots à aumône étoient de grande dimension, car on en voit un en argent de 12 marcs 2 onces $\frac{1}{2}$ prisé 40 fr. d'or dans le compte d'exécution de la reine Jeanne d'Évreux en 1372 (Coll. Leber, XIX, 143), et un aussi d'argent du poids de 11 marcs, et prisé 60 livres parisis dans l'inventaire de Richard Picque, archevêque de Reims, mort en 1389 (Reims, 1842, in-8°, p. 9). On voit encore dans ce même document (p. 63), *une grande escuelle à aumosne*, et enfin, p. 53, *un dressoir pour mettre la corbeille à l'aumosne*. Dans l'apologie du duc de Bourgogne par Jean Petit (Monstrelet, éd. du *Panthéon*, p. 84, c. 1), il est aussi parlé d'une viande prétendue empoisonnée qui fut enlevée de la table du Roi et mise dans *la corbeille de l'aumône*. (Une telle

Item, que[1] l'ostel; sur quoy est assavoir que l'ostel de Beauvais[2] cousta à Jehan du Chesne[3] quatre francs; tables, tresteaulx, fourmes *et similia*, cinq francs; et la chappellerie luy cousta quinze francs.

aumône auroit été peu charitable, mais il est bien probable que cette histoire étoit tout entière de l'invention de Jean sans Peur ou de Jean Petit.)

[1] Pour *de*?

[2] C'est l'hôtel de l'évêque de Beauvais, soit celui que paroît avoir possédé personnellement rue de la Verrerie, le célèbre Miles de Dormans, évêque de Beauvais, mort en 1387 (Sauval, II, 109), soit plutôt l'hôtel des évêques de Beauvais, *rue des Billettes*, qui appartenoit à leur évêché, et que Charles, cardinal de Bourbon, vendit 30 000 livres en 1572 (Père Anselme, II, 303). Sauval n'a pas su où étoit situé cet hôtel. — On lit dans la relation de l'ambassade de Jérôme Lippomano en France, en 1577, que les concierges des maisons de Paris les louoient au jour ou au mois pendant les absences de leurs maîtres (*Amb. vénitiens*, 1838, in-4°, II, 609); c'étoit déjà l'usage au xive siècle, car il est dit plus loin que Jean Duchesne paya les 4 francs mentionnés ici au *concierge de l'hôtel de Beauvais*, qui lui loua aussi des tables, tréteaux, etc. *La chapellerie* signifie ici les chapeaux ou couronnes de fleurs.

[3] Il y avoit en 1385 un Jehan Duchesne attaché au Châtelet, peut-être en qualité d'audiencier, qui, suivant toute apparence, est le même dont l'auteur du *Ménagier* nous raconte les noces. Il est cité dans les registres des plaidoiries civiles du parlement de février 1384 (5). Il y est dit qu'il y avoit alors *plusieurs meschans femmes diffamées d'estre maq......es*, et que le prévôt de Paris avoit ordonné qu'elles fussent enfermées au Châtelet. Un jour, une femme nommée Perrette Potarde (femme de J. Potard, chevaucheur de la reine Blanche), *petitement renommée*, passoit par la rue Simon-le-Franc. Là étoient Martin Double, avocat du roi au Châtelet, Jehan du Chesne et plusieurs autres, qui affirmèrent à un sergent qu'elle étoit du métier proscrit par le prévôt. Quelque temps après, elle vint au Châtelet, *en bas en l'auditoire des audienciers*; Jehan du Chesne l'ayant aperçue, la montra du doigt à Jehan Soudant examinateur au Châtelet, *si comme il voulsist dire: C'est elle, prenez-la*. Soudant l'ayant fait arrêter par un sergent, on la conduisoit dans les prisons du Châtelet, lorsqu'en arrivant au guichet elle cria qu'elle en appeloit, mais Martin Double passant là, dit au sergent: *Boutez hardiment puisqu'elle est si près*. Perrette plaidoit contre Soudant et le sergent, et les accusoit de l'avoir sacrifiée aux haines de Jean du Chesne et autres; en effet, Soudant fut condamné à 40 liv. de dommages et 60 liv. d'amende.

Et l'autre escuier de cuisine ou son aide ira avecques le queux vers le bouchier, vers le poullaillier, l'espicier, etc., marchander, choisir et faire apporter, et paier portages; et auront une huche fermant à clef où seront les espices, etc., et tout distribueront par raison et mesure. Et après ce, eulx ou leurs aides retrairont et mettront en garde le surplus en corbeillons et corbeilles, [1] en huche fermant pour eschever le gast et excès des mesnies.

Deux autres escuiers convient pour le dressouer de sale, qui livreront cuilliers et les recouvreront : livreront hanaps, et verseront tel vin comme chascun leur demandera pour ceulx qui seront à table, et recouvreront la vaisselle [2].

Deux autres escuiers pour l'eschançonnerie, lesquels livreront vin pour porter au dressouer, aux tables et ailleurs; et auront un varlet qui traiera le vin.

Deux des plus honnestes et mieulx savans [3], qui compaigneront tousjours le marié et avec luy yront devant les mets.

Deux maistres d'ostel pour faire lever [4] et ordener l'assiette des personnes [5], un asséeur et deux serviteurs pour chascune table, qui serviront et desserviront : getteront le relief ès corbeilles, les sausses et brouets ès seilles ou cuviers, et retrairont et apporteront la desserte des mets aux escuiers de cuisine ou autres qui

[1] S. e. renfermées. — [2] Passage bien curieux pour l'histoire du service de table. Il y avoit, outre le dressoir de salle où étoit la vaisselle, le vin, etc., un dressoir de cuisine où l'on dressoit les plats, et d'où ils étoient apportés sur la table. Voir sur ce second dressoir, la p. 115, et l'apologie du duc de Bourgogne déjà citée, p. 115, note 2. — [3] Var. C. servans. — [4] Var. B. laver. — [5] Pour faire asseoir, pour placer les convives.

seront ordonnés à la sauver, et ne porteront riens ailleurs.

L'office du maistre d'ostel est de pourveoir des salières pour la grant table; hanaps, quatre douzaines; gobelets couvers dorés, quatre; aiguières, six; cuilliers d'argent, quatre douzaines; quartes d'argent, quatre; pos à aumosne, deux; dragouers, deux.

Une chappelière[1] qui livrera chappeaulx le jour du regard[2] et le jour des nopces.

L'office des femmes est de faire provision de tapisseries, de ordonner à les tendre, et par espécial la chambre parer et le lit qui sera benoist[3].

Lavendière pour tressier[4].

Et *nota* que se le lit est couvert de drap, il convient penne de menu vair : mais s'il est couvert de sarge, de broderie, ou couste-pointe de cendail, non.

L'ordonnance pour les nopces Hautecourt[5], pour vint escuelles, ou mois de Septembre :

Assiette : roisins et pesches ou petis pastés.

---

[1] Marchandé de couronnés de fleurs.

[2] Repas ou fête donnée (quelquefois rendue par les parents des mariés) le lendemain des noces ou quelques jours après. On disoit en Normandie *Racroc de noces* (Voy. du Cange au mot *Receptum*) et à Troyes *Regaust*. (Parl. Criminel, XI, 5 déc. 1384.) Voy. sur le *regard*, pages 122 et 123.

[3] On sait qu'autrefois le lit nuptial étoit béni; on voit même dans une miniature du *Chevalereux comte d'Artois*, reproduite dans l'édition curieuse qu'a donnée M. Barrois de ce joli roman (p. 27), un prêtre bénissant le lit dans lequel le comte d'Artois et sa nouvelle épouse sont déjà couchés.

[4] Tresser, natter. Mais que tressoit-on, et pourquoi est-ce une lavendière?

[5] Nous verrons plus loin (chapitre des *Menues choses*) ce Hautecourt nommé *maistre Jehan de Hautecourt*. Il me paroît bien que c'est le même qui transigea, le 3 juin 1385, avec l'abbesse d'Hyères, sur un procès que

Potages : civé, quatre lièvres et veau; ou pour blanc mengier vint chappons, deux sols quatre deniers pièce, ou poules.

l'abbesse lui avoit intenté (elle concluoit contre lui, en janvier 1384 (5), à 1 000 fr. d'amende pour elle et 2 000 pour le Roi, etc., *Plaid. civ.*). Sire Jean de Fleury, dernier prévôt des marchands en 1382, le fameux trésorier Bernard de Montlhéry cité dans *Christine de Pisan*, et Jehan de Longueil, conseiller au parlement, étoient ses amis; il y a donc lieu de croire qu'il étoit dans une position assez élevée pour pouvoir faire une noce aussi dispendieuse que celle dont nous avons ici le menu. Quant à sa qualité de *clerc* qui ressort de la pièce suivante (*Colin Morant pour ce qu'il est lay*), elle ne doit pas empêcher de croire qu'il ait pu se marier, rien n'étant à cette époque plus fréquent que de voir des gens mariés, exerçant toute espèce de profession, et revêtus cependant de la qualité religieuse de clerc, qui les mettoit à l'abri de beaucoup d'éventualités fâcheuses.

Il est dit dans cet accord que maître Jehan de Hautecourt et ses consors iront le jour de la fête saint Pierre et saint Paul (29 juin) en l'abbaye d'Hyères, vers madame l'abbesse ayant en sa compagnie autant de ses religieuses qu'elle voudra et M. de Folleville (conseiller au parlement, devenu en 1389 prévôt de Paris), maître Jean de Fontaines et maître Raoul Drobille (son procureur); alors, continue l'accord, « maistre Jehan et ses consors salueront et feront la révérence à ladite Madame l'abbesse si comme à son estat appartient, et oultre ledit maistre Jehan dira pour lui, Aymery Comte, Odinet de Sens, Herlin des Mares et Colin Morant, teles paroles :

« Madame, vous avez fait proposer contre nous en parlement comment
« nous venismes en l'esglise de céans, armés et garnis d'espées, de taloches
« et de longs cousteaux, environ demie lieue de nuit, et entrasmes en l'os-
« tel du Four, tenant nos bastons et espées toutes nues, et je, Jehan de
« Hautecourt, demandoie où estoient Colin le Barbier et Jehannin Poi-
« trine qui avoient batu mon varlet, et que se je les trouvoie, jamais ils
« ne mengeroient de pain ; et que je feroie pendre ledit Colin le Barbier,
« et que vous, Madame, ne teniez avec vous que larrons et murtriers : et
« cerchasmes ledit hostel du Four, et frappasmes nos espées et cousteaux
« dedans les liz pour savoir se lesdis Colin le Barbier et Jehan Poitrine y
« estoient muciés. *Item*, que par la court de céans et jusques à la chambre
« de vous, Madame, nous chassasmes lesdis Colin le Barbier et Jehan
« Poitrine, en criant après eulx : *A mort ! à mort !* Et que ledit Poitrine fu
« attains et féru d'un estoc ou costé à sang, et à plaie ouverte d'une espée.
« *Item*, pour ce que les dames de céans furent moult effréées et vindrent

H iiij

Rost : cinq cochons, vint hétoudeaux, deux sols quatre deniers pièce ; quarante perdriaux, deux sols quatre deniers pièce. Mortereul ou [1]...

« à moy, et par espécial Perrenelle de Machaut, pour cuider appaisier
« la noise en disant que lesdites dames, leurs familiers et esglise, estoient
« en la sauve-garde du Roy et que je me gardasse de meffaire à eulx, que
« je deubs respondre que aussi estoie-je en la sauve-garde du Roy, et que
« de vous, Madame, je ne tenoie compte, ne desdites dames, ne leurs
« amis, et que vous en feissiez du mieulx que vous pourriez, et que se je
« tenoie lesdis Colin et Poitrine, que je les tueroie. Et pour ce avez fait
« conclure contre nous en amende honnorable et prouffitable. Madame,
« nous créons bien que vous avez esté informée contre nous, et pour ce
« vous estes tenue à malcontente de nous. Et en vérité, Madame, onques
« jour de nos vies nous ne fusmes en l'esglise de céans pour vous ne vos
« gens injurier en fait ne en parole, ne ne vourrions faire en aucune ma-
« nière, ainçois nous vourrions et avons tousjours voulu faire à nos
« povoirs service et plaisir, et se par aucune manière vous nous avez sceu
« aucun mal gré et par ce avons esté hors de vostre bonne grâce, nous
« vous supplions qu'il vous plaise à le nous pardonner. »

« Et après ces choses ainsi dictes, ladicte Madame respondra teles paroles ou en substance :

« Maistre Jehan, nous avons esté informé des choses dessusdictes souf-
« fisamment, si comme il nous a semblé, et pour ce les avons-nous fait
« proposer contre vous en parlement pour garder le droit de nous et de
« nostre Esglise, mais nonobstant ce, pour l'amour de sire Jehan de
« Ruel, sire Jehan de Fleury, Bernart de Montlehéri et de maistre Jehan
« de Longueil, vos amis, qui nous en ont escript et requis, et pour ce
« aussi que vous vous en excusez à nous, nous le vous pardonnons. »

« Item, cedit jour et heure, Colin Morant pour ce qu'il est lay, après
ces choses, le chapperon avalé et un genoul à terre, dira à Madame en substance les paroles dessus dites en tant qu'il touche l'accusation de Madame
l'abbesse et du procureur du Roy et aussi son excusation ; et puis dira :

« Madame, se en aucune manière je vous ai meffait ne mesdit ès choses
« dessus dictes, je le vous amende à vostre pure volenté. »

« En ploiant son gaige (celui qui faisoit amende honorable plioit une baguette que lui remettoit l'huissier) : laquelle amende elle recevra et puis dira :

« Pour l'amour de sire Jehan de Rueil, sire Jehan de Fleury, Bernart de
« Montlehéri et maistre Jehan de Longueil qui m'en ont escript et requis,
« je te quitte l'amende. »

[1] Ligne laissée en blanc dans les manuscrits.

Gelée : dix poucins, douze deniers ; dix lappereaulx, un cochon ; escrevices, un cent et demy.

Froměntée, venoison, poires et noix. *Nota* que pour la froměntée convendra trois cens œufs.

Tartelettes et autres choses, ypocras et le mestier, vin et espices.

Souper. — Gravé de douze douzaines d'oiselets ou de dix canets, ou bouly lardé de venoison fresche. Pastés de quarante lappereaulx, vint poucins, quarante pigons ; quarante darioles ou soixante tartelettes.

Nota que trois oiselets en une escuelle, c'est assez ; toutesvoies quant l'en a jugiers[1] de chappons *vel similia*, l'en met trois oiselès et demi jugier avec, en l'escuelle.

LA QUANTITÉ DES CHOSES DESSUS-DICTES.

Au boulengier, *ut supra* ès autres nopces précédens.

Au pasticier, *ut supra*.

Eschançonnerie, *ut supra*.

Au bouchier, trois quartiers de mouton pour faire les souppes aux compaignons, un quartier de lart pour larder, un quartier de veel de devant pour le blanc mengier ; pour les servans, venoison.

A l'oubloier, douzaine et demie de gauffres fourrées faites, c'est assavoir de fleur de farine pettrie aux œufs et des lesches de frommage mises dedens, et dix-huit autres gauffres pettries aux œufs et sans fromage. *Item*, douzaine et demie de gros bastons, c'est as-

---

[1] Var. B. *josiers*. *Jugier* est meilleur.

savoir farine pettrie aux œufs et pouldre de gingembre batue ensemble et mis en la fourme, et aussi gros comme une andoulle : et lors mettre entre deux fers sur le feu. *Item*, douzaine et demie d'autres bastons et autant de portes.

Item, convient au dit regard envoier (oultre le fait dudit oubloier) cinquante pommes de blandureau, les chappeaulx et les ménestriers.

Item, audit oubloier, le service du jour des nopces *ut supra* ès nopces précédens.

Au poullaillier, les rots et la volaille et venoison *ut supra*.

Ès halles et à la Porte-de-Paris, les choses appartenans *ut supra*.

Au saussier, une quarte de cameline pour le disner, et à souppor deux quartes de moustarde.

A l'espicier, espices de chambre : dragée, succre rosat, noisettes confites, chitron et *manus-christi*[1], quatre livres pour tout. *Item*, ypocras. Espices de cuisine : poudre blanche, une livre; poudre fine, demie livre; poudre de canelle, demie livre pour blanc mengier. Menues espices, deux onces. Succre en pierre, trois livres; trois pommes grenades; dragée blanche et vermeille, demie livre; amandes, six livres; fleur de ris, une livre; un quart de froment mondé.

Au cirier furent prinses torches et flambeaux à

[1] Du Cange cite, au mot *Manus*, un compte de 1334 imprimé parmi les preuves de l'*Histoire de Nîmes*, dans lequel on voit deux massepains, l'un de *manu-christi*, et l'autre de *confiegs*. Il semble que ces mots doivent désigner un fruit ou une amande, mais je n'ai pu découvrir lequel.

trois sols la livre, et à deux sols six deniers de re-
prinse.

Item, pour louage de linge, c'est assavoir pour six
tables, trois grans pos de cuivre, pour seize douzaines
d'escuelles, deux chaudières, deux[1] couloueres, un
mortier, un pestail, six grosses nappes pour cuisine,
trois grans pos de terre à vin, un grant pot de terre
pour potage, quatre jattes, quatre cuilliers de bois,
une paelle de fer, quatre grans paelles à ance, deux
trépiés et une cuillier de fer percée; pour ce, cinquante-
six sols parisis.

Vaisselle d'estain : dix douzaines d'escuelles, six
douzaines de petis plas, deux douzaines et demie de
grans plas, huit quartes, deux douzaines de pintes,
deux pos à aumosne; pour tout ce, seize sols.

En Grève, *ut supra* ès autres nopces.

Nota que pour ce qu'ils[2] estoient vefves, ils espou-
sèrent bien matin en leurs robes noires et puis se
vestirent d'autres.

Nota des mises extraordinaires pour les nopces Jehan
du Chesne. Au queux quatre francs et demi, et aides et
portages, un franc : pour tout, cinq francs et demi.
Au concierge de Beauvais, quatre francs : pour tables tréteaulx *et similia*, cinq trancs. A la chappellière,
quinze frans. Eaue, vint sols. Menestrels huit francs,
sans les cuillers et autres courtoisies[3]; et feront le re-

---

[1] Var. A. *quatre*.

[2] Les deux nouveaux mariés. — Il est bien probable qu'alors on gardoit toute sa vie le deuil de son conjoint. — Les reines portoient ainsi tout
le reste de leur vie le deuil du roi auquel elles survivoient, et elles le
portoient en blanc. On les appeloit alors, pour les distinguer de la nouvelle reine, *reines blanches* : de là tant de maisons dites *de la reine Blanche.*

[3] Et autres présens qu'on leur faisoit pendant le repas.

gart[1] et les acrebades[2]. Sergens deux frans. Herbe
vert, huit sols. Flambeaux et torches, dix frans. Vaisselle de cuisine, nappes, touailles et voirres, sept frans.
Pots d'estain, quatre frans.

DE LA DEUXIÈME DISTINCTION
LE QUINT ARTICLE

QUI PARLE DE COMMANDER, DEVISER ET FAIRE FAIRE TOUTES MANIÈRES
DE POTAIGES, CIVÉS, SAULSES ET TOUTES AUTRES VIANDES.

Or convient maintenant monstrer des appareils des
viandes dessus nommées, mais, *primo,* te convient savoir aucuns termes généraulx lesquels tu pourras recueillir plus largement par aucunes additions qui sont
çà et là parmi ce livre, c'est assavoir des lieures des
potages, comme de pain, d'œufs, d'amidon, de
fleur[3], etc., et par tous les potages lians.

Item, pour garder que ton potage ne s'aourse, tu le
dois remuer ou fons du pot et regarder que les tisons
ne touchent au fons, et s'il est jà commencé à aourser,
tu le dois tantost changier en un autre pot[4].

Item, de lait garder de tourner.

Item, que le pot ne s'envoise de dessus le feu.

Ès potaiges, l'en doit mettre les espices très bien
broiées et non coulées, et au plus tart. Ès sausses
et en gelée *secus*[5].

---

[1] Ce mot doit conserver ici la même signification que ci-dessus,
pages 118 et 122; l'auteur veut sans doute dire que pour ce prix ils joue-
ront aussi le jour du regard. — [2] Si ce mot ne désigne pas nos *acrobates*
d'aujourd'hui (les ménétriers étoient aussi danseurs de corde; voir une
citation d'Albéric de Trois-Fontaines à l'année 1237, dans Du Cange, au
mot *Ministellus*), il signifie soit histrions, soit farces ou récits plaisans.
Voy. Du Cange aux mots *Acroama* et *Acroamata.* — [3] Fleur de farine.—
[4] Voir ci-dessus, p. 88. — [5] Au contraire.

Congnoistre espices, comme devant le quint article [1].

Item, POUR PORS TUER. — L'en dit que l'en doit tuer les
masles ès mois de Novembre, et les fumelles en Décembre; et ainsi est leur saison, à l'exemple que l'en
dit : *géline de Février.*

Item, pour faire boudins, aiez le sang du porc re-
cueilli en un bel bacin ou paelle, et quant vous aurez
entendu à vostre pourcel veoir deffaire, et fait laver
très bien et mis cuire vostre froissure, et tandis
qu'elle cuira, ostez du fons du bacin les coles du sang
et gettez hors; et après, aiez oignons pelés et mincés
jusques à la montance de la moitié du sang, avec la
montance de la moitié de la gresse qui est entre les
boyaulx, que l'on appelle l'entrecerelle [2] des boyaulx,
mincée menue comme dés, ensemble un petit de sel
broyé, et gettez ou sang. Puis, aiez gingembre, clou, et
pou de poivre, et broiez tout ensemble. Puis, aiez les
menus boyaulx bien lavés, renversés et essangés [3] en
rivière courant, et pour oster la freschumée [4], aiez-les
mis en une paelle sur le feu; et remuez; puis, mettez
sel avec; et faites seconde fois, et encores troisième fois :
et puis lavez, et après renversez et les lavez, puis
mettez essuier sur une touaille; et les pousser et estraindre [5] pour seicher. (L'en dit l'entrecerele; et sont
les gras boiaulx qui ont gresse dedens que l'en arrache
à un coustel). Après ce que vous aurez mis et adjousté
par esgales portions et quantités, pour autant de sang

---

[1] Au IVᵉ article, ci-dessus, p. 111, mais ce n'est qu'une nomenclature
incomplète. — [2] J'écris ainsi ce mot à cause des deux *l*. Peut-être *entrecerele* est-il le vrai nom. — [3] Échanger le linge c'est le mettre dans l'eau et
le tordre avant de le mettre à la lessive. — [4] L'humidité. — [5] Var. B. *estandre.*

moitié d'oignons, et pour autant de sang, au quart de
gresse, et puis quant vos boudins seront de ce emplis,
faites-les cuire en une paëlle en l'eaue de froissure, et
picquiez d'une espingle quant ils s'enflent, ou autrement ils crèveroient.

Nota que le sang se garde bien deux jours, voire
trois, puis que les espices sont dedens. Et aucuns pour
espices, ont poulieul[1], grant sarriette, ysope, marjolaine, queullis[2] quant ils sont en fleur et puis séchés,
pilés, pour espices. Et quant à la froissure, mettez-la en
un pot de cuivre pour cuire au feu, tout entière et
sans sel, et mettez le long de la gorge dehors le pot,
car par la froissure s'escumera; et quant elle sera cuite,
si l'ostez et pour faire le potage la regardez.

Pour faire boudins de foie, prenez deux morceaulx de foie, deux morceaulx de mol, un morcel de
gresse, et mettez en un bouel[3] avecques du sang : et
au surplus comme dessus.

Nota que l'en fait bien boudins du sang d'une oé[4],
mais qu'elle soit maigre, car de la maigre les boyaulx
sont plus larges que de la grasse.

Quæritur[5] comment les boyaulx seront renversés
pour laver; *responsio* : à un fil de lin et un fil d'archal
long comme la verge d'un jaugeur.

Nota que aucuns pendent en Pasquerés[6] leurs pourceaulx, et l'air les jaunist; et pour ce les vault mieulx
tenir ou salouer comme ils font en Picardie, combien
que la char n'en soit pas si ferme, ce semble; toutesvoies est-ce trop plus bel service du lart qui est bel et
blanc que du jaune; car quelque bonté qu'il ait ou

---

[1] Pouliot, herbe odoriférante. — [2] Cueillis. — [3] Boyau. — [4] Oie. —
[5] On demande. — [6] Temps de Pâques.

jaune, il est trop reprouchié et donne descouragement quant l'en le voit[1].

Pour faire andoulles. — *Nota* que les andoulles sont faictes du boiau culier et autres boyaulx gros, lesquels gros sont remplis des autres pour faire saucisses; et iceulx boyaulx menus, quant l'en les veult mettre ès andoulles, sont fendus au long en quatre parties. *Item,* de la pance qui est fendue par lesches, fait-l'en andoulles; *item,* de la char qui est dessoubs les costelettes; *item* des fagoés et autres choses qui sont entour la haste-menue, quant l'en ne veult point retenir celle haste-menue entière. — Mais premièrement, iceulx boyaulx sont deffreschumés en la paelle avec du sel, deux ou trois fois, comme dessus est dit des boyaulx pour boudins. Et les autres choses dessusdictes, dont le dit boyau culier et autres dont l'en fait andouilles doivent estre remplis, seront premièrement plungiés et pouldrés de la pouldre de poivre demie once, et du fanoil un sixain, broiés avec un petit de sel et attrempéement mis, tout broié menu, avec les espices; et quant icelles andoulles sont ainsi ensachées et emplies, l'en les porte saler avec le lart et dessus le lart.

Costelettes de fresche saleure, rosties sur le gril.

Eschinées et jambons salés de trois jours naturels, aux pois.

Nota que se un jambon est salé de longue saleure comme d'un mois, il convient dès le soir devant le mettre tremper en eaue froide, et l'endemain rere[2] et laver en eaue chaude pour mettre cuire, ou mettre

---

[1] De là le proverbe : *vilain comme lard jaune.* — [2] Ratisser, gratter.

cuire *primo* en eaue et en vin, et gecter ceste première boulure, et puis cuire en autre eaue.

Cy après s'ensuivent tous les noms particuliers qui
sont ès yssues d'un porc, qui sont vendues à la tripperie sept blans.

Primo, quant le porc est décoré[1], le sang et les coles
yssent premièrement, et en fait-l'en boudins qui veult.
Item et en la froissure sont et appartiennent 1° en sain ;
2° la haste-menue ; 3° le chaudun[2].

Le sain est le sain qui est entre les boyaulx et la
haste-menue. La froisseure, c'est le foie, le mol, le
cuer et la langue. La haste-menue, c'est la rate : et
à icelle tient bien la moitié du foie et les rongnons ; et
l'autre moitié du foie tient à la froissure, entre le mol
et le cuer. Le chaudun, ce sont les boyaulx que l'en
dit l'entrecerele des boyaulx, et aussi sont-ce les
boyaulx menus dont l'en fait boudins et saucisses, et
aussi en est la pance.

Ès yssues du mouton a la froissure à laquelle sont la
panse et la caillette, les quatre piés et la teste ; et
couste tout, deux parisis[3] à la tripperie.

Les yssues du veel coustent à la triperie, deux
blans, c'est assavoir la froissure, et y a la teste et la
fraze et la pance et les quatre piés.

Nota, la fraze[4] c'est la caillette, la pance et les
boyaulx, lesquels les tripiers vendent tous nettojés,

---

[1] Paré ; mais plutôt faute, pour *décolé*. — [2] Cette phrase est évidemment
défectueuse. Il semble que l'auteur veuille dire qu'il y a *la fresure*, puis *le
sain*, *la haste-menue* et *le chaudun*. — [3] Sans doute deux blancs parisis. — Il
y a eu une monnoie d'argent dite *parisis*, mais, suivant Le Blanc, elle n'a
été en usage que sous Philippe de Valois, et elle avoit d'ailleurs trop de
valeur pour que les issues du mouton aient pu valoir deux de ces pièces.
— [4] Cependant l'auteur distingue plus haut la panse de la fraise.

lavés et appareillés, trempans en belle eaue nette ;
mais ceulx qui les achettent ne s'attendent pas aux tripiers de leur appareil, mais les lavent en deux ou
en trois paires d'eaues chaudes, et les eschaudument
de nouvel avec du sel ; et puis mettre cuire en eaue
sans sel, tant que toute icelle soit beue, puis nourrir
d'eaue de mouton, et mettre des herbes, de l'eaue, et
du saffran en un plat avecques la fraze, et mengier
comme trippes, au sel et au vertjus.

Nota, cy grant diversité de langage, car ce que
l'en dit du porc la fressure, c'est le foie, le mol et le
cuer ; et ce que l'en dit la fressure de mouton, c'est
la teste, la pance, la caillette et les quatre piés ; et ce
que l'en dit la fressure d'un veel, c'est la teste, la fraze,
la pance et les quatre piés ; et ce que l'en dit la fressure d'un beuf, c'est la pance, le psaultier, la franche-
mule, la rate, le mol et le foie et les quatre piés ; et
de venoison, autrement et par autres noms. (*Quæritur*[1]
la cause de ceste diversité sur ce seul mot fressure.)

VENOISON DE CERF OU AUTRE. — Qui la veult saler en
esté, la convient saler en cuvier ou baignoire[2], gros sel
broié, et après séchier au soleil. Seimier[3] *id est* le coyer,
qui est salé, l'en le doit cuire en la première eaue et vin
pour le premier boullon pour oster son sel : et puis
getter eaue et vin, et après mettre parcuire en boullon
de char et des navès, et servir par lesches avec de l'eaue
en un plat et venoison.

---

[1] *On demande,* mais l'auteur n'en savoit pas la raison. — [2] Il paroit
manquer ici quelques mots comme : *avec de l'eau et....* Cette recette est
répétée plus loin (chap. *des potages à espices*). Voir sur ce sujet le *Trésor
de Vénerie*, p. 82, et note 56. — [3] Mieux *cimier*, c'est la croupe ou quoier
(de queue) du cerf ; l'auteur en parle encore plus loin.

Item, qui a navès jeunes et petis, l'en la doit cuire en eaue et sans vin pour le premier boullon, puis getter l'eaue, et puis parcuire en eaue et vin et des chateingnes dedens, ou qui n'a chateingnes, de la sauge : puis servir comme dessus.

En Juin et en Juillet, beuf et mouton salé par pièces est bien cuit à l'eaue et aux ciboulles ; salé du matin au vespre ou d'un jour au plus.

Les bouchiers de Paris[1] tiennent que en un beuf,

---

[1] On trouve dans les *Délices de la campagne* (voir pag. 105), quelques détails sur les différentes parties des bœufs, mais l'auteur écrivant pour des lecteurs qui connoissoient les noms qu'il emploie, ne définit pas nettement ces noms, et on ne peut tirer de ses paroles que des inductions.

La manière de distribuer la chair des bœufs est complétement changée aujourd'hui, et il est bien difficile, pour ne pas dire impossible, de donner exactement les noms actuels et la définition des diverses parties que nomme ici l'auteur du *Ménagier*. Voici cependant le très-foible résultat de renseignemens soigneusement recueillis sur ce sujet.

On appelle aujourd'hui *flanchet* la membrane qui retient les intestins, le bas-ventre, et il semble que ce mot n'a jamais pu désigner en effet qu'une partie située sur les flancs de l'animal. Cependant, plus haut, l'auteur place le flanchet au quartier de devant d'un mouton. Le Dictionnaire de Trévoux définit le flanchet *partie qu'on coupe au bas-bout du bœuf, vers les cuisses, et qui fait partie de la surlonge.*

La surlonge, nécessairement différente de ce qui porte aujourd'hui ce nom (chair des dernières basses côtes qui se trouve sous l'épaule après qu'elle est levée), doit être l'extrémité de la longe, c'est-à-dire une partie de la culotte (*Délices de la campagne*, p. 193).

La longe, valant le double de la surlonge (pages 86, 87), comprenoit les aloyaux et le filet. Les Anglois ont conservé le mot *loin* pour désigner le filet.

Dom Carpentier pense que nomblet, *numbile*, désigne la *longe*, *l'eschinée*. Mais ce passage du *Ménagier* prouve que cette opinion est erronée, puisque l'auteur distingue le nomblet de la longe, et qu'on ne peut supposer qu'à aucune époque la partie du bœuf dite aujourd'hui le filet ait

selon leur stile et leur parler, n'a que quatre membres principaulx : c'est assavoir les deux espaules, les deux cuisses, et le corps de devant tout au long, et le corps de derrière tout au long. Car les espaules et les cuisses levées, l'en fent le beuf par les deux costés et fait-l'en du devant une pièce, et du derrière une autre ; et ainsi est apporté le corps du beuf à l'estal, se le beuf est petit ou moïen : mais s'il est grant, la pièce de devant est fendue depuis en deux tout au long, et la pièce de derrière aussi, pour apporter plus aisiéement. Ainsi avons-nous maintenant du beuf six pièces, dont les deux poictrines sont levées au premier, et puis les deux souppis qui là tiennent qui sont bien de trois piés de long et demy-pié de large, en venant par en bas et non pas par en hault. Et puis couppe-l'en le flanchet : et puis si a la surlonge qui n'est mie grantment plus

été le profit de l'écorcheur et *de petite valeur*. Faisant ensuite allusion à la définition des veneurs, Dom Carpentier exprime l'idée que le mot nomblet, s'il ne signifie pas la longe, pourroit venir d'*umbilicus*, nombril, à raison de l'endroit où le nomblès est levé. Des anciens veneurs, l'auteur anonyme du *Roi Modus*, qui a été copié en cet endroit par Phébus, est le plus explicite. Les nomblès sont, suivant lui, *une char et une gresse avec les rognons, qui est par dedens, endroit les longes, près des deux cuisses.* Cette définition, de même que les expressions de l'auteur du *Ménagier*, concordent avec la position et la nature du morceau dit aujourd'hui *onglet*, peut-être par corruption de *nomblet*, dans la boucherie de Paris : c'est un morceau de viande de douze à quinze pouces de long (l'auteur donne la dimension de la longueur du morceau de viande qui forme l'onglet, mais quand il dit qu'il touche d'un bout au *col* et de l'autre au rognon, il joint évidemment à l'onglet la membrane dite la *hampe*, car il est physiquement impossible qu'il n'y ait qu'un pied de distance entre le cou et le rognon d'un bœuf) qui forme l'extrémité de la *hampe* ou membrane qui sépare le foie et la rate d'avec la panse et les intestins. L'onglet touche en effet la graisse qui enveloppe le rognon, et la hampe, continuation nerveuse de l'onglet, va se rattacher, non pas au cou, mais à la poitrine. Les côtes de l'animal commencent à la hauteur de l'onglet.

espais de trois dois[1] ou de deux. Puis, si a la longe
qui est au plus près de l'eschine, qui est espoisse d'une
grosse poignée ; puis si a le filet que l'en appelle le
nomblet, qui est bien d'un pié de long et non plus ; et
tient l'un bout au col et l'autre au rongnon, et est du
droit de celluy qui tient les piés des beufs à l'escorcher,
et le vent à un petit estal qui est au-dessous[2] de la grant
Boucherie ; et est de petite valeur.

Item, selon ce que les beufs sont grans, l'en fait et
vent à la Porte[3] plus de pièces de l'un des membres
devisés que de l'autre. Si ne sçay comment la taille
des bourgois[4] se peut proportionner en compte justement avec les bouchiers, car le bon beuf couste vingt
livres où l'autre ne couste que douze[5].

Item, les yssues du beuf coustent à la triperie huit
sous : c'est assavoir la fressure en laquelle sont la pance,
le saultier[6], la franche mule[7], la rate, le mol[8], le foie
et les quatre piés.

Item, à Besiers, depuis la Saint-Andry[9] qui est devant Noël, l'en sale les moutons par quartiers, par bien
frotter de sel et refrotter, et tant et tant, et puis mettre les quartiers l'un sur l'autre huit jours, et puis
mettre à la cheminée.

---

[1] Ce mot n'est que dans le Ms. C, mais est cependant nécessaire au sens.
— [2] Var. A et C, *au dessus.* — [3] A la Porte-Paris, à la grande boucherie.
— [4] La taille sur laquelle chaque bourgeois faisoit marquer la viande qu'il
prenoit, sans la payer chaque jour. Voy. ci-dessus, page 86. Je pense
que c'est ainsi qu'on doit entendre ce passage, plutôt que de croire qu'il
s'agit ici d'une taille (impôt) levée sur la viande. — [5] A cause du plus
grand nombre de pièces et de l'augmentation de leur volume résultant de
la plus forte dimension de l'animal. Il semble résulter de ce passage qu'on
vendoit la viande au morceau et non au poids. — [6] L'estomac. — [7] Second estomac. — [8] Le poumon. — [9] 30 novembre.

Se tu veulx saler char de beuf ou de mouton en yver, aies de gros sel et le sèche en la paelle très-bien, puis le broies bien menu, et sales.

Et *nota* que en Juin et Juillet mouton veult estre trempé, puis salé.

LANGUE DE BEUF SALÉE. En la saison qu'il fait bon saler, prenez des langues de beuf une quantité et les parboulez un petit, puis les réez et pelez, puis les salez l'une sur l'autre, et les laissiez en sel huit ou dix jours, puis les pendez à la cheminée, le remenant de l'iver : puis les pendez en un lieu sec, un an ou deux ou trois ou quatre.

Oé doit estre salée de trois jours naturels.

FOUQUES salées de deux jours sont bonnes aux choux.

COULONS RAMIERS aussi ; *nota* que ils viennent de trois ans en trois ans.

Se un lièvre est pris quinze jours ou trois sepmaines devant Pasques, ou en autre temps que l'en le vueille garder, effondrez-le et lui ostez les entrailles, puis luy fendez la pel[1] de la teste et luy rompez et cassez, et faictes une ouverture ou test et ostez la cervelle et emplez le creux de sel et recousez la pel ; il se gardera un mois s'il est pendu par les oreilles.

Nota que un des meilleurs morceaulx ou pièces de dessus le beuf, soit à rostir ou cuire en l'eaue, c'est le noyau du beuf ; et *nota* que le noyau du beuf est la pièce après le col et les espaules. Et aussi icelle pièce est souverainement bonne tranchée par lesches, mise en pasté ; et quant le pasté est cuit, gettez dedens sausse de lamproye.

[1] Peau.

ANGUILLE. Faictes-la mourir en sel et la laissiez illec trois jours naturels toute entière, puis soit eschaudée, osté le limon, tranchée par tronçons, cuite en l'eaue et aux ciboules. Et se vous la voulez saler du vespre au matin, estuviez-la et effondrez, puis tranchiez par tronçons, et salez et frottez très-bien chascun tronçon en fort sel; et se vous la voulez plus avancer, broyez du sel et frottez chascune couppure de tronçon et la hochez en sel entre deux escuelles. Cuite comme dessus et mengée à la moustarde.

HARENC QUAQUE soit mis en eaue fresche et laissié trois jours et trois nuis tremper en foison d'icelle eaue, et au bout de trois jours soit lavé et mis en autre eaue fresche deux jours tremper, et chascun jour changier son eaue deux fois. Et toutesvoies le menu et petit harenc veult moins tremper, et aussi est d'aucun harenc qui de sa nature veult moins tremper l'un que l'autre.

HARENC SOR. L'en congnoist le bon à ce qu'il est meigre et a le dos espois, ront et vert; et l'autre est gras et jaune ou a le dos plat et sec.

POTAGES COMMUNS SANS ESPICES ET NON LIANS.

Et primò POTAGE DE POIS VIELZ. — Convient eslire[1], et savoir aux gens du lieu la nature des pois d'icelluy lieu, (car communément les pois ne cuisent pas bien d'eaue de puis : et en aucuns lieux ils cuisent bien d'eaue de fontaine et d'eaue de rivière, comme à Paris, et en autres lieux, ils ne cuisent point d'eaue de fontaine[2],

---

[1] Dans le courant de cet article, *élire* signifie *éplucher* (ici *écosser*) et non choisir. Nous verrons (chap. du *gravé d'écrevices*) l'auteur dire d'*élire* des écrevices, *comme si l'on vouloit les manger.* — [2] Les Mss. ajoutent *et d'eaue de fontaine*; peut-être faudroit-il lire *et d'eaue de rivière.*

comme à Bésiers) et ce sceu, il lès convient laver en une paelle avec de l'eaue tiède, puis mettre en un pot et de l'eaue tiède avec au feu, et faire boulir tant qu'ils soient bayens[1]. Puis purer[2] la purée et la mettre à part, puis emplir le pot aux pois d'eaue tiède et mettre au feu et les repurer secondement, qui veult avoir plus largement purée : et puis remettre sans eaue, car ils en gecteront assez et bouldront en icelle; et ne convient point mettre la cuillier dedens le pot puis qu'ils sont purés, mais hocher le pot et les pois ensemble, et petit à petit les paistre de l'eaue tiède ou plus chaude que tiède et non de la froide, et faire boulir et cuire du tout avant que tu y mettes quelque chose que eaue chaude soit de la char ou autre : ne n'y met sel, ne lart, ne affaitement quelsconques jusques à ce qu'ils soient tous cuis. De l'eaue du lart y pues tu bien mettre et de l'eaue de la char, mais l'en n'y doit point mettre de sel, non mie bouter la cuillier, jusques à ce qu'ils soient bien cuis; toutesvoies, l'en les peut bien remuer à tout le pot.

A jour de char, l'en doit, après ce qu'ils sont purés, paistre de l'eau du lart et de la char, et quant ils seront presque cuis, l'en peut mettre le lart dedens; et quant l'en trait le lart d'iceulx pois, l'en le doit laver de l'eaue de la char, afin qu'il en soit plus bel à mettre par lesches sur la char, et qu'il n'appere point crotté de pois.

A jour de poisson, quant les pois sont cuis, l'en doit avoir oignons qui aient autant cuit comme les pois en

[1] Béans, crevés? Nous verrons plus loin les fèves *bayennes*. — [2] Purer signifie, dans cette partie du *Ménagier*, égoutter, séparer le liquide du solide; et la purée est la partie liquide. (Voy. p. 137, n. 4, et p. 139.)

un pot et le lart en autre pot[1], et[2] que de l'eaue du lart l'en paist et sert les pois, tout ainsi, à jour de poisson, quant l'en a mis ses pois au feu en un pot, l'en doit mettre à part ses ongnons mincés[3] en un autre pot, et de l'eaue des oignons servir et mettre dedens les pois en paissant; et quant tout ce est cuit, frire les oignons et en mettre la moictié ès pois, et l'autre en la purée dont il sera parlé cy-après, et lors mettre du sel. Et se à ce jour de poisson ou en karesme il y a craspois[4], l'en doit faire des craspois comme de lart en jour de char.

Quant est de pois nouveaulx, aucunes fois ils sont cuis à jour de char et à l'eaue de char et du percil broié, pour faire potage vert, et c'est à jour de char; et à jour de poisson, l'en les cuit au lait, du gingembre et du saffran dedens; et aucunes fois à la cretonnée dont il sera parlé cy-après.

De tous iceulx pois, soient viels, soient nouveaulx, l'en en peut faire de coulés en un buletel[5], estamine[6] ou sacs[7]; mais les vielz pois, l'en les doit jaunir de saffran broyé dont l'eaue soit mise boulir avec les pois et le saffran avec la purée.

Autres pois y a qui sont en cosse avec du lart dedans.

Item, cretonnée de pois nouveaulx, trouverez vous ou chappitre ensuivant.

De purée à jour de char l'en ne tient compte. A jour de poisson et en karesme, l'en frit les oignons dont cy-dessus ou chappitre précédent est parlé, et puis l'uille en quoy les oignons sont fris, et iceulx oignons

[1] Cuis à part, comme le lard aux jours de chair. — [2] Suppléez, *ainsi*. — [3] Coupés par tranches (morceaux minces). — [4] Baleine salée; voir le chapitre des *poissons de mer ronds*. — [5] Bluteau, grand tamis long composé de plusieurs cercles. — [6] Tamis d'étoffe claire. — [7] Sas, tamis de crin.

l'en met dedans[1] avec chappeleures de pain, gingembre, clo. et graine broiés : et deffait de vinaigre et vin, et y met-l'en un petit de saffren, puis dressiez souppes[2] en l'escuelle.

Item, de purée fait l'en civé[3] à jour de poisson. Si ne le remue point et l'oste tantost de dessus le feu, etc.[4]

Item, de purée aliez[5] vostre porée de bettes et sera très-bon potage, mais que vous n'y mettez point d'autre eaue; et est pour porée de karesme[6].

Nota que si tost que tu apparcevras que ton potage s'aoursera, si le fay plus cler, car il s'aourse d'estre trop espois; et le remue tousjours ou fons du pot qui aura esté aoursé, avant que tu y mettes riens plus.

Véez-cy comment l'en cuit les oignons : en l'eaue longuement avant les pois, et tant que l'eaue soit toute dégastée au cuire; puis y met-l'en de la purée pour les parcuire et oster la saveur de l'eaue.

Aussy les oïttres sont *primo* lavées en eaue chaude, puis parboulies; puis doivent estre parcuites en la purée afin que la saveur d'icelles demeure en la purée, et non point escumées, puis oster les oïttres et frire qui veult, et en mettre une partie ès escuelles, et de l'autre partie font mès.

Fèves vieilles qui sont pour cuire à toute l'escorce doivent estre trempées et mises au feu en un pot dès le soir devant et toute la nuit; puis getter celle eaue, et mettre cuire en une autre eaue, puis les purer comme

[1] Dans la purée. — [2] Tartines de pain. — [3] Voy. le *civé d'huitres* au chapitre *des Potages lians sans chair.* — [4] Cette phrase, qui se trouve déjà p. 88, l. 5, paroît placée ici par une erreur commune aux trois manuscrits. — [5] Var. B, *aliez*, délayez. La purée étoit évidemment très-claire et une sorte de bouillon de légumes. — [6] Les manuscrits répètent ici les §§ 1 et 2, p. 88, et § 7, p. 87.

II   I v

pois, pour oster celle première forte saveur, et puis cuire
à l'eaue de la char et au lart comme dit est devant à
l'eaue des pois, ou à jour de poisson à l'eaue doulce, et
puis après mettre de l'uile : ou à l'eaue des oignons et aux
oignons. Et qui en veult de coulés, fasse comme des pois.

Item, les fèves seront frasées en Pasquerés en ceste
manière, c'est assavoir qui en vouldra de frasées, il
les convient eslire, laver, et sans tremper mettre les
fèves à toute l'escorce en un pot au feu en eaue frémiant, et laissiez boulir jusques à ce que l'escorce soit
ridée et grédelié; et puis tiré arrière du feu, et puisié
à une cuillier, et les escorcher et fraser en leur chaleur,
l'une cuillerée après l'autre, et getter en eaue froide.
Après ce, les convient laver en eaue tiède comme les
pois, puis les mettre cuire en eaue froide, et quant
elles seront boulies comme bayennes, les purer : et getter la purée, et remplir de boullon de char se c'est à
jour de char, ou d'autre eaue se c'est à jour de poisson ;
à affaitier à l'uille et à l'oignon bien cuit, puis frit : ou
affaitié au beurre. Et pevent estre reverdies de fueilles
de fèves nouvelles broyées, deffaites d'eaue chaude et
coulées; puis faire comme des autres, soit à jour de
char au lart, ou à jour de poisson.

Item, cretonnée de fèves nouvelles se fait comme
vous trouverez ou chappitre ensuivant.

Item, qui veult en tous les mois de l'an mengier
fèves sentans et ayans saveur de fèves nouvelles, aiez
et plantez chascun mois des fèves, et de ce qui sera
le plus tendre qui croistra dehors terre prenez ainsi
comme une pongnée, et broyez et mettez en vos fèves,
et vos fèves blanchiront et aront couleur et saveur de
fèves nouvelles.

Item, fèves nouvelles doivent premièrement estre cuites jusques à bayennes[1], puis purer, et après boulir dedens la purée grosses souppes de deux dois d'espois et de pain brun, puis mettre en un chascun[2] des fèves deux d'icelles souppes et du sel par-dessus.

Item, quant elles sont baiennes et purées, l'en les peut frire à la gresse de la ribelette[3], puis mettre un petit de pouldre[4] par-dessus.

L'en congnoist les fèves des marais à ce qu'elles sont plates, et les fèves des champs sont rondes. — *Item*, à la dent l'en les treuve doulces et l'escorce tendre, et les autres au contraire.

Item, qui veult fraser fèves nouvelles, il les convient premièrement fendre au long au coustel, et quant tout est fendu, les peler à la main.

Nota que en Aoust commence-l'en à mengier fèves et pois coulés à la char salée; et *nota* que un jambon de porc doit estre salé de trois jours naturels, et lors est fin bon.

Nota encores de fèves et de pois, que cretonnée de fèves et de pois est ou chappitre des *Potages lians*.

Porée. Trois manières de porées sont selon le dit des queux qui les nomment, l'une porée blanche, l'autre porée vert, l'autre porée noire.

Porée blanche est dicte ainsi pour ce qu'elle est faite du blanc des poreaux, à l'eschinée, à l'andoulle et au jambon, ès saisons d'automne et d'iver, à jour de char; et sachez que nulle autre gresse que de porc n'y est

---

[1] Jusqu'à ce qu'elles soient crevées? (béantes). Voy. p. 135, n. 1. — [2] Chaque plat? — [3] On voit page 142 que l'auteur appelle ainsi la réunion de plusieurs lardons fondus dans la poële. — [4] D'épices. Sans doute poudre fine.

bonne. Et premièrement l'en eslit, lave, mince et esverde les poreaux, c'est assavoir en esté, quant iceulx poreaux sont jeunes : mais en yver, quant iceulx poreaux sont plus viels et plus durs, il les convient pourboulir en lieu d'esverder, et se c'est à jour de poisson, après ce que dit est, il les convient mettre en un pot avec de l'eaue chaude et ainsi cuire, et aussi cuire des oignons mincés, puis frire les oignons, et après frire iceulx poreaux avec les oignons qui jà sont fris ; puis mettre tout cuire en un pot et du lait de vache, se c'est en charnage, et à jour de poisson ; et se c'est en karesme, l'en y met lait d'amandes. Et se c'est à jour de char, quant iceulx poreaux d'esté sont esverdés, ou les poreaux d'iver pourboulis comme dit est, l'en les met en un pot cuire en l'eaue des saleures, ou du porc et du lart dedans.

Nota que aucunesfois à poreaux, l'en fait lioison de pain.

Item, porée blanche de bettes se fait comme dessus en eaue de mouton et beuf ensemble, mais non point de porc ; et à jour de poisson, au lait ou d'amandes ou de vache.

Item, DE CRESSON EN KARESME AU LAIT D'AMANDES. Prenez votre cresson et le mettez pourboulir et une poignée de bettes avec hachées, et les friolez en huille, puis là mettez boulir en lait d'amandes ; et en charnage, friolez au lart et au beurre tant qu'il soit cuit ; puis destrempez de l'eaue de la char, ou au frommage et dressiez tantost, car il roussiroit. Tou-

---

¹ Tout le temps de l'année qui n'est pas le carême. — ² Donné, avec quelques notables différences cependant, sous le titre de *Porée de cresson*, dans le manuscrit de Taillevent conservé à la Bibliothèque Mazarine.

tesvoies, se l'en y met percil, il ne doit point estre
esverdé.

Une espèce de porée[1] que l'en dit espinars et ont
plus longues feuilles, plus gresles et plus vers que porée commune, et aussi l'en appelle espinoches, et se
menguent au commencement de karesme.

Nouvelle et première porée[2]. Eslisiez-le, et à eslire
ostez les grosses costes comme l'en fait des choulx, puis
les mettez en eaue frémiant sans mincer, et aiez en un
pot eaue clere, ou purée, et du sel, et mettez la porée
dedens icelluy pot cuire, et puis dréciez et mettez huille
d'olive ou vertjus en l'escuelle, et n'y ait point de percil.

Aucunes fois et le plus souvent l'en frit les espinars
tous crus, et quant ils sont bien fris, l'en met de l'eaue
un petit, comme l'en fait souppe à l'uille.

Aliter, porée de bettes nouvelles soit esverdée en esté
quant elle est jeune, ou pourboulie en yver quant elle
est droite porée vieille, selon la considération de sa
vieillesse.

Porée de bettes qui est lavée, puis mincée et pourboulie, se tient plus vert que celle qui premièrement est
pourboulie et puis hachée. Mais encores est plus verte
et meilleur celle qui est esleue, puis lavée et puis mincée
bien menu, puis esverdée en eaue froide, puis changer
l'eaue et laissier tremper en autre eaue, puis espraindre par pelottes et mettre au pot boulir ou boullon avec
le lart et de l'eaue de mouton, et quant elle a un petit
bouli et l'en le veult dréciér, que l'en mette dedens du
percil esleu, lavé et haché, et un petit de fanoul jeune,
et boulir un boullon seulement.

1. Suppléez *est*. — 2. Ces quatre mots pourroient s'appliquer aux épinards.
Il faudroit, dans ce cas, supprimer l'alinéa.

Tout considéré, la porée moins boulue et non pourboulie est la plus vert, et le percil ne doit point estre
boulu, se très-petit non, car en boulant il pert sa saveur.

Porée verte à jour de poisson. Soit eslite, mincée,
puis lavée en eaue froide sans pourboulir, puis cuite
au vertjus et pou d'eaue, et mettre du sel, et soit
drécée toute boulant bien espoisse sans cler, puis l'en
mettra dedens, au fons de l'escuelle, dessoubs la porée, du beurre salé ou frais qui veult, ou frommage ou
frommagée ou vertjus viel.

Porée de minces[1] est en saison, de Janvier jusques à
Pasques, et encore après.

Et *nota* que à faire porée au lait d'amandes, le lait
ne doit point estre coulé par l'estamine; en aucuns
autres potages ou à boire, si fait.

Porée noire est celle qui est faite à la ribelette de lart;
c'est assavoir que la porée est esleue, lavée, puis mincée et esverdée en eaue boulant, puis fritte en la gresse
des lardons; et puis alaier[2] d'eaue chaude frémiant (et
dient aucuns, qui la laveroit d'eaue froide, qu'elle seroit plus laide et noire), puis convient mettre sur chascune escuelle deux lardons.

CHOULX sont de cinq manières : les meilleurs sont
ceulx qui ont esté férus de la gelée, et sont tendres et
tost cuis; et en temps de gelée ne les convient point
pourboulir, et en temps pluyeux, si. (Et commence à
iceulx pour ce que ce sont de celle année les premiers
crus, *scilicet* puis Avril[3], et puis va en descendant vers
vendenges, Nouel et Pasques.)

---

[1] Voy. pages 48 et 143. — [2] Délayer. — [3] On sait que l'année commençoit alors à Pâques. Les années 1392, 1393 et 1394, dans lesquelles on

Choulx blanc sont en la fin d'Aoust.

Pommes de chou, sur la fin de vendenges. Et quant la pomme d'icelluy chou, laquelle est ou milieu, est ostée, l'en arrache et replante en terre nouvelle le tronc de ce chou, et en yssent larges feuilles qui s'espandent : et tient un chou grant place, et l'en appelle iceulx choulx nommés[1] choulx Rommains, et sont mengiés en yver ; et des troncs, se ils sont replantés, yssent de petits choulx que l'en appelle minces, que l'en mengue avec les herbes crues en vinaigre ; et qui en a foison, ils sont bons esleus, lavés en eaüe chaude, et tous entiers mis cuire avec un petit d'eaue : et puis quant ils sont cuis, mettre du sel et de l'uile, et dréciés bien espois sans eaue, et mettre de l'uille d'olive dessus en karesme. Puis y a autres choulx que l'en appelle choulx pasquerés pour ce que l'en les mengue en Pasquerez[2], mais ils sont semés dès Aoust ; et quant après la semence ils sont percreus demy-pié de hault, l'en les arrache et plante-l'en ailleurs, et sont souvent arrousés.

Aussi tous les choulx dessusdis sont premièrement semés, puis quant ils sont creus à demy-pié de hault, sont ostés et replantés.

Et premièrement des pommes, est assavoir que quant icelles pommes sont effeuillées, eslites et mincées, il les convient très-bien pourboulir, et longuement plus que les autres choulx, car les choulx Rommains se veullent le vert des feuilles dessirer par pesches[3], et le jaune, c'est assavoir les arrestes ou veines[4],

peut fixer l'époque de la composition du *Ménagier* (ainsi que je crois l'avoir démontré dans l'Introduction), commencèrent toutes trois en Avril.

[1] Les trois manuscrits portent *nommés*; je crois qu'il faut lire *pommés* ou *pommes*. — [2] Temps de Pâques. — [3] Déchirer par pièces. — [4] Cotons.

escachées[1] ou mortier, puis tout ensemble esverder en eaue chaude, puis espraindre et mettre en un pot et de l'eaue tiède, qui n'a assez éaue de char : et puis servir du plus gras et[2] de l'eaue de la char, et plusieurs y broient du pain.

Et sachez que choulx veulent estre mis au feu dès bien matin, et cuire très-longuement et plus longuement que nul autre potage; et à bon feu et fort, et doivent tremper en gresse de beuf et non autre, soient pommes ou choulx ou quels qu'ils soient, excepté minces. Sachez aussi que eaue grasse de beuf et de mouton y est propre, mais non mie de porc; celle de porc n'est pas bonne fors pour poreaux.

Après, l'en fait choulx, à jour de poisson, après ce qu'ils sont pourboulis, cuire en eaue tiède : et mettre de l'uille et du sel.

Item, avec ce, aucuns y mettent du gruyau[3]. Item, en lieu d'uille, aucuns y mettent beurre.

A jour de char[4], l'en y met pigons, saussisses et lièvre, fourques[5] et foison lart.

Navets sont durs et mal cuisans jusques à ce qu'ils aient esté au froit et à la gelée; l'en leur oste la teste, la queue et autres barbillons ou racines, puis sont rés, puis lavés en deux ou en trois paires d'eaues chaudes, bien chaudes, puis cuire en chaude eaue de char, soit porc, beuf, ou mouton.

Item, en Beausse, puis qu'ils sont cuis, l'en les tronçonne et frit en la paelle, et gecte l'en pouldre par dessus.

---

[1] Écrasés. — [2] Et paroît être de trop. — [3] Gruau. Var. A, grumiau. — [4] Ces mots ne sont que dans le Ms. C. — [5] Foulque, oiseau de rivière.

MENUS DE PIÉS. Prenez jugiers[1] et foies et faites cuire en vin et en eaue, premièrement les jugiers et au derrenier les foies, puis les mettez en un plat et du percil mincié et du vinaigre par-dessus. *Item*, de pié de beuf et de mouton et de chevrel.

GRAMOSE[2] est faite[3] de la char froide du giste qui est demourée du disner et de l'eaue d'icelle char demourée comme dessus, en la manière qui s'ensuit : *primo*, il convient batre quatre ou six œufs, c'est assavoir moyeul et blanc, et batre, batre, et tant qu'ils soient dégoutans comme eaue, car autrement ils se tourneroient; et mettre autant de vertjus comme les œufs montent, et faire boulir avec l'eaue de la char; et d'autre part faire la char par lesches, et mettre deux pièces en l'escuelle, et le brouet par-dessus.

SOUPPE DESPOURVEUE. Aiez du percil et frisiez en beurre, puis gettez de l'eaue boulant dessus et faites boulir : et mettre du sel, et dréciez vos souppes comme en purée[4].

Aliter, se vous avez du beuf froit, si le trenchiez bien menu, puis broiez un pou de pain allayé de vertjus et coulez par l'estamine; mise en un plat et de la pouldre dessus. Chauffez sur le charbon. C'est bon pour trois personnes.

Aliter, à jour de poisson, prenez de l'eaue et mettez frémir et des amandes dedans; puis escorchiez les amandes et les broyez et allaiez d'eaue tiède, coulez et mettez boulir avec pouldre de gingembre et saffran, et

---

[1] Gésiers. Var. mauvaise de B, *josiers*. — [2] On trouve la même recette (*gramouse*), sauf plusieurs mots omis, dans *le Grand cuisinier de toutes cuisines*, Paris, V° J° Bonfons, in-16, s. d., f° 28. (Voir l'Introduction.) — [3] Var. B. *fait*. — [4] *Gr. Cuis.*, f° 28 v°, identique.

II K

dréciez par escuelles; et en chascune escuelle, une pièce de poisson frit.

Aliter, à jour de char, prenez du chaudeau de la char, et aiez pain trempé ou maigre[1] de l'eaue de la char, puis broyez, et six œufs : puis coulez et mettez en un pot avec de l'eaue grasse, espices, vertjus, vinaigre et saffran; faictes boulir un bouillon, puis dréciez par escuelles.

Item, et qui en une hostellerie, en haste, treuve eaue de char et il en veult faire potage, il peut gecter ens des espices et faire boulir, puis, au derrenier, filer des œufs et drécier.

Aliter, à jour de poisson, broyez du pain, et destrempez d'eaue, de vertjus et du vinaigre, et mettez sur le feu; et quand il frémira, mettez jus[2], et mettez les moyeux dedans; puis mettez sur le feu et faites à petit feu tant chauffer qu'il bouille, et mettez pouldres d'espices et faites vostre souppe.

Aliter, faites boulir ou pot un petit de lart, et quant il sera la moitié cuit, aiez un maquerel frais, et découpez par tronçons et le mettez cuire avec, et puis ostez tout, et mettez du percil hachié boulir une onde[3] et dréciez.

Pour congnoistre bon frommage. Bon frommage a six conditions. *Non Argus, nec Helena, nec Maria Magdalena, sed Lazarus et Martinus, respondens pontifici*[4].

---

[1] Peut-être dans la partie maigre du bouillon, dans *du bouillon dégraissé*, par opposition avec l'eau grasse dont l'auteur va parler. — [2] A bas, hors du feu. — [3] Var. A. C. *ondée*. (Jeter un bouillon.)

[4] La traduction en vers explique suffisamment le commencement de cet aphorisme culinaire. *Lazarus* (ladre) paroît répondre à *teigneux*; *Martinus* signifie dur, obstiné (*rebelle*) par allusion à Martin Grosia, professeur

Non mie blanc comme Hélaine,
Non mie plourant com Magdalaine,
Non Argus, mais du tout avugle,
Et aussi pesant comme un bugle[1] :
Contre le poulce soit rebelle,
Et qu'il ait tigneuse cotelle[2].
    Sans yeulx, sans plourer, non pas blanc,
Tigneulx, rebelle, bien pesant.

En Juillet, jambon de porc frais cuit à l'eaue jaune et au vertjus de grain, un petit de gingembre et de pain : à la sausse rapée.

Item, au soupper, char salée du matin cuite à l'eaue et aux ciboules, soit beuf ou mouton.

En pois nouveaulx cuis pour mengier en la cosse, l'en doit mettre du lart à jour de char : et à jour de poisson, quant ils sont cuis, l'en pure l'eaue, et l'en met dessoubs du beurre salé fondre, et puis hochier.

AUTRES POTAGES QUI SONT A ESPICES ET NON LIANS.

Primo, *nota* que toutes espices qui doivent estre mises en potages doivent estre bien broyées et non coulées, excepté pour gelée; et en tous potages, l'en doit mettre les espices le plus tart que l'en puet, car tant plus perdent de leur saveur comme plus tost sont mises : et doit-l'en couler le pain broyé.

Potage à jour de poisson, *vide*[3] *pagina proxima præcedente*.

---

de droit à Bologne au XIIᵉ siècle, dont la dureté et l'entêtement étoient passés en proverbe au dire du cardinal Baronius, cité par Du Cange au mot *Martinus*. Il semble donc que *respondens pontifici* soit traduit par *pesant*. Est-ce par allusion à la solennité, à la *gravité* pontificale? Christine de Pisan a employé le mot *pontifical* dans le sens de solennel en parlant du duc d'Anjou. (*Hault et pontifical en son maintien*. Voy. Du Cange à *Pontifex*.)
[1] Bœuf. — [2] Cotte, vêtement, ici *enveloppe*, extérieur. — [3] Suppléez *in*.

Aliter, prenez amandes, eschaudez et pelez et broiez: deffaites d'eaue tiède; faites boulir avec pouldre fine et saffran, et en chascune escuelle soit mise une moitié de sole frite et du potage dessus.

COURGES. Soit pelée l'escorce, car c'est le meilleur : et toutesvoies qui vouldra mettre ce[1] dedans, soient ostés les grains, jàsoit-ce que l'escorce seule vault mieulx, puis convient tranchier l'escorce pelée par morceaux, puis pourboulir, puis hacher longuement, puis mettre cuire en gresse de beuf : à la parfin jaunir de saffren ou getter dessus du saffren par filés, l'un çà, l'autre là ; ce que les queux dient *frangié de saffran*.

HERICOT DE MOUTON. Despeciez-le par petites pièces, puis le mettez pourboulir une onde, puis le frisiez en sain de lart, et frisiez avec des oignons menus minciés et cuis, et deffaites du boullon de beuf, et mettez avec macis, percil, ysope et sauge, et faites boulir ensemble[2].

Item, PASTÉ EN POT DE MOUTON. Prenez de la cuisse[3], et gresse ou mouelle de beuf ou de veel haché menu et oignons menus hachiés, et faictes boulir et cuire en un pot bien couvert à bien petit de boullon de char ou autre eaue, puis mettez boulir dedens espices, et un petit de vinaigre pour aguisier, et dréciez en un plat.

Item, qui veult saler mouton en temps chault, il le convient tremper avant, et puis pouldrer de gros sel broyé.

MOUTON AUSOERRE[4]. Despeciez le mouton par pièces,

---

[1] Ainsi, pour le dedans (*ce qui est dedans*). L'auteur, d'après le même principe, dit plus loin (*lamproie à l'étouffée*) : *ce dessus dessous*. — [2] G. C., 9 v°. — On trouve une recette presque identique dans le manuscrit de Taillevent conservé à la Bibliothèque royale. (Celles du Taillevent de la B. Maz. et l'imprimé diffèrent.) — [3] Suppléez : *de mouton*. G. C., 21. — [4] À la

puis lavez et mettez cuire en eaue, puis broyez foison percil et pain, et coulez, et mettez ou pot avec espices.

Mouton au jaunet. Despeciez le tout cru, et soit du flanchet; et le cuisiez en eaue, puis y broyez une cloche de gingembre et du saffran, et allaiez de vertjus, de vin et de vinaigre[1].

Trippes au jaunet. Qui veult cuire trippes, il n'y convient point mettre de sel au cuire, car elles noirciroient. — *Item*, les piés, la queue et la caillette qui sont noires, doivent cuire à part, et la pance et autres choses blanches, d'autre part[2].

Trumel de beuf[3] au jaunet. Soit cuit longuement; et qui veult, de la poullaille tuée de deux jours ou d'un jour devant soit boulie longuement avec, et des herbes, et puis mis du saffran dedans[4].

Potage d'une petite oé. Cuisiez très bien vostre petite oé et frisiez : puis broiez gingembre, clou, graine et poivre long, du percil et un petit de sauge, destrampez de l'eaue de la char ou de la petite oé, et mettez du fromage gratuisié[5], et servez en chascune escuelle trois pièces de petite oé[6].

Brouet de chapons. Cuisiez vos chapons en eaue et en vin, puis si les despeciez par membres et frisiez en sain, puis broiez les braons[7] de vos chapons et les

---

mode d'Ausoerre (d'Auxerre)? ou faut-il lire *au soerre*, au soir (à souper)?

[1] *G. C.*, 31 v°. — [2] *G. C., ib.*, quelques différences. — [3] Morceau de la cuisse. — [4] *G. C.*, 31 v°, quelques différences. — [5] Râpé. — [6] *G. C.*, 5. — [7] L'auteur du *Grand Cuisinier* a remplacé ce mot (article du blancmanger de chapon, feuillet 9 v°) par *foie*; et, en effet, cette interprétation pourroit convenir aux passages du *Ménagier* où se rencontre le mot *braon*. Roquefort l'explique par *gras des fesses*, mais on voit que ce ne peut être la signification de ce mot. Dans l'exemple cité par Roquefort, il s'agit d'un

foies et amandes, et deffaites de vostre boullon et faites boulir, puis prenez gingembre, canelle, girofle, garingal, poivre long et graine de paradis, et deffaites de vinaigre et faites boulir; et au dressier, mettez vostre grain[1] par escuelles, et dressiez le potage sus.

CHAPONS AUX HERBES. — VEEL AUX HERBES. En yver chapons tués, mouillés et puis mis six jours à la gelée, et en esté mors de deux jours (sans soleil) ou estouffés soubs une couste; mettez cuire en eaue et du lart avec pour donner appétit, et mettez percil, sauge, coq et ysope, un petit de vertjus pour aiguisier, et du gingembre bien petit, et saffran pour donner couleur. C'est potage propre s'il fait froit, mais s'il fait chault, il ne convient n'en l'un n'en l'autre[2] fors lart et saffran[3].

GRAVÉ D'OISELETS OU D'AUTRE CHAR. Soient plumés à sec[4], puis aiez du gras du lart décoppé comme par morceaulx quarrés, et mettez au fer de la paelle[5] et en traiez la graisse et là les frisiez; puis mettez cuire ou boullon de la char, puis prenez pain hallé sur le gril ou chappelleures de pain trempées ou boullon de la char et un petit de vin; puis prenez gingembre, girofle, graine et fleur de canelle et les foies, et les broyez; et puis coulez vostre pain et boullon par l'estamine et les espices broyées à fin et sans couler; et mettre boulir

cerf que les chiens tiennent aux nerfs et aux *braons*. Je crois que dans cet exemple *braon* est synonyme de *daintiers*, et par suite que le mot *braon* signifie *intestins* en général.

[1] *Pain* dans le *G. C.* qui donne cette recette (feuillet 1 v°); mais *grain* est répété plusieurs fois dans le *Ménagier* pour désigner la partie solide d'un mets composé de solide et de liquide. — [2] Que ce soit chapon ou veau aux herbes, il n'y faut que lard et safran. — [3] *G. C.*, 11 v°. — [4] Sans les mettre dans l'eau chaude, comme on faisoit le plus souvent et comme on le fait encore en Orient. — [5] Dans la poêle encore vide, sans beurre ou autre graisse mise préalablement?

avec vos oiselets et un petit de vertjus. — *Item*, qui n'a boullon, si mette purée de pois. — *Item*, ne doit point estre trop lyant, mais claret; doncques ne convient-il que le pain ou les foies pour lier[1].

GRAVÉ OU SEYMÉ[2] est potage d'iver. Pelez oignons et les cuisiez tous hachiés, puis les frisiez en un pot; or convient avoir vostre poullaille fendue sur le dos et hallée sur le gril au feu de charbon, ou se c'est veel, aussi; et qu'ils soient mis par morceaulx soit veel, ou par quartiers se c'est poulaille, et les mettez avec les oignons dedans le pot; puis avoir pain blanc harlé sur le gril et trempé au boullon d'autre char : et puis broyez gingembre, clou, graine et poivre long, deffaire de vertjus et de vin, sans couler, mettre d'une part : puis broyer le pain et couler par l'estamine et mettre au brouet, et tout couler ensemble et boulir; puis drécier.

Nota que l'en dit *seurfrire* pour ce que c'est en un pot, et se c'estoit en une paelle de fer, l'en diroit *frire*.

GRAVÉ D'ESCREVICES. Mettez boulir vos escrevices, et quant elles seront cuites, soient eslites comme qui les vouldroit mengier, et ostez le mauvais de dedans, puis aiez des amandes pelées et broyées, deffaites[3] de purée de pois coulée par l'estamine, et du pain harlé ou des chappeleures trempées en purée, broyées et coulées par l'estamine, puis aiez gingembre, canelle, graine et clou : broyez, et tout mis en un pot, et un

___

[1] *G. C.*, **28**, dit *graine* d'oiselés. Cependant j'écris *gravé*, parce que ce mot est ainsi dans le Ms. B où les *u* (ou *v*) sont bien distincts des *n* dans les mots écrits en gros caractères, et je mets un accent sur l'*e* parce que ce mot étant du masculin (voy. les menus VI et XII, etc., où il est dit *un gravé*), il semble qu'on devoit plutôt dire un *gravé* qu'un *grave*. — [2] On devoit prononcer ainsi, car on lit *semée* dans Taillevent imprimé. — [3] Délayées, mouillées.

petit de vinaigre et boulu ensemble, puis dréçié par escuelles, et soit mis dedens chascune escuelle les escrevisses frictes en huille et de l'autre poisson frit.

Item, qui veult faire *tuille d'escrevisses*, ainsi se peut-il faire, mais forment les escailles des escrevisses[1].

Et qui au brayer[2] veult trouver grant avantaige, face les coquilles des escrevisses seicher en un four dedens un pot ou en une paelle de terre, puis broier en un mortier à espicier, et puis couler à leur plus délié sasses, puis de rechief séchier au four, puis broyer et sasser, et après mettre ou potage; et croy que ce serre.

BOUSSAC DE CONNINS. Premièrement, les connins de garenne sont congneus à ce qu'ils ont le hasterel[3], c'est assavoir depuis les oreilles jusques vers les espaules, de couleur entre tanné[4] et jaune, et sont tous blans soubs les ventres, et tous les quatre membres par dedans jusques au pié, et ne doivent avoir nulle autre tache blanche parmi le corps. — *Item*, l'en congnoist qu'ils sont dedans leur premier an, à ce qu'ils ont en la jointe des jambes de devant un petit osselet emprès le pié, et est agu. Et quant ils sont surannés, la jointe est toute ounie; et aussi est-il des lièvres et des chiens. — *Item*, l'en congnoist qu'ils sont de fresche prise à ce qu'ils n'ont pas les yeulx enfoncés: l'en ne leur peut ouvrir les dens; ils se tiennent droit sur leurs piés; et quant il est cuit, le ventre luy demeure entier. Et s'il est de vieille prise, il a les yeulx enfoncés: l'en

---

[1] Je crois que cette phrase signifie que la tuille d'écrevisses se fait comme le gravé, sauf qu'on met dessus les écailles, ou sauf qu'elle est dressée de manière à représenter des écailles d'écrevisse. — [2] Var. de B, que je crois mauvaise, *broyer*. Il me semble que c'est une recette aphrodisiaque. — [3] Nuque. — [4] Couleur feuille-morte.

luy euvre de légier la gueule : l'en ne le peut tenir droit ; et quant il est cuit, il a le ventre despecié. En yver, connins pris de huit jours sont bons, et en esté, de quatre jours, mais qu'ils n'aient sentu le soleil.

Et quant ils sont bien choisis et escorchiés, puis les despeciez par pièces quarrées, et les mettez parboulir, puis reffaire en eaue froide : puis en chascune pièce, de chascun costé, trois lardons ; puis les mettez boulir en eaue et du vin après. Adonc broyez gingembre, graine, clo de giroffle, et destrempez ou boullon de beuf ou du leur[1], et d'un petit de vertjus, et mettez dedens le pot et faites boulir jusques au cuire.

Item, ainsi se fait un seymé, mais l'en y met oignons fris, et un petit de pain ou chappelleures pour lier. (*Et doncques c'est civé*[2].)

Item, ainsi est fait un bouly lardé de veau, de chevrel ou cerf.

Boussac de lièvre. *Nota* que du lièvre freschement pris et tantost mengié, la char est plus tendre que de lièvre gardé.

Item, lièvre pris de quinze jours vault mieulx, mais que le soleil ne l'ait atouchié ; c'est assavoir quinze jours ou fort de l'iver : en esté, six jours ou huit au plus et sans soleil.

Item, sachiez que se le lièvre est mengié frais prins, la char en est plus tendre, et ne le convient point laver, mais harler ou rostir avec son sang.

Boussac de lièvre ou de connin se fait ainsi : harlez le lièvre en la broche ou sur le gril, puis le découpez par membres, et mettez frire en sain ou en lart : puis

_____
[1] Du bouillon des lapins. — [2] Observation de l'auteur. Voy, p. 162.

aiez pain brûlé ou chappelleures deffais de boullon de
beuf et de vin, et coulez, et faites boulir ensemble ; puis
prenez gingembre, clo de giroffle et graine ; deffait de
vertjus et soit brun-noir et non trop lyant. — *Nota* que
les espices doivent estre broyées avant que[1] le pain.

De connin se fait-il ainsi, sauf tant[2] que le connin est
parbouli, puis refait en eaue froide, et puis lardé, etc.[3]

Rosé de lappereaux, d'allouettes, de menus oiseaux
ou de poucins. Lappereaulx soient escorchiés, découp-
pés, pourboulis, reffais en eaue froide et lardés : les poucins soient eschaudés pour plumer[4], puis reffais, découp-
pés et lardés, et les allouettes ou oiselets soient plumés
seulement pour pourboulir en eaue de char ; puis avoir
du gras du lart découppé comme par morceaulx quarrés, et mettez au fer de la paelle, et en traiant les
chaons[5], et laissiez la gresse : et là frire vostre grain[6], ou
mettre vostre grain boulir sur le charbon et souvent
tourner en un pot avec du sain[7]. Et en ce faisant, aiez
des amandes pelées, et deffaites du boullon de beuf et
coulez par l'estamine, puis aiez gingembre, clo de giroffle, cèdre autrement dit *alixandre*[8], deffaites du boullon et coulez, et le grain cuit et trestout soit mis dedans
un pot et bouly ensemble et du sucre largement ; puis
dréciez par escuelles et des espices dorées par dessus.

Cèdre vermeil est un fust[9] que l'en vent sur les espiciers,
et est dit *cèdre dont l'en fait manches à cousteaulx*.

Venoison de cerf. Pour ce que la char en est plus

[1] Mot de trop. — [2] Seulement — [3] G. C., 17 v°. — Presque pareil
mais abrégé dans Taillevent imprimé, feuille D 4 v°. — [4] Voy. ci-devant
p. 150, note 4. — [5] La partie du lard qui ne fond pas à la poêle et se grille :
les *grésillons*. Var. A, *les champs*. — [6] Partie solide du mets. Voy. 150, n. 1.
— [7] Var. B, *sang*. — [8] Cèdre rouge. — [9] Bois. C'est sans doute ce cèdre que
l'auteur a appelé ci-dessus *alixandre* et qui donnoit la couleur au *rosé*.

dure que de bichot[1] ne de chevrel, soit pourboulie et
lardée au long : et au cuire, soit mis du vin grant foison, et au parcuire, du macis broié; et soit mengié à
la cameline. — *Item*, en pasté, soit pourboulie, lardée au long, et mengiée froide à la cameline.

Et qui la veult saler en esté, il convient mettre gros
sel fondre en eaue, puis y tremper la venoison, et
après seicher au soleil[2].

Et se vous voulez faire une pièce de beuf sembler venoison de cerf ou d'ours, se vous estes en pays d'ours,
prenez du nomblet de beuf ou du giste, puis le parboulez
et lardez, embrochiez et rostissiez ; et soit mengié à la
queue de sanglier[3]. Soit le beuf pourbouly, puis lardé
au long après ce qu'il sera trenchié par loppins, et puis
mettre la queue de sanglier bien chaude en plat pardessus
vostre beuf qui *primo* soit rosty ou bouté en eaue boulant
et retiré tantost, pour ce qu'il est plus tendre que cerf.

BEUF COMME VENOISON D'OURS. Du giste de bœuf. Fait-
l'en sausse noire de gingembre, clo de giroffle, poivre
long, graine, etc. Et met-l'en en chascune escuelle,
deux escuelles[4], et le mengue-l'en à saveur d'ours[5].

CHEVREL SAUVAGE[6] au boussac claret et non lyant :
soit escorchié, puis bouté en eaue boulant et retiré
tantost pour ce qu'il est plus tendre que cerf, et lardé
au long, puis mis cuire en meigre eaue de char qui l'a,
ou autre : du vin, espices broyées en gros, et dréciez
vostre grain dedens[7]. — *Item*, chevrel sauvaige, ainsi
comme il est dit de chevrel ou chappitre cy-dessus.

[1] Faon, très-jeune cerf. — [2] Voy. ci-devant, p. 129. — [3] Sausse ainsi
nommée. — [4] Faute. Ce doit être deux lèches ou morceaux. — [5] Et ainsi on
le mange au goût d'ours. Voy. ci-après, p. 179. — [6] Ce mot paroît être de
trop d'après la fin de ce paragraphe. — [7] G. C., 17 v°. Voy. p. 158, § 4.

Sanglier frais soit cuit en eaue avec du vin et mengié au poivre chault, et le salé cuit comme dessus et mengié à la moustarde; c'est ou fort de l'iver, mais au commencement, il se mengut aux espices et aux souppes.

A la Nostre-Dame en Mars[1], commencent les appareils des cervoisons, et dit-l'en *à la my-May, my-teste*[2], pour ce que lors le cerf a boulu la moitié de sa teste, mais le droit cuer des cervoisons commence à la Saincte-Croix en May[3], et de là croist le cerf en venoison jusques à la Magdalaine, et peut estre chacié le cerf jusques à la Saincte-Croix en Septembre; et lors se passe sa saison.

Item, au deffaire, l'en luy oste premièrement les deytiés[4], ce sont les c........ns, avec lesquels sont les neux[5], le jargeau[6], le franc-boyau, etc. Et sont ses deytiés pourboulis, puis cuis, mengiés à la sausse chaude.

Item, en un cerf sont les espaules, la hampe, les cuisses, le foie, les nomblès, les lardés, la queue *scilicet* le semier, les deux costés, et c'est tout.

Item, la char par pièces fresche, il semble que sans pourboulir l'en la doit mettre en eaue boulant, et tantost retirer et larder au long, et est boulie et lardée au long, puis boulie en eaue; et appelle-l'en le potage *bouly lardé aux espices et aux souppes*.

Item, les nomblets[7] sont rostis à la sausse chaude.

---

[1] Le 25. — [2] On disoit autrefois: *My-Mai, my-teste: my-Juin, my-graisse.* — *A la Magdeleine, venaison pleine.* — [3] 3 mai; c'est de ce jour que tous les anciens auteurs font commencer la saison de chasser le cerf. — [4] Le nom étoit dès lors *daintiers*, et *deytiés* a toujours été une faute. — [5] Chair placée entre le cou et les épaules. — [6] Veine du coeur. — Ces différentes parties du cerf constituoient les menus droits ou morceaux recherchés, réservés au seigneur qui les mangeoit souvent après la chasse même. — [7] Voir ci-dessus, p. 131. Les *lardés* sont la longe.

Item, les lardés c'est ce qui est entre les costés et l'eschine; et sont meilleurs en pasté que autrement.

Item, aussi d'un cerf frais, l'en le mengue à la sausse chaude quant il est mis en rost.

Item, l'en fait présent de la teste et du pié aux seigneurs, et cela n'est point mengaille : ce n'est fors pour savoir quel et de quel aage le cerf estoit; mais de mengaille, l'en fait présent du seymier, de la hampe et des deux costés.

Item, la queue est dicte le seymier : et qui la veult saler, il convient oster tous les os ce que l'en puet, car il contient une grant partie du dos.

Item, la hampe c'est la poictrine, et est bonne salée; et sale-l'en la venoison du cerf tout ainsi comme la char de beuf.

Item, toute la brouaille, excepté le foie, est pour la cuirié des chiens, et l'appelle-l'en le *hu*[1].

En Septembre l'en commence à chacier les bestes noires jusques à la Saint-Martin d'iver. — *Item*, tous les quatre membres sont appellés jambons, comme d'un porc. *Item*, d'un sanglier a la hure, les costés, l'eschinée, les nomblés, les quatre jambons; c'est tout. *Item*, des yssues l'en ne retient fors le foie qui semble qu'il soit propre pour faire soutil brouet d'Angleterre.

[1] Après la curée, deux veneurs placés à une certaine distance, et ayant chacun une portion des entrailles du cerf, appeloient successivement les chiens en criant, en *huant*, et leur donnoient à manger ces entrailles. Cette opération, dite le *hu* ou *fort-hu*, avoit pour but d'accoutumer les chiens à revenir promptement et en toute circonstance à la voix des veneurs. Voir sur le *hu*, l'art de défaire un cerf, les noms de ses différentes parties et les droits des veneurs aux xiii° et xiv° siècles, *la chace dou cerf*, 1840, in-8°, p. 23, et le glossaire, *Modus et ratio*, 1839, in-8°, feuillet 22 et suiv.; et le *Tresor de Venerie*, p. 53 et suiv., et note 51.

Item, la char fresche est cuite et appareilliée en eaue et aux espices comme le cerf.

Du bourbelier, c'est le nomblet. (*Combien que en cest endroit, l'en dit bien nomblets d'une part, et bourbelier de l'autre.*)

Item, le sanglier salé se mengue à la fourmentée. La teste se cuit entière, et moitié vin, moitié eaue. Les ᵃᵃ᷂es er. sont bonnes par lesches sur le gril.

Bichot sauvage au boussac claret et non liant : soit escorchiés, puis boulis ou boutés en eaue boulant et retiré tantost, pour ce qu'il est plus tendre[1] que cerf; et lardés au long; puis mis cuire en maigre eaue de char qui l'a, ou en autre, avec du vin, espices broiées; et dréciez vostre grain dedans[2].

AUTRES POTAGES LIANS DE CHAR.

Brouet de fressure de pourcel. Broiez du gingembre, clo, graine, etc., puis deffaites de vinaigre et vin, puis aiez pain rosti et trempé en vinaigre, broiez et coulez : et mettre tout ensemble; et ayez vostre fressure cuite, couppée par plusieurs morceaulx et frite en sain doulx. Puis mettez du chaudeau des boudins, ou du chaudeau du chaudun en un pot, avec vostre pain broié après vos espices broyées, et faites boulir; puis gettez dedans vostre pot les morceaulx de vostre friture et faites boulir un boullon, et dréciez.

Fèves nouvelles. Faites-les boulir plus que bayennes, puis prenez foison percil et petit de sauge et d'isope, et broiez très bien, et après ce broiez du pain, et une pongnée d'icelles mesmes fèves qui soient pelées broiez avec pour lier, puis couler par l'estamine : puis

---

[1] Var. A, *tardis*. — [2] Même recette que celle du *chèvrel*, p. 155.

friolez le remanant de vos fèves en lart, se c'est à jour
de char, ou en huille ou beurre, se c'est à jour de poisson ; puis mettez vos fèves en eaue de char, se c'est à
jour de char, ou en l'eaue des fèves, se c'est à jour de
poisson.

CRETONNÉE DE POIS NOUVEAULX ou fèves nouvelles.
Cuisiez-les jusques au purer[1], et les purez[2], puis prenez
lait de vache bien frais, et dictes à celle qui le vous
vendra qu'elle ne le vous baille point s'elle y a mis
eaue, car moult souvent elles agrandissent leur lait[3], et
s'il n'est bien frais ou qu'il y ait eaue, il tournera. Et
icelluy lait boulez premièrement et avant que vous y
mettez riens, car encores tourneroit-il : puis broiez
premièrement gingembre pour donner appétit, et saffran pour jaunir : jàsoit-ce que qui le veult faire lyant
de moieulx d'œufs filés[4] dedans, iceulx moieulx d'œufs
jaunissent assez et si font lioison, mais le lait se tourne
plus tost de moyeulx d'œufs que de lioison de pain et
du saffran pour coulourer. Et pour ce, qui veult lier
de pain, il convient que ce soit pain non levé et blanc,
et sera mis tremper en une escuelle avec du lait ou
avec du boullon de la char, puis broyé et coulé par l'estamine ; et quant vostre pain est coulé et vos espices
non coulées, mettez tout boulir avec vos pois ; et
quant tout sera cuit, mettez adonc vostre lait et du
saffren. Encores povez-vous faire autre lioison, c'est
assavoir des pois mesmes ou des fèves broyées, puis
coulées ; si prenez laquelle lioison que mieulx vous

[1] Jusqu'à ce qu'ils soient écrasés et réduits en pâte à force de cuire. —
[2] Otez-les de l'eau. Voy. p. 135, n. 2. — [3] On voit que cet usage n'est
pas nouveau. — [4] Versés doucement et de haut, de manière à faire filer la
liqueur versée comme on le voit du sirop, etc.

plaira. Car quant est de liaison de moieulx d'œufs, il
les convient batre, couler par l'estamine, et filer dedens
le lait; après ce qu'il a bien boulu et qu'il est trait arrière du feu avec les pois nouveaulx ou fèves houvelles
et les espices. Le plus seur est que l'en preigne un petit
du lait, et destremper les œufs en l'escuelle, et puis
encores autant; et encbres, tant que les moieux soient
bien destrempés à la cuillier avec foison de lait; puis
mettre ou pot qui est hors du feu; et le potage ne se
tournera point. Et se le potage est espois, allayez-le de
l'eaue de la char. Ce fait, il vous convient avoir poucins escartelés, veel, ou petite oé cuit, puis frit, et en
chascune escuelle mis deux ou trois morceaulx et du
potage pardessus.

CRETONNÉE à jour de poisson; soit la friture faite de
tanches, brochets, soles ou limandes frités.

CHAUDUN DE POURCEAU, *scilicet* les boyaulx, doivent
estre vuidés à la rivière, puis lavés en eaue tiède par
deux fois, et mettre en une paelle d'arain et froter
très bien en sel et eaue, puis relaver en eaue tiède.
Aucuns les lavent en sel et en vinaigre, et quant ils
sont très bien lavés soit par vinaigre ou sans vinaigre
qui veult, l'en les trenche par tronçons, et sont embrochiés par hastelets et rostis sur le gril et mengiés au
vertjus de grain. Et qui en veult faire potage, il le
reconvient mettre cuire tout entier en un pot de terre
et puis mettre esgoûter en un plat, puis découpper par
menus morceaulx, et frisiés en sain de lart; puis broiez
pain premièrement, puis macis, garingal, saffran,
gingembre, clo, graine, canelle: destrempé de bouillon
et mis d'une part; puis broiez pain brulé ou chappeleures, et soient allaiés du chaudeau et coulés par

l'estamine et mis en eaue de char ou de chaudeau de lui mesmes, ou moitié d'un moitié d'autre, et boulu tout ensemble avec vin vermeil, vertjus et vinaigre. En yver doit estre brun et drécié comme dessus, et en esté soit plus cler et jaunet ; et aiez du vertjus de grain cuit en eaue dedens un drappel, ou des groiselles, et quant vous drécerez vos escuelles, mettez six ou huit morceaulx du chaudun, puis du potage dessus, et par dessus six ou huit grains de vertjus, ou groiselles par dessus en chascune escuelle. Et aucuns font le potage des espices et lait comme cy-dessus est dit de cretonnée.

Nota que le sel et vinaigre ostent la freschumée. Et ce que dit est en ceste addition est du chaudun que l'en mengue en Juillet, et les autres hastelets qui sont fais en Décembre, sont fais de toutes pièces comme de foie, de mol et des autres pièces du chaudun, et est ce que ces povres cuisent en bacins à laver parmy ces rues [1].

COMMINÉE DE POULAILLE. Mettez-la par morceaulx cuire en l'eaue et un petit de vin, puis la frisiez en sain. puis prenez un petit de pain, trempez en vostre boullon, et *primo* prenez du gingembre et du commin [2], deffait de vertjus, broyez et coulez et mettez tout ensemble avec du boullon de char ou de poulaille, et puis lui donnez couleur ou de saffran ou d'œufs ou des moyeux

---

[1] On voit dans Lamarre, t. II, art. *de la Triperie*, que toutes les tripes de la grande boucherie étoient achetées en gros par des tripiers (appartenant à six familles seulement), préparées par eux pendant la nuit, et vendues dès le matin à de pauvres femmes qui les colportoient dans les rues dans des bassins de cuivre jaune. On rencontre encore aujourd'hui, au marché des Innocens et ailleurs, des femmes qui vendent ainsi des tripes cuisant sur un fourneau qu'elles portent sur un éventaire.

[2] Cumin, écrit encore *comin* dans le dictionnaire de Nicot. C'est cette plante qui donnoit le nom de *cominée* au plat.

coulés par l'estamine et filés ou potage après ce qu'il sera trait hors du feu. *Item*, le meilleur est de le faire de lait tel comme dit est, puis broyer vostre pain après vos espices, mais il convient que le lait soit première- ment bouly afin qu'il ne s'aourse; et après ce que le potage sera tout fait, le lait soit mis dedans vin (*Il me semble qu'il n'y sert de rien*) et la frisiez. Plusieurs ne la frisent point, jàsoit-ce que c'est le plus friant.

(*Pain est lioison, et il dit après œufs qui est autre lioison, et il doit souffire de l'une, si comme il est dit ou chappitre de la cretonnée.*)

(*Vertjus et vin. — Qui veult faire son potage de lait, il n'y convient ne vin ne vertjus.*)[1]

COMMINÉE A JOUR DE POISSON. Frisiez vostre poisson, puis pelez amandes et broyez, et deffaites de purée ou de boullon de poisson et faites lait[2], mais lait de vache est plus appétissant, jàsoit-ce qu'il n'est mie si sain pour malades; et au surplus faites comme dessus. *Item*, à jour de char, qui ne treuve lait de vache, se peut faire de lait d'amandes, et la char comme dessus.

HARDOUIL[3] DE CHAPONS. Despeciez-les par membres ou quartiers, puis les cuisiez en eaue, puis friolez en sain de lart : et tandis, broyez gingembre, canelle, giroffle et graine, et deffaites de vertjus, et ne soit point coulé, mais sorissiez[4] pain sur le gril, broyez après les espices, et destrempez de vertjus, puis pas- sez le dit pain par l'estamine et faites tout boulir. Et

---

[1] Ces deux alinéas sont des observations critiques de l'auteur sur des recettes qu'il copioit. — Nous avons déjà vu et nous verrons encore sou- vent de semblables réflexions.

[2] Des amandes broyées. — [3] Var. B, *hourdouil*. — [4] Griller, sécher, de *sor*.

au drécier, mettez vostre grain par escuelles et le potage tout chault dessus[1].

HOCHEPOT DE VOLAILLE est fait ainsi et soit non claret. L'en les doit despecier par morceaulx; ainsi fait-l'en d'oé quant elle est dure et maigre, car les grasses sont rosties. — *Item*, des viels coulons. Ainsi est fait *rouillée de beuf*[2].

BROUET DE CANELLE. Despeciez vostre poulaille ou autre char, puis la cuisiez en eaue et mettez du vin avec, et friolez : puis prenez des amandes crues et séchées à toute l'escorce et sans peler, et canelle grant foison, et si broyez très bien, et deffaites de vostre boullon ou de boullon de beuf, et faites boulir avec vostre grain : puis broyez gingembre, giroffle et graine, etc., et soit liant[3] et sor.

BROUET GEORGÉ[4], BROUET HOUSSIÉ. Prenez poulaille despecée par quartiers, veau ou telle char comme vous vouldrez despeciés par pièces, et faites boulir avec du lart : et d'autre part aiez en un pot, avec du sain, oignons menus minciés qui y cuiront et friront. Aiez aussi du pain harlé sur le greil[5], puis le mettez tremper avec du boullon de vostre char et du vin dedans, puis broyez gingembre, canelle, poivre long, saffren, giroffle et graine et les foies, et les broyez si bien qu'il n'y convengne point couler : et destrempez de vertjus, vin et vinaigre. Et quant les espices seront ostées du mortier, broyez vostre pain, et si le deffaites de ce en quoy il a trempé, et coulez par l'estamine, et mettez

[1] G. C., 29. — [2] Remplacé par *rouelle de beuf* dans le G. C., f. 29, où cette recette se trouve, mais avec des fautes. — [3] G. C., 1 v°., fautif. — [4] Écrit Georget dans le G. C., f. 2 (incomplet), et Taillevent imprimé. Taillevent fait deux articles distincts de ces deux brouets. — [5] Gril.

L ij

espices et du percil effeullié qui veult, tout boulir avec
le sain et des oignons, et adonc frisiez vostre grain.
Et doit ce potage estre brun de sain et liant comme
soringue.

Nota que tousjours l'en doit broyer les espices le
premier ; et en potages, l'en ne coule point les espices,
et après l'en broie et coule le pain.

(*Je croy qu'il n'y convient vin ne vinaigre.*)

Nota que pour le percil seulement est-il dit brouet
houssié, car ainsi comme l'en dit ailleurs *frangié* de
saffran[1], aussi peut-l'en dire *houssié* ce qui est de percil ; et c'est la manière de parler des queux.

BROUET ROUSSET est fait comme brouet georgé cy
dessus, sauf tant que l'en n'y met point de saffran, de
vin, ne de vinaigre, et l'en y met plus plantureusement
canelle, et les oignons couppés par rouelles[2].

UNE VINAIGRETTE. Prenez la menue-haste d'un porc,
laquelle soit bien lavée et eschaudée, puis rostie comme
à demy sur le greil : puis minciez par morceaux, puis
les mettez en un pot de terre, du sain et des oignons
couppés par rouelles, et mettez le pot sur le charbon,
et hochiez souvent. Et quant tout sera bien frit ou cuit,
si y mettez du boullon de beuf, et faites tout boulir,
puis broiez pain halé[3], gingembre, graine, saffran, etc.,
et deffaites de vin et de vinaigre, et faites tout boulir,
et doit estre brune. (*Brune. Comment sera-elle brune,
s'il n'y a du pain hallé ? — Item, je croy qu'elle doit
estre liant, car je la treuve ou chapitre des potages*

---

[1] Voir ci-dessus, p. 148. Il est probable que ce potage était sursemé de
persil, comme les courges l'étoient de safran. — [2] *G. C.*, 2. — [3] Ces
deux mots ne sont pas dans la même recette donnée par le *G. C.*, f. 29,
et, en effet, leur présence rend inutile l'observation qui suit : *Brune*, etc.

lians, cy-devant; et par ces deux raisons, je croy qu'il
y convient du pain harlé pour lier et tenir brune.)

BROUET BLANC. Prenez chapons, poulets ou poucins
tués par avant de temps convenable, ou tous entiers
ou par moitié ou par quartiers, et du veel par pièces,
et les cuisiez avec du lart en l'eaue et au vin : et quant
ils seront cuis, si les traiez, puis prenez des amandes,
si les pelez et broiez et deffaites de l'eaue de vostre
poulaille, c'est assavoir de la plus clere, sans fondrille
ou trouble aucun, et puis les coulez par l'estamine; puis
prenez gingembre blanc paré ou pelé, avec graine de
paradis, allayé comme dessus, et coulez à une bien
déliée estamine, et meslez avec le lait d'amandes. Et
si n'est assez espois, si coulez de la fleur d'amidon ou
ris qui soit boulis, et luy donnez goust de vertjus, et
y mettez du succre blanc grant foison. Et quant l'en
aura drécié, si pouldrez par-dessus une espice que l'en
appelle coriandre vermeille et des grains de la pomme
de grenade avec dragée et amandes friolées, piquées
en chascune escuelle sur le bout. Soit veu cy-après à ce
propos, de blanc mengier.

BLANC MENGIER de chapons pour malades. Cuisiez-le
en eaue tant qu'il soit bien cuit, puis broiez amandes
grant foison et du braon[1] du chapon, et soit bien broyé
et deffait de vostre boullon, et passé parmy l'estamine :
puis mettez bien boulir, tant qu'il soit bien liant et
espais; puis broyez gingembre blanc paré et les autres
espices contenues cy-dessus ou brouet blanc.

BROUET D'ALEMAIGNE. Prenez char de connins, de
poullaille ou de veel, et despeciez par pièces : puis cuis

---

[1] Voy. p. 149, n. 7. Var. A (ici seulement), *bracon.*

L iij

en l'eaue comme à moitié, puis friolés au sain de lart;
puis aiez de l'oignon menu mincié en un pot, sur le
charbon, et du sain dedans le pot, et hochez le pot
souvent : puis broyez gingembre, canelle, graine de
paradis, noix muguettes, des foies rostis en une brochette sur le gril, et du saffren deffait de vertjus, et
soit sur le jaune et liant. Et *primo* pain sori sur le
gril, broyé et passé par l'estamine : et soit tout avec des
fueilles de percil mis boulir ensemble ou dit pot et du
sucre dedans ; et au drécier, mettez trois ou quatre
morceaulx de vostre grain en l'escuelle et du brouet
dessus, et du sucre par-dessus le brouet.

(Nota *qu'il fault ; car aucuns queux dient que brouet
d'Alemaigne ne doit point estre jaune, et cestuy dit que
si fait[1]. Et doncques, s'il doit estre jaune, ne doit mie
le saffran estre passé par l'estamine, mais doit estre
bien broyé et allayé et mis ainsi ou potage ; car cellui
qui est passé, c'est pour donner couleur : celluy qui
est mis par-dessus, est dit frangié.*)

SOUBTIL BROUET D'ANGLETERRE. Prenez chastaignes
cuites pelées, et autant ou plus de moyeux d'œufs
durs et du foye de porc : broyez tout ensemble, destrempez d'eaue tiède, puis coulez par l'estamine ; puis
broyez gingembre, canelle, giroflé, graine, poivre
long, garingal et saffran pour donner couleur et faites
boulir ensemble[2].

BROUET DE SAVOIE. Prenez chapons ou poulés et
faites boulir avec du lart bien maigre et les foyes : et
quant ce sera demi cuit, traiez-les, puis mettez de la

---

[1] Taillevent manuscrit dit cependant aussi que ce brouet doit être
sur le jaune, et l'imprimé ordonne le safran pour lui *donner couleur*
(a. IV, v°). — [2] *G. C.*, f. 2 v°, presque identique à Taillevent manuscrit.

mie de pain tremper ou boullon, puis broyez gingembre, canelle, saffran, et les ostez; puis broyez les
foyes et du percil foison, puis coulez, et après broyez
et coulez le pain, puis boulez tout ensemble[1].

(*Et* nota *que le saffran fait le brouet jaune, et le
percil le fait vert : ainsi semble que ce soit mauvaise
couleur. Mais il semble que la couleur seroit plus certaine se de pain estoit noirci, car le pain noirci et
saffren font vert, et percil aussi fait vert.*)

BROUET DE VERTJUS ET DE POULAILLE. (C'est en esté.)
Mettez cuire par quartiers vostre poulaille ou du veel
ou poucins, en boullon ou autre eaue avec du lart,
vin et vertjus, et que le goust de vertjus passe : puis
frisiez vostre grain en bon sain doulx, et aiez moyeux
d'œufs et pouldre fine batue ensemble et coulez par
l'estamine ; puis filez vos œufs dedans le pot à vostre
boullon et à petit fil[2], et remuez fort à la cuillier, et que
le pot soit arrière du feu : puis aiez percil effueillié et
vertjus de grain bouly ou boullon de la char, dedans
la cuillier, et que le pot soit arrière du feu, ou autrement bouli en un autre petit pot en eaue clere pour oster
la première verdeur ; puis drécez vostre grain[3], et gettez
du potage par-dessus, et par-dessus tout mettez vostre
percil et vertjus de grain bouly[4].

BROUET VERGAY. Cuisiez telle char comme vous
vouldrez en eaue, ou un pou de vin, ou en boullon de
char, vin et lart pour donner goust, puis friolez vostre
char, puis broiez gingembre, saffran, percil et un petit

---

[1] Le *G. C.*, qui donne cette recette (f. 2 v°), la termine ainsi : Nota
*le persil fait le brouet vert et le saffren le fait jaune, par quoy il est de mau-
vaise couleur.* — [2] A petit jet, à petit filet. — [3] Var. A, *puis ostez et le dréciez et gettez*, etc. — [4] *G. C.*, 3 (fautes).

de sauge, qui veult, et des moyeux d'œufs filez par une cuillier pertuisée, tous crus, pour lier, ou pain broyé allayé du boullon, et mettre boulir ensemble et du vertjus; et aucuns y mettent du fromage, et c'est raison[1].

RAPPÉ. Mettez vostre char cuire, puis la friolez en sain, puis broyez graine, gingembre, etc., et deffaites de vertjus: puis aiez pain trempé ou boullon de la char, broyé et passé par l'estamine, et mettez espices, pain et chaudeau tout boulu ensemble; puis aiez vertjus de grain ou groiseilles qui soient boulies une onde en la paelle percée, ou en autre eaue ou drapel[2], estamine, ou autrement, c'est assavoir pour oster la première verdeur, puis dréciez vostre grain par escuelles et du potage dessus, et par-dessus, vostre vertjus de grain.

GENESTE est dit *geneste* pour ce qu'il est jaune comme fleur de geneste, et est jauni de moyeux d'œufs et de saffran, et se fait en esté en lieu de civé et est frit[3] comme dit sera cy après, fors tant qu'il n'y a nuls oignons.

CIVÉ DE VEEL. Non lavé, non pourbouli, demy cuit en la broche ou sur le gril, puis le despeciez par pièces et friolez en sain avec grant quantité d'oignons par avant cuis: puis prenez pain roussi seulement, ou chappelleures de pain non brûlé, pour ce qu'il seroit trop noir pour civé de veel; (jàsoit-ce que icelluy pain roussi seroit bon[4] civé de lièvre.) Et soit icelluy pain trempé ou boullon de beuf et un petit de vin ou de purée de pois, et en le trempant, broyez gingembre,

---

[1] Le Taillevent, manuscrit (Mazarine), qui donne aussi une recette pour ce brouet, dit de plus de *le passer par la verdure pour estre verguy*. Ce potage devoit donc son nom à sa couleur *verd-gaie*. — [2] Dans un linge. — [3] *Sic* peut-être pour *fait*. — [4] Sup. *pour*.

canelle, giroffle, graine de paradis, et du saffran largement pour jaunir et pour lui donner couleur, et destrempez de vertjus, vin et vinaigre, puis broyez vostre pain et coulez par l'estamine : et mettez vos espices, le pain coulé, ou chaudeau, et faites tout boulir ensemble; et soit plus sur le jaune que sur le brun, agu de vinaigre, et attrempé d'espices. — Et *nota* qu'il y convient largement saffran, et eschever à y mettre noix muguettes ne canelle, pour ce qu'ils roussissent.

Civé de lièvre. Premièrement, fendez le lièvre par la poictrine : et s'il est de fresche prise, comme d'un ou de deux jours, ne le lavez point, mais le mettez harler sur le greil, *id est* roidir sur bon feu de charbon ou en la broche; puis aiez des oignons cuis et du sain en un pot, et mettez vos oignons avec le sain et vostre lièvre par morceaulx, et les friolez au feu en hochant le pot très souvent, ou le friolez au fer de la paelle. Puis harlez et brûlez du pain et trempez en l'eaue de la char avec vinaigre et vin : et aiez avant broyé gingembre, graine, giroffle, poivre long, noix muguettes et canelle, et soient broyés et destrempés de vertjus et vinaigre ou boullon de char; requeilliez, et mettez d'une part. Puis broyez vostre pain, deffaites du boullon, et coulez le pain et non les espices par l'estamine, et mettez le boullon, les oignons et sain, espices et pain brûlé, tout cuire ensemble, et le lièvre aussi; et gardez que le civé soit brun, aguisé de vinaigre, attrempé de sel et d'espices.

Nota. Vous cognoistrez l'aage d'un lièvre aux trous qui sont dessoubs la queue, car pour tant de pertuis tant d'ans.

Civé de connins comme dessus.

TUILLE DE CHAR. Prenez escrevices cuites, et en ostez la char des queues : et le surplus, c'est assavoir coquilles et charquois[1], broyez très longuement ; et après, ayez amandes sans peler, et soient eslites et lavées en eaue chaude comme pois, et avec l'escorce soient broyées avec ce que dit est, et avec ce broyez mie de pain sori sur le gril. Or devez-vous avoir cuit en eaue en vin et en sel, chapons, poucins et poulés despeciés tous crus par quartiers, ou veel despecié par morceaulx, et de l'eaue d'icelle cuiture devez destremper et deffaire ce que vous avez broyé, puis couler par l'estamine ; puis rebroyez les relais[2] et coulez arrière : puis gingembre, canelle, clou et poivre long destrempé de vertjus sans vinaigre, puis boulez tout ensemble. Or soit vostre grain cuit en sain de porc par morceaulx ou quartiers, et dréciez vostre grain par escuelles et mettez du potage par dessus, et sur le potage, en chascune escuelle, quatre ou cinq queues d'escrevices et du sucre par dessus pouldré.

HOUSSEBARRE[3] DE CHAR est fait en haste à un soupper quant gens surviennent despourveuement. Pour dix escuelles, prenez vint lesches de la char froide de disner

---

[1] Du Cange explique *carcasium*, *carcosium*, par *cadaver*, *intestinum*. Ici le mot *carquois* signifie évidemment le haut du corps de l'écrevisse, *la carcasse*. Nous le retrouverons encore deux fois dans le cours de cet ouvrage, comme signifiant sûrement une fois *la carcasse*, le corps du poulet, dont on a enlevé les membres et *la chair*, et une autre fois (*Traité de l'épervier*) le même corps séparé seulement des membres.

[2] Ce qui est *laissé*, ce qui reste dans l'étamine.

[3] Peut-être faudroit-il écrire et prononçoit-on Houssebarré : brouet *houssé* (voy. ci-devant p. 163), et *barré*, traversé par *lesches* ou languettes de chair. Cependant il n'est pas parlé de persil dans la recette de ce plat, et l'auteur nous dit qu'on ne disoit houssé que d'un plat sursemé de persil. (Voir p. 164.)

et du giste de beuf; et soient les lesches petites comme lesches de lart, et les frisiez en sain au fer de la paelle. *Item*, ayez de six œufs les moyeux et un petit de vin blanc, et soit tout batu ensemble tant comme à ennuy, puis mis avec de l'eaue de la char et du vertjus viel et non nouvel, car il tourneroit : et tout bouly sans la char ; et après dréciez par escuelles, et en chascune escuelle deux lesches de char. Aucuns drecent le brouet par escuelles, et en un plat, devant quatre personnes, cinq lesches de char et du brouet avec; et c'est quant il y a plus de gens et mains de char[1].

HOUSSEBARRE DE POISSON. Aiez des carrelets appareillés et lavés, puis séchiés, essuiés entre deux touailles et fris et mis en un plat et deux en un autre: qui font deux plats. *Item*, aiez deux onces de coriandre et de cercuis non confis, dont l'une[2] couste un blanc, et soit broyé et destrempé de vin et vertjus, puis bouli et getté sur les deux plats.

POTAGE DE LOMBARS. Quant la char est cuite, si la traiez et mettez l'eaue de la char en un autre pot, mais gardez bien que il n'y coule ne fondrilles, ne osselets; puis aiez moyeux d'œufs batus longuement avec du vertjus et pouldre, et filez dedans le pot en filant et en remuant, puis faites vos souppes[3].

AUTRES POTAGES LIANS SANS CHAIR.

BROUET VERGAY D'ANGUILLES, escorchiez i.[4] estauvez[5]

---

[1] Voy. p. 106. — [2] Une once. — [3] *G. C.*, 5. — [4] *Id est?* c'est-à-dire.
[5] D'après les nombreux passages du *Viandier*, où ce mot est employé, et surtout d'après celui-ci, je crois qu'il signifie : dépouiller l'anguille de sa peau (peut-être en l'exposant à la vapeur de l'eau, en *l'étuvant*). L'éditeur du *Grand Cuisinier*, qui a reproduit plusieurs recettes où se trouve ce mot, ne paroît pas l'avoir compris : tantôt il le supprime, tantôt il le

ou eschaudez les anguilles et les mettez cuire en l'eaue avec du vin par très bien menus morceaulx, puis broyez percil et pain ars, et coulez par l'estamine : et aiez avant broyé gingembre paré et saffren, et faictes tout boulir ensemble, et à la parfin mettez morceaulx de fromage comme dés quarrés[1].

BROUET SARRASINOIS. Escorchiez l'anguille et découppez par bien menus tronçons, puis pouldrez de sel et frisiez en huile ; puis broyez gingembre, canelle, giroffle, graine, garingal, poivre long et saffran pour donner couleur, et[2] de vertjus, et boulir tout ensemble avec les anguilles qui d'elles mêmes font lioison.

BROUET VERT D'ŒUFS ET DE FROMAGE. Prenez percil et un pou de frommage et de sauge et bien pou de saffren, pain trempé, et deffaites de purée de pois ou d'eaue boulie, broyez et coulez : et aiez broyé gingembre deffait de vin, et mettez boulir ; puis mettez du frommage dedens et des œufs pochés en eaue, et soit vert gay. — Item, aucuns n'y mettent point de pain, mais en lieu de pain convient lart.

BROUET D'ALEMAIGNE D'ŒUFS POCHÉS EN HUILLE, [3]puis prenez amandes et les pelez, broyez et coulez : mincez oignons par rouelles, et soient cuis en eaue, puis fris en huille, et faites tout boulir ; puis broyez gingembre, canelle, giroffle et un pou de saffran deffait de vertjus,

remplace par *échauder* ou *entamer*. *Échauder* remplace également *estauver* dans la recette de la *soringue d'anguilles*, donnée par Taillevent. (Voir ci-après, p. 173.) Cependant, d'après l'article des lamproies que nous verrons plus loin, il est impossible de croire que ce mot soit tout à fait synonyme d'échauder.

[1] *G. C.*, f. 51 v°. — [2] Il manque peut-être ici : *et defaites de vin et.* Ces mots sont en cet endroit de la même recette donnée f. 51 v° du *G. C.* — [3] Il manque sans doute ici : *Pochez œufs en huile.*

et au derrain[1] mettez vos espices ou potage, et boulir un boullon, et soit bien liant et non trop jaune.

BROUET BLANC se peut faire des lus, des carpes et des bars, comme il est dit cy-dessus de la poulaille.

SORINGUE D'ANGUILLES. Estauvez ou escorchiez, puis tronçonnez vos anguilles : puis aiez oignons cuis par rouelles et percil effueillé, et mettez tout frire en huille ; puis broyez gingembre, canelle, giroffle, graine et saffren, et deffaites de vertjus, et ostez du mortier. Puis aiez pain harlé broyé et deffait de purée, et coulez par l'estamine, puis mettez dedans la purée, et faites boulir tout ensemble, et l'assavourez de vin, de vertjus et vinaigre ; et soit claret[2].

GRAVÉ OU SEYMÉ (car c'est tout un) de loche ou autre poisson froit ou chault, soit perche ou autre de ceste nature. Frisiez sans farine en huille, puis la tenez devant le feu : mais avant ce, aiez pain harlé broyé et deffait d'un petit de vin, d'eaue boulie ou purée, et passez par l'estamine, et mettez en un pot ; puis affinez gingembre, canelle, giroffle, graine et saffren pour donner couleur, deffait de vinaigre, et aiez des oignons minciés cuis, et les frisiez[3] en huille, puis mettez tout boulir ensemble en un pot avec la purée ou eaue boulie, excepté la loche frite de laquelle vous mettez six ou huit en l'escuelle ou plus, et du brouet par dessus ; et ne soit pas jaune, mais roux.

CHAUDUMÉE D'UN BROCHET. *Primo*, à appareillier un brochet, luy convient tirer les boyaux par l'oreille, et osté l'en l'amer, et puis reboute-l'en les boyaux dedans, et après l'en les[4] rostit sur le greil. Se le brochet est petit,

---

[1] En dernier lieu. — [2] Taillevent manuscrit (Bibl. royale) donne une recette presque identique de ce plat. — [3] Var. B, *refrisiez*. — [4] Le?

soit rosti tout entier : et s'il est plus grandelet, soit en-
cisé en plusieurs lieux au travers, et ainsi rosti. Puis aiez
saffren largement, poivre long, giroffle et graine, et soit
tout bien broyé et deffait de vertjus, vin, et vinaigre
très-petit comme néant, broyé et osté du mortier ; puis
aiez pain harlé trempé en purée de pois ou en eaue de
poisson, ou moitié vin moitié vertjus, et soit broyé,
puis coulé par l'estamine, et tout mis ensemble soit
bouly et mis en plats sur le brocherel, et soit jaune.

Ainsi se peut faire *galentine de poisson froit*, sauf
tant que l'en n'y met point de purée, car pour ce[1] ne
se garde pas longuement, mais y met-l'en de la gresse
du poisson.

Civé d'oïttres. Eschaudez et lavez très bien les oïttres,
les cuisiez pour[2] un seul boullon, et les mettez esgouter,
et les friolez avec de l'oignon cuit en huille ; puis prenez
pain harlé ou chappelleures grant foison, et mettez
tremper en purée de pois ou en l'eaue boulie des
oïttres et du vin plain[3], et coulez : puis prenez canelle,
giroffle, poivre long, graine et saffran pour donner
couleur, broyez et destrempez de vertjus et vinaigre
et mettez d'une part ; puis broyez vostre pain harlé ou
chappeleures avec la purée ou eaue des oïttres et aussi
les oïttres puis qu'elles ne seroient assez cuites.

Civés d'œufs[4]. Pochez œufs à l'uille, puis aiez

<hr />

[1] Var. A, *purée.* — [2] Var. B, *puis.* — [3] Voy. p. 193, n. 3.

[4] Peut-être faut-il transporter le point après *pochés* et supposer que ce
mot, qui paroit nécessaire à l'intitulé de la recette, étoit répété dans l'ori-
ginal. La recette du même plat (presque identique) commence ainsi dans
le Taillevent manuscrit (Bib. Mazarine). L'éditeur du *Gr. Cuis.* qui donne
cette même recette (f. 50 v°), l'intitule *Civé d'œufs pochés à l'huile* et
commence par ces mots : *Prens des œufs et les fris en bonne huile.* — Voir
ci-après au chapitre des *sauces* bouillies.

oignons par rouelles cuis, et les friolez à l'uille, puis mettez boulir en vin, vertjus et vinaigre, et faites boulir tout ensemble; puis mettez en chascune escuelle trois ou quatre œufs, et gettez vostre brouet dessus, et soit non liant.

SOUPPE EN MOUSTARDE. Prenez de l'uille en quoy vous avez pochés vos œufs, du vin, de l'eaue, et tout boulir en une paelle de fer : puis prenez les crousces du pain et les mettez harler sur le gril, puis en faittes souppes quarrées, et mettez boulir; puis retraiez vostre souppe, et mettez en un plat ressuier : et dedans le boullon mettez de la moustarde, et faites boulir. Puis mettez vos souppes par escuelles, et versez vostre boullon dessus.

LAIT DE VACHE LIÉ. Soit pris le lait à eslite[1], comme dit est cy-devant ou chappitre des potages[2], et soit bouly une onde, puis mis hors du feu : puis y filez par l'estamine grant foison de moieux d'œufs et ostez le germe, et puis broyez une cloche de gingembre et saffren, et mettez dedans, et tenez chaudement emprès le feu; puis ayez des œufs pochés en eaue et mettez deux ou trois œufs pochés en l'escuelle, et le lait dessus.

ESPIMBÈCHE DE ROUGETS. Espaulez[3], pourboulez et rosticiez vos rougets : puis aiez vertjus et pouldre, cameline et percil : tout bouly ensemble, et gettez sus.

POTAGE JAUNET OU SAUSSE JAUNETTE sur poisson froit ou chault. Frisiez en huille, sans point de farine, loche, perche pelée ou autre de ceste nature, puis broyez amandes, et deffaites le plus de vin et de vertjus et coulez, et mettez au feu : puis broyez gingembre, gi-

---

[1] Var. B, eslire. — [2] Lians de chair, p. 159. — [3] Je ne comprends pas ce mot.

roffle, graine et saffren, et deffaites de vostre boullon, et quant le potage aura bouly, mettez vos espices; et au drécier mettez du sucre, et soit liant.

MILLET. Lavez-le en trois paires d'eaue et puis le mettez en une paelle de fer sécher sur le feu, et hochiez bien, qu'il n'arde; et puis le mettez en lait de vache frémiant, et n'y mettez point la cuillier jusques à tant qu'il ait bien bouly, et puis le mettez jus de dessus le feu[1], et le batez du dos de la cuillier[2] tant qu'il soit bien espois.

La nature du lait est telle que se le lait est trait et mis en un très bel et net vaissel de terre ou de bois ou d'estain et non mie d'arain ne de cuivre, et en iceulx vaiseaulx le tenir en repos sans remuer ou changier en divers vaisseaulx, ne transporter çà ne là, il se garde bien jour et demi ou deux jours, et ne se tourne point au boulir, mais que l'en le remue quant il s'esmeut au boulir; et n'y convient point mettre de sel jusques au descendre du feu, ou au moins quant l'en y veult mettre les souppes, et y puet-on mettre des souppes de pain levé ou autre, que jà ne se tournera puis que le lait sera ainsi gouverné comme dit est. — *Item*, et se le lait n'est frais ou que tu aies doubte qu'il ne tourne en la paelle, si y met un petit de fleur[3] et le mouveras très bien, et jà ne se tournera. Et se tu en veulx faire boulie, si desmelle *primo* ta fleur et ton lait et du sel, puis met boulir et le muef[4] très bien. Et se tu en veulx faire

---

[1] Otez-le du feu. — [2] Le Taillevent manuscrit (Bib. royale), qui donne cette recette, ajoute ici ces mots qui paroissent omis dans les manuscrits du *Ménagier* : *Puis le remettez sur le feu et un pou de saffran et mettez boullir tant*, etc. — [3] S. e. de farine (voir ci-après chap. des *Crêpes*). — [4] Remue.

potage, si y met pour chascune pinte de lait les moyeux de demy quarteron d'œufs, les germes ostés, très bien batus ensemble à part eulx, et puis rebattus avec du lait; et puis tout filé en la paelle, et puis très bien remué le lait qui bout : puis faire souppes. Et qui veult une cloche de gingembre et du saffran, *fiat*.

ROST DE CHAR.

LANGUE DE BEUF fresche soit parboulie, pelée, lardée et rostie, et mengée à la cameline.

Item, est assavoir que la langue du vieil vault mieulx que la langue du jeune beuf, si comme aucuns dient; autres dient le contraire.

En Gascongne, quant il commence à faire froit, ils achètent des langues, les parboullissent et pelent, et puis les salent l'une sur l'autre en un salouer et laissent huit jours, puis les pendent à la cheminée tout l'iver, et en esté, hault, à sec; et ainsi se gardent bien dix ans. Et puis sont cuites en eaue et vin qui veult, et mengées à la moustarde.

Aliter, langue de beuf vieil soit parboulie, pelée et nettoiée : puis embrochée, boutonnée de clous de giroffle, rostie, et mengée à la cameline.

ALLOUYAUX DE BEUF. Faictes lesches de la char du trumel, et enveloppez dedens mouelle et gresse de beuf : embrochiez, rostissiez et mengiez au sel.

MOUTON ROSTI au sel menu ou au vertjus et vinaigre. L'espaule soit première embrochée et tournée devant le feu jusques à ce qu'elle ait getté sa gresse, puis soit lardée de percil[1] : et non plus tost pour deux causes,

---

[1] Cette recette s'arrête ici dans le *G. C.*, f. 15.

II   M

l'une car adonc elle est meilleur à larder, l'autre car
qui plus tost la larderoit, le percil s'ardroit avant que
l'espaule fust rostie.

Porc eschaudé, rosty en la broche : et mettre du sain
doulx en la paelle, et au bout d'un baston avoir des
plumes, et oindre l'escorce ou couanne du porc afin
qu'elle ne s'arde et endurcisse ou larder. Et autel convient-il faire à un cochon[1], ou le larder ; et est mengié
au vertjus de grain ou vertjus vieil et ciboule.

Pourcelet farci. Le pourcelet tué et acouré[2] par
la gorge soit eschaudé en eaue boulant, puis pelé :
puis prenez de la char meigre de porc, et ostez le gras
et les issues du pourcelet et mettez cuire en l'eaue,
et prenez vint œufs et les cuisiez durs, et des chastaingnes cuites en l'eaue et pelées : puis prenez les moyeux
des œufs, chastaingnes, fin fromage vieil, et char d'un
cuissot de porc cuit, et en hachez, puis broyez avec du
saffran et pouldre de gingembre grant foison entre-
mellée parmy la char ; et se vostre char revient trop
dure, si l'alaiez de moyeux d'œufs. Et ne fendez pas
vostre cochon parmy le ventre, mais parmy le cousté
le plus petit trou que vous pourrez : puis le mettez en
broche, et après boutez vostre farce dedans, et recousez
à une grosse aguille ; et soit mengié ou au poivre
jaunet se c'est en yver, ou à la cameline se c'est en
esté.

Nota que j'ay bien veu pourcelet lardé, et est très
bon. Et ainsi le fait-l'en maintenant et des pigons aussi.

---

[1] Jeune porc. — [2] Redoublement du mot tuer qui précède, acorer ou
acourer signifiant percer ou ôter le cœur. Voy. Du Cange, au mot Acora-
rius. Le mot décoré que j'ai cru (p. 128, n. 1) une faute pour décolé,
doit avoir la même racine.

CONNINS pourboulis, lardés, en rost, à la cameline. L'en scct bien se un connin est gras etc.[1]

VEEL ROSTY. Soit harlé au feu en la broche et sans laver, puis lardé, rosti, et mengié à la cameline. Aucuns le pourboulent, lardent, puis embrochent. Ainsi le souloit[2]-l'en faire.

CHEVREAULX, AGNEAULX. Boutez en eaue boullant et tirez hors tantost, et harlez en la broche; puis rostis et mengiés à la cameline[3].

BOURBELIER DE SANGLIER[4]. *Primo* le convient mettre en eaue boulant, et bien tost retraire et boutonner de giroffle; mettre rostir, et baciner[5] de sausse faicte d'espices, c'est assavoir gingembre, canelle, giroffle, graine, poivre long et noix muguettes, destrempé de vertjus, vin et vinaigre, et sans boulir l'en baciner; et quant il sera rosti, si boulez tout ensemble. Et ceste sausse est appellée *queue de sanglier*[6], et la trouverez cy-après (*et là il la fait liant de pain : et cy, non*).

POUR CONTREFAIRE D'UNE PIÈCE DE BEUF, VENOISON D'OURS. Prenez de la pièce d'emprès le flanchet, et soit tronçonnée par gros tronçons comme bouly lardé, puis pourbouli, lardé et rosti : et puis boulez une queue de sanglier[7], et mettez vostre grain[8] peu boulir, et gettez sausse et tout en un plat.

---

[1] *G. C.*, 16. Répétition du § 3 de la page 88. — [2] Avoit coutume, *solebat.* — *G. C.*, 15 v°. — [3] *G. C.*, 15 v°. — [4] Voir ci-devant, p. 158. — [5] Mariner? — [6] Le *G. C.*, qui donne cette recette, mais avec beaucoup de fautes, la termine en ajoutant après ces mots : *et le fait-on lyant de pain.* Voy. p. 155. — [7] Il semble qu'il s'agit là d'une queue de sanglier véritable, donnant au mets une saveur très-prononcée, et non plus de la sausse du même nom, comme j'avois cru devoir l'interpréter, p. 155, n. 3, à l'occasion d'une recette analogue de ce même plat. — [8] Var., Ms. C, *char ou grain.* Voy. p. 150, n. 1. — *G. C.*, 16.

Toute venoison fresche sans baciner se mengue à la cameline.

Oés rosties à l'aillet blanc en yver, ou à la jance.

Et *nota* que en Aoust et Septembre, quant les oisons sont aussi grans comme père et mère, l'en congnoist les jeunes à ce que quant l'en appuie son poulce sur leur becq, il fond soubs le poulce, et aux autres non.

Item, nota que oisons mis en mue, se ils sont bien petis, ils engressent jusques au neuvième jour, et après ameigrissent : mais les oés engressent toujours sans défrire[1]; et soit l'un, soit l'autre, il les convient tenir seichement et garder de mouillier leurs piés, ne estre sur lictière moitte, mais finement seiche, et garder de baigner ne mengier verdure, et ne voient point de clarté, et soient peus de fourment cuit, et abeuvrés de lait meigre ou de l'eaue en quoy le fourment aura cuit, et ne leur convient donner autre buvrage, et soient peus de bonne avoine.

A Paris, les oiers engressent leurs oisons de farine etc. [2]

CHAPONS, GÉLINES, faisandés de deux ou de trois jours, embrochiés, flambés, et rostis, mettez au vertjus avec leur gresse; bouly, à la poictevine ou à la jance.

POUCINS gros comme hétoudeaux [3] en Juillet, tués

---

[1] Diminuer, perdre de leur graisse. — [2] Ici l'auteur répète dans les mêmes termes ce qu'il a dit page 88, ligne dernière.

[3] Ce mot se trouve dans tous les ouvrages de cuisine et d'économie rurale, mais il n'est nulle part clairement expliqué. Il signifie ou de très-jeunes chapons (Voir Nicot qui le traduit par *capus junior*), ou plutôt des poulets d'un an ou un peu plus, sur le point d'être chaponnés (*Maison rustique*, 1570, 28 v°). Le *G. C.* qui donne cette recette p. 18, supprime les trois premiers mots : *Poucins gros comme.*

deux jours devant, et rostis, flambés, mengiés au mousi
qui se fait en tout temps de vin, vertjus et foison
sucre.

Pour les faisander, il les convient saigner, et incontinent les mettre et faire morir en un seel d'eaue froide,
et tantost remettre en un aultre seel d'eaue très froide,
et il sera faisandé ce matin mesmes comme de deux
jours tué[1].

Menus oiseaulx. Plumez à sec et laissiez les piés, et
embrochiez parmy le corps : et entre deux mettre une
pièce de lart gras tanné[2] comme une fueille.

Malars de rivière. En yver, quant les jeunes etc.[3]

Item, malars de rivière plumez à sec, puis mettre
sur la flambe : ostez la teste et la gettez, et laissiez les
piés; puis mettez en broche et une leschefrite dessoubs
pour requeillir la gresse, et mettre des oignons dedans
qui se frisent en la gresse. Et quant l'oisel est cuit,
mettez du lart et du percil en la leschefrite, et boulez
tout ensemble, et des tostées dedans, et l'oisel par pièces; ou soit mengié au sel menu.

Item, autrement se peut faire. Mettez en la leschefrite des oignons comme dit est, et quant l'oisel sera
cuit, si mettez en la leschefrite un petit de vertjus et
moitié vin moitié vinaigre, et tout bouli ensemble, et
après mis la tostée. Et ceste derrenière sausse est appellée le Saupiquet.

Paon, Faisans, Cigoignes, Héron, Outardes, Grues,
Gentes, Butor, Cormorant, soient plumés à sec ou
saignés comme le cigne, et laissez à ceulx à qui il ap-

[1] Voy. ci-devant p. 89. — G. C., 18. — [2] Amincie, réduite, comme le
cuir se durcit et se condense par l'opération du tannage? — [3] Répétition
dans les mêmes termes du § 2 de la page 89.

partient les testes et queues, et aux autres testes et piés[1] : et du surplus comme du cigne.

Item, au faisant à qui l'en oste la queue, l'en luy reboute deux ou trois plumes quant il est rosty, mais atourné[2].

COULONS RAMIERS sont bons en yver ; et congnoist-l'en les viels à ce qu'ils ont les venneaux des esles tout d'une couleur noire, et les jeunes qui sont de celluy an ont le bout des venneaux cendrés et le surplus noir comme les autres[3] ; et sont bons en pasté, à la cameline frois, ou tous chaulx à la sausse d'oiseaulx de rivière, ou rostis longuement comme beuf et mengiés au sel, ou à la dodine, par pièces, en un plat, comme oiseaulx de rivière.

Nota que à Bésiers, l'en vent de deux paires[4] de coulons ramiers, les uns petis, et ceulx ne sont pas les meilleurs, car les grans sont de meilleur saveur et menguent le glan au bois comme font les pourceaulx ; et les mengue-l'en au boussac comme un connin, et mis par quartiers : et aucunes fois à la sausse des halebrans, et en rost à la dodine ; ou qui en veult garder, soient mis en pasté lardés. Et sont en saison de la

---

[1] Comme les oiseaux étoient souvent pris par le moyen de la fauconnerie, ils ne paroissoient sur la table que privés des portions qui constituoient les *droits* de l'oiseau chasseur. La tête de la perdrix et du canard, la cuisse de la grue, etc., appartenoient à l'oiseau. Ce qui étoit d'abord le résultat des habitudes des fauconniers devint plus tard une règle d'étiquette culinaire. C'est pourquoi l'auteur dit : *Laissez à ceux* (des oiseaux servis sur la table) *à qui il appartient*. — Ce qui précède est certain pour les têtes et les pieds, mais je ne me rappelle pas avoir vu que les queues des oiseaux pris à la chasse aient quelquefois été le sujet *d'un droit de fauconnerie*. Les seigneurs ont cependant pu se réserver la queue du héron ou d'autres oiseaux, mais peut-être aussi laissoit-on la queue simplement aux oiseaux dont les plumes étoient les plus brillantes et produisoient le meilleur effet sur la table.

[2] Dressé. — [3] Voy. ci-dessus, p. 89. — [4] Deux sortes, deux espèces.

Saint-Andry jusques en karesme, et ne viennent fors de trois ans en trois ans.

PLOUVIERS ET VIDECOQS. Plumer à sec, bruler et laissier les piés ; rostir et mengier au sel.

Et *nota* que trois paires d'oiseaulx sont, que les aucuns queux rostissent sans effondrer ; *scilicet* aloés, turtres et plouviers, pour ce que leurs bouyaulx sont gras et sans ordure, car aloés ne menguent fors pierettes et sablon : turtres, graine de genèvre et herbes souef-flairans : et plouviers vent[1].

Perdrix s'adouent vers la my Février, et adonc s'envolent deux et deux : et en Pasqueret se doivent cuire en l'eaue, avec char de beuf, un boullon largement ; puis les tirer et rostir.

Item, les perdris qui ont les plumes etc[2].

Item, perdrix se doivent plumer à sec, et copper les ongles et la teste, reffaire en eaue boulant, puis boutonner de venoison qui en a, ou lart, et mengier au sel menu, ou à l'eaue froide et eaue rose et un petit de vin, où en eaue rose les trois pars, jus de pomme d'orenge et vin, le quart[3].

CIGNE. Plumez comme un poucin ou une oé, eschaudez, où reffait ; embrochiez, arçonnez[4] en quatre

---

[1] Je trouve ce même préjugé consigné dans le *Thrésor de santé*, Lyon, 1616, in-8°, p. 226. « On croit qu'il vit de l'air comme l'oiseau de pa- « radis, en latin *manucodiata*, qu'on nous apporte des Moluques, parce « qu'on ne luy treuve rien du monde dans le gisier. Il ne se doit éven- « trer. » *G. C.*, 19. — Le premier alinéa est reproduit presque identi- quement dans Taillevent manuscrit (Bibl. royale). — [2] Voir ci-dessus, p. 90, lignes 6, 7, 8, 12, 13.

[3] *G. C.*, 14 v°. — [4] Je crois que ce mot signifie ici attacher à la broche à l'aide de petites brochettes retenant le rôti comme les arçons d'une selle retiennent le cavalier. Le *G. C.* qui donne cette recette, f. 19, dit en effet : *Arçonnez de brochettes.*

lieux, et rostissiez à tout les piés et bec tout entier, et la teste sans plumer; et mengié au poivre jaunet.

Item, qui veult, l'en le dore.

Item, au tuer, soit fendu de la teste jusques aux espaules.

Item, sont aucune fois escorchiés et revestus.

CIGNE REVESTU en sa pel à toute la plume. Prenez-la et l'enflez par entre les espaules, et le fendez au long du ventre : puis ostez la pel à tout le col couppé emprès les espaules, tenant au corps les piés; puis mettre en broche, et l'arçonnez et dorez. Et quant il sera cuit, soit revestu en sa pel, et que le col soit bien droit ou plat; et soit mengié au poivre jaunet[1].

---

[1] Le *Grand Cuisinier* donne (f. 27 v°) une recette bien plus détaillée d'un cygne ainsi apprêté. Je crois devoir la reproduire ici.

« Prenez un cigne, et l'appareillez et le mettez rostir tant qu'il soit « tout cuit, puis faictes de la paste aux œufs, aussi claire que papel, et « la coulez dessus ledict cigne en tournant en la broche tant que la paste « se puisse cuire dessus, et gardez qu'il n'y ait rien rompu ne aisles ne « cuisses, et mettez le col du cigne ainsi comme s'il nageoit en eau, et « pour le faire tenir en ce poinct, il faut mettre une brochette en la teste « qui vienne respondre entre les deux aisles, passant tout outre, tant « qu'elle tienne le col ferme, et une autre broche au dessouz des aisles, et « une autre parmy les cuisses, et une autre au plus près des pates et à « chacun pied trois pour estendre les pieds : et quant il sera bien cuit et « bien doré de paste, tirez hors les broches, excepté celle du col, puis « faictes une terrasse de paste bise, qui soit espoisse et forte, et qu'elle « soit d'un poulce d'espaisseur, faicte à beaux carneaux tout autour, et « qu'elle soit de deux pieds de long, et d'un pied et demy de large, ou « un peu plus, puis la faictes cuire sans bouillir, et la faictes peindre en « verd comme un pré herbu, et faictes dorer vostre cigne de peau d'ar- « gent, excepté environ deux doigts près du col, lequel faut dorer, et le « bec et les pieds, puis ayez un manteau volant, qui soit de sandal ver- « meil par dedans, et dessus ledict manteau armoyez de telles armes que « vous voudrez, et autour du cigne hait (*ait* ou *huit*?) banières, les bastons « de deux pieds et demy de long à banières de sandal, armoyez de telles

PASTÉS.

Poucins soient mis en pasté, le dos dessoubs et la poictrine dessus, et larges lesches de lart sur la poictrine ; et puis couvers.

Item, à la mode Lombarde, quant les poucins sont plumés et appareillés, aiez œufs batus, c'est assavoir moyeux et aubuns[1], avec vertjus et pouldre, et mouillez vos poucins dedans : puis mettez en pasté[2] et des lesches de lart comme dessus.

Champignons d'une nuit sont les meilleurs, et sont petits et vermeils dedans, clos dessus : et les convient peler, puis laver en eaue chaude et pourboulir ; qui en veult mettre en pasté, si y mette de l'uille, du frommage et de la pouldre.

Item, mettez-les entre deux plats sur charbons, et mettez un petit de sel, du frommage et de la pouldre. L'en les treuve en la fin de May et en Juin.

Escheroys[3]. Lavez-les en deux ou en trois paires d'eaues chaudes, puis les enfarinez et frisiez en huille.
Item, après ce, aucuns les mettent en pasté avec grant foison d'oignons et tronçons de harenc ou d'anguille et pouldre.

Nota. Pastés doivent estre au large et la viande à large dedans.

Pastés de venoison fresche. Il convient à venoison pourboulir et escumer, puis larder et faire pastés :

« armes que dessus, et mettez tout en plat de la façon de la terrasse, et
« le présentez à qui vous voudrez. »

[1] Blancs d'œufs. — [2] *G. C.*, f° 22 v°. — [3] Je n'ai pu trouver la signification de ce mot : il me semble devoir désigner une espèce de champignon. Il y a ci-après (*chapitre des entremets*) un article plus détaillé sur les *escheroys*.

et ainsi se font pastés de toute venoison fresche ; et se doit tailler à grans lopins comme billes, et pour ce dit-l'en *pasté de bouly lardé.*

PASTÉS DE BEUF. Aiez bon beuf et jeune et en ostez toute la gresse, et le meigre soit mis par morceaulx cuire un boullon, et après porté sur[1] le pastissier hachier : et la gresse avec mouelle de beuf.

La char d'une joe de beuf trenchée par lesches et mise en pasté ; et puis quant le pasté est cuit, convient getter de la sausse d'un halebran dedans.

PASTÉS DE MOUTON. Bien hachiés menus avec des ciboules.

PASTÉS DE VEAU. Prenez de la rouelle de la cuisse, et convient mettre avec, près d'autant de gresse de beuf ; et de ce fait-l'en six bons pastés d'assiette[2].

---

[1] Nous avons déjà vu, p. 154, que le cèdre rouge se vendoit *sur* (pour *chez*) les épiciers.

[2] De service, à servir en grand repas ? — Gaces de la Bugne, premier chapelain des rois Jean, Charles V et Charles VI, mort en 1383 ou 1384, a donné dans son *Livre des déduits*, commencé en 1359 et fini entre 1373 et 1377, une recette de pâté assez détaillée pour figurer utilement ici.

Si puis dire que grant profit	Or te fault faire pourvéance
Peut bien venir de tel déduit,	D'un pou de lart, sans point de rance,
Car on peut faire un tel pasté	Que tu tailleras comme dés :
Qu'onques meilleur ne fut tosté ;	S'en sera le pasté pouldrés.
Et pour çe ne me vueil pas taire	Se tu le veulx de bonne guise,
Qu'au jeune ne l'apreigne à faire.	De verjus la grappe y soit mise,
Trois perdriaulx gros et reffais	D'un bien poy de sel soit poudré,
Ou millieu du pasté me mets,	Si en sera plus scyouré.
Mais gardes bien que tu ne failles	Se tu veulx que du pasté taste
A moy prendre six grosses cailles	Fay mettre des œufs en la paste ;
De quoy tu les apuyeras :	Les croutes, un poi rudement,
Et puis après tu me prendras	Faictes de flour de pur froument ;
Une douzaine d'alouetes	Et se veulx faire comme saige,
Qu'environ les cailles me mettes.	N'y met espices ne fromaige :
Et puis prendras de ces machés	Ou four bien à point chaut le met,
Et de ces petis oiselès :	Qui de cendre ait l'atre bien net ;
Selon ce que tu en auras,	Et quant sera bien à point cuit
Le pasté m'en billeteras.	Il n'est si bon mengier, ce cuit.

POISSON D'EAUE DOULCE.

A cuire poisson convient premièrement mettre l'eaue frémir et du sel, et puis mettre les testes boulir un petit, puis les queues, et boulir ensemble, et puis le remenant.

Tout poisson freschement mort est ferme sur le poulce et dur, et a l'oreille vermeille; et s'il est vieil mort, *secus*.

BAR soit en eaue cuit, et mengié à la sausse vert.

BARBELET[1] en esté soit cuit en eaue et le tiers vin, foison percil et oseille, et cuire longuement : et il sera ferme.

BARBILLONS rostis au vertjus, les petis en yver au potage ou à la jance fris; *item*, en yver, au poivre aigret ou jaunet, car c'est tout un.

PERCHE soit sans escharder[2] cuite en eaue, et puis soit pelée : au vinaigre et au percil soit mise; la frite soit mise au gravé[3].

TANCHE eschaudée, et osté le limon comme d'une anguille, puis soit cuite en eaue : mengée à la sausse vert. La frite en potage; la renversée, rostie et pouldrée de pouldre de canelle, et puis soit plungée en vinaigre et huille tandis que l'en la rostira, et mengée à la cameline. Et notez que à la renverser, il la convient fendre au long du dos, teste et tout, puis renverser, et mettre une essaule[4] entre les deux couannes, puis lier de fil et rostir.

BRESME soit cuite en eaue, mengée à la sausse vert : et la rostie au vertjus[5].

Lus[6] se doit cuire en eaue frémiant et un petit de vin,

---

[1] Barbeau, *G. C.*, 56, ainsi que la précédente recette et la suivante.
— [2] Écailler? — [3] *G. C.*, 68. — [4] Latte. Var. A, *essaugle*. *G. C.*, 70 (très-fautif). — [5] *G. C.*, 56. — [6] Brochet. Voy. p. 88.

et mettre la teste premièrement et puis la queue, et
faire boulir une onde : puis mettre le remenant. Lus se
mengue à la sausse vert quant il est cuit en eaue. Aucunes fois l'en en fait potage, et est frit aucunes fois ;
le frit est mengié à la jance.

D'un lus on en peut mengier la moitié cuite en eaue,
et l'autre moitié salée d'un jour ou de deux jours, voire
de huit jours, mais en ce cas l'en le doit mettre tremper pour dessaller, puis pourboulir et après esgouter,
puis frire et mengier à la jance. Quant du lus frais est
demouré de disner, au souper l'en en fait charpie.

BROCHET est bon au chaudumé.

Des brochets le laitié vault mieulx que l'ouvé, se ce
n'est quant l'en veult faire roissolles, car de l'ouvé
broyé l'en fait roissoles.

ALOZE salée, cuite en l'eaue et mengée à la moustarde
ou au vin et à la ciboule. La fresche[1] entre en saison en
Mars. La convient appareillier par l'oreille, escharder,
cuire en eaue, et mengier à la cameline; et celle qui
sera en pasté, convient premier escharder, puis mettre
en pasté et de la cameline bien clère dedans le pasté
quant il est presque cuit, et icelle sausse faire boulir.
Item, aloze appareilliée comme dessus, sans escharder, puis rostir au four avec percil et moitié vertjus,
l'autre moitié vin et vinaigre[2]; et est en saison depuis
Février jusques eu Juin.

FUITES[3] comme alozes.

CARPES. Aucuns aiment mieulx la laictié que l'ouvée,
et e contrario. Et *nota* que la brehaigne[4] vault mieulx
que nulle des deux autres.

---

[1] *Franche* (faute?), ci-dessus, p. 88. — [2] *G. C.*, 55 v°. — [3] Var. A,
fenes. — [4] Stérile.

La carpe qui a l'escaille blanche etc. [1]

Item, à l'appareillier, ostez-luy l'amer qui est droitement ou gouttron[2] de la gorge, et ce fait, l'en peut mettre cuire la teste toute entière, et elle se cuira tout nettement; et se l'amer n'en estoit osté, la teste demourroit tousjours sanglante et amère. Et pour ce, quant l'amer n'est osté entier et sans crever, l'en doit tantost laver la place et frotter de sel, et se l'amer est osté entier, l'en ne doit point laver la teste ne autre chose, mais convient mettre premièrement boulir la teste et assez tost après la queue, et puis après le remenant, et tout à petit feu. [3]La carpe cuite se mengue à la sausse vert, et se demourant en y a, l'en en met en galentine.

Item, CARPE A L'ESTOUFFÉE. *Primo*, mettez des oignons minciés en un pot cuire avec de l'eaue, et quant les oignons seront bien cuis, gettez la teste et assez tost après la queue dedans, et assez tost après les tronçons, et couvrez fort sans ce qu'il en ysse point d'alaine[4]. Et quant elle sera cuite, si aiez fait vostre affaitement de gingembre, canelle et saffran, allayé de vin et un petit de vertjus, c'est assavoir le tiers, et faites tout boulir ensemble, et bien couvert; et puis dréciez par escuelles[5].

Nota que les Alemans dient des François qu'ils se mettent en grant péril de mengier leurs carpes si pou cuites. Et a-l'en veu que se François et Alemans ont un queux François qui leur cuise carpes, icelles carpes cuites à la guise de France, les Alemans prendront leur

---

[1] Répétition du § 3 de la p. 90. — [2] C'est l'endroit où cesse le gosier et commence l'œsophage. — [3] Ici seulement commence la recette du *G. C.*, f° 58 v°. — [4] De vapeur? — [5] *G. C.*, 58 v°.

part et la feront recuire plus assez que devant, et les François non.

TRUITTES. Leur saison commence en May. (*Item, leur saison est de Mars jusques en Septembre.*) Les blanches etc.[1] La truitte qui ou palais a deux petites veines noires, est vermeille.

Truitte soit cuite en eaue et foison vin vermeil, doit estre mengiée à la cameline et doit estre mise cuire par tronçons de deux dois. A jour de char, en pasté, l'en les doit couvrir de larges lardons[2].

ANGUILLES. Celle qui a la menue teste, becque etc.[3]

Anguillettes fresches estauvées et tronçonnées, cuites en eaue avec foison de percil, puis mettre du frommage lesche : puis traiez les tronçons, et faites souppes, et en chascune escuelle quatre tronçons ; ou cuire des oignons, puis cuites en celle eaue, et un petit d'espices et saffran[4] et oignons en un pot, et faire la souppe.

Grosse anguille cuite en l'eaue et au percil se mengue aux aillets blans ; en pasté, du frommage et de la pouldre fine. La grosse, renversée[5], à la sausse chaude comme une lamproie.

Se vous voulez garder anguille, faites-la mourir en sel, et la laissiez trois jours naturels toute entière : puis soit eschaudée, osté le limon, trenchée par tronçons, cuite en l'eaue et la ciboule, et en la parfin mettez du vin. Et se vous la voulez saler du matin au soir, appareilliez-la et la tronçonnez, et mettez les tronçons en gros sel ; et se vous la voulez plus avancier, broyez sel noir[6] et frottez chascune coppure

---

[1] Répétition de la fin du § 4 de la p. 90. — [2] *G. C.*, 70 (sauf le paragraphe *leur saison* qui est omis). — [3] Répétition du § 5 de la p. 90. — [4] *G. C.*, f. 52, s'arrête là. — [5] Retournée, voy. ci-après, p. 191. — [6] Gros sel gris?

du tronçon, et avec ce, la hochiez en sel entre deux escuelles[1].

ANGUILLE RENVERSÉE. Prenez une grosse anguille et l'estauvez, puis la fendez par le dos au long de l'areste d'un costé et d'autre, en telle manière que vous ostiez d'une part l'areste, queue et teste tout ensemble, puis lavez et ploiez icelle à l'envers, c'est assavoir la char par dehors, et soit liée loing à loing : et la mettez cuire en vin vermeil, puis la traiez et couppez le fil à un coustel ou forcettes[2], et mettez reffroidier sur une touaille ; puis aiez gingembre, canelle, clo de giroffle, fleur de canelle, graine, noix muguettes[3], et broyez et mettez d'une part : puis aiez pain brulé et broyez très bien, et ne soit point coulé, mais deffaites du vin où l'anguille aura cuit, et boulez tout en une paelle de fer, et y mettez du vertjus, du vin[4], et du vinaigre[5], et gettez sur l'anguille[6].

PINPERNAUX ont luisant et deliée pel et ne sont point limonneux comme sont anguilles. L'en les doit eschauder et rostir sans effondrer, *scilicet* les frais, et les salés qui sont séchés, rostir et mengier au vertjus[7].

LOCHE cuite en eaue au percil et au bon frommage,

[1] *G. C.*, 52. — [2] Ciseaux. — [3] Une main un peu postérieure à celle du corps du volume a ajouté ici dans le Ms. C : *Quatre onces et trois los de vin pour quatre grosses anguilles*. — [4] *Ib.*, une pinte. — [5] *Ib.*, 3 (demie-) *pinte.* — [6] *G. C.*, 52 v°.

[7] *G. C.*, 67. — Il me semble résulter de ce passage du *Ménagier* que ce poisson dit par erreur *poisson de mer* dans le dictionnaire de Trévoux, est une espèce d'anguille. Il est souvent nommé avec l'anguille dans les exemples cités par Du Cange au mot *Piprenella*. Ce poisson est encore cité dans un arrêt du 31 janvier 1365-6, rendu au sujet de la mort d'un receveur de l'impôt levé pour les fortifications de Mantes, qu'on disoit avoir été tué par des habitans de Tourny, près Vernon, et qui paroît être seulement mort d'une indigestion de *pimpreneaux*. (*In quo quidem prandio, pimprenellos male decoctos comederant ; et illuc per longum tempus steterant,*

mengée à la moustarde. La frite, en potage et à l'aillet vert. La cuite en l'eaue, à la moustarde soit mengée : et au frire soit effleurée[1] celle qui sera frite.

GAYMEAU cuit en l'eaue, mengié à la moustarde : ou qui veult, à l'aillet vert.

LAMPROYONS rostis verdelets, mengiés à la sausse chaude comme cy dessoubs sera dit à la lamproye ; et se ils sont cuis en eaue, soient mengiés à la moustarde : et se ils sont cuis en pasté, gettez la sausse chaude dessus les pastés, et faites boulir[2].

LAMPROIES. Il est assavoir que les aucuns saignent la lamproie avant ce que ils les estauvent, et aucuns les estauvent avant ce qu'ils les saignent ne eschaudent. Pour la saigner, premièrement lavez très bien vos mains, puis fendez-lui la gueule parmy le menton, *id est* joignant du baulièvre, et boutez vostre doit dedens et arrachez la langue, et faites la lemproie saignier en un plat, et lui boutez une petite brochette dedans la gueule pour la faire mieulx saigner. Et se vos dois ou vos mains sont touilliés de sang, si les lavez, et la plaie aussi, de vinaigre, et faites couler dedans le plat, et gardez ce sang, car c'est la gresse.

Quant à l'estauver, aiez de l'eaue chauffée, sur le feu, frémiant, et l'estauvez comme une anguille : d'un coustel non pointu luy pelez et ratissiez la gueule par dedens, et gettez hors les riffleures, puis l'embrochiez et faites rostir verdelette. Et pour faire la boe[3], prenez

---

ac vinum de tanto ac tali ad tantum et tale, et postmodum de poto ad potum, more Normannorum, biberant, etc.)

[1] Ce mot signifie ici poudré de fleur de farine, ailleurs *enfleurer*. Le G. C. qui donne cette recette f. 63, remplace ces mots par : *Avant que la friez, traffeuilles-la de farine.* — [2] G. C., 63. — [3] Boue, sausse épaisse.

gingembre, canelle, poivre long, graine et une noix muguette, et broyez et mettez d'une part : puis aiez du pain brulé tant qu'il soit noir, et le broyez et deffaites de vinaigre et le coulez par l'estamine; puis mettez boulir le sang, vos espices et le pain, tout ensemble, un bouillon tant seulement, et se le vinaigre est trop fort, si le attrempez de vin ou de vertjus; et adonc c'est boue : et est noire, espoisse à point et non pas trop, et le vinaigre un pou passant[1], et salé un petit; puis versez tout chault sur la lamproye, et laissiez suer[2].

Item, l'en peut faire autre sausse plus briefve. Prenez le sang et du vinaigre et du sel, et quant la lamproie sera rostie verdelette, boulez icelle sausse un bouillon seulement et gettez sur vostre lamproye, et laissiez suer entre deux plats.

Item, LAMPROIE BOULIE. Saignez-la comme devant est dit, et gardez le sang : puis la mettez cuire en vinaigre et en vin plain[3] et un pou d'eaue, et quant elle sera cuite verdelette, si la traiez hors du feu et la mettez reffroidier sur une nappe; puis prenez pain brulé et deffaites de vostre boullon et coulez parmi une estamine, et puis mettez boulir le sang avec, et mouvez bien qu'il n'arde : et quant il sera bouly, si versez en un mortier ou en une jatte nette, et mouvez tousjours jusques à tant qu'il soit reffroidié; puis broyez gingembre, canelle, fleur de canelle, giroffle, graine de paradis, noix muguettes et poivre long, et deffaites de vostre boullon, et mettez dedans un plat comme dit est devant; et doit estre noir[4].

Item, LAMPROIE A L'ESTOUFFÉE. Ostez le sang de la

[1] Dominant. — [2] *G. C.*, 63 v°. — [3] Vin *uni* (*planus*), doux, (à boire), par opposition à *vin-aigre?* — [4] *G. C.*, 64.

II   N

lamproye comme dessus, puis l'estauvez en eaue bien chaude. Après ce, ayez vostre sausse preste de boulir, et soit clere, et mettez vostre lamproye en un pot et vostre sausse dessus, et faites très bien couvrir d'un couvescle bien joignant et juste, et faites boulir; puis retournez une fois la lamproie ce dessus dessoubs[1] ou pot, et faites cuire verdelette. Et s'elle ne moulle toute en sausse, il n'y a pas péril, mais que le pot soit bien couvert; puis la mettez toute entière en un plat sur la table[2].

ESCREVICES cuites en l'eaue et en vin, mengées au vinaigre.

ABLES cuites en l'eaue et au percil, mengées à la moustarde.

GARDONS ET ROSSES[3]. C'est friture, et les convient effonder, puis enfleurer, puis frire; mengier à la sausse vert[4].

VENDOISES comme dessus, ou rosties sans escharder[5], et mengier au vertjus d'ozeille; et est assavoir que vendoises sont assez plus grans que ables, et sont rondes plus que gardons[6], car gardons sont plas.

POISSON DE MER RONT.

Poisson de mer ront en yver, et le plat en esté.

Nota que nulle marée n'est bonne quant elle est chassée par temps pluyeulx ou moicte.

BRETTE[7] affaitié comme un rouget, cuite comme une raye, et ainsi pelée : mengée aux aulx camelins. Et est la brette aussi comme chien de mer, mais brette est

---

[1] Voy. p. 148, n. 1. — [2] G. C., 64. — [3] Poisson qui tient de la brême et du gardon suivant Belon (p. 319 de la *Nature des poissons*, 1555, in-8° obl.). — [4] G. C., 62. — [5] Var. A, *eschauder*. — [6] G. C., 72 v°. — [7] Belon, qui cite plusieurs espèces de chiens de mer, ne dit rien de la brette.

plus petite et plus doulce et meilleure, et dit-l'eu que c'est la femelle du chien : et est brune sur le dos, et le chien est roux.

CHIEN DE MER comme la brette. Et *nota* que de l'un et de l'autre le foie est bon à mettre en pasté, et de la pouldre fine parmy ; et aucuns y mettent du frommage, et est bon.

MULET est dit *migon*[1] en Languedoc, et est eschardé comme une carpe, puis effondré au long du ventre, cuit en l'eaue, et du percil dessus, puis reffroidié en son eaue ; et puis mengié à la sausse vert, et meilleur à l'orenge. *Item*, il est bon en pasté.

MORUE n'est point dicte à Tournay s'elle n'est salée, car la fresche est dicte *cableaux*[2], et se mengue et est cuite comme dit sera cy-après de morue.

Item, quant icelle morue est prise ès marches de la mer, et l'en veult icelle garder dix ou douze ans, l'en l'effondre, et luy oste-l'en la teste, et est seichée à l'air et au soleil, et non mie au feu ou à la fumée ; et ce fait, elle est nommée *stofix*[3]. Et quant l'en l'a tant gardée et l'en la veult mengier, il la convient batre d'un maillet de bois bien une heure, et puis mettre tremper en eaue tiède bien douze heures ou plus, puis cuire et escumer très bien comme beuf ; puis mengier à la moustarde ou mengier trempée au beurre. Et se rien en demeure au soir, soit par pièces petites comme charpie frit, et mis pouldre dessus.

[1] Var. A, *mungon*. Le G. C. qui supprime *en Languedoc*, écrit *mugeon* (66 v°). Belon dit qu'on le nomme *muge* à Marseille. — [2] Cabillau. Cette distinction existe aujourd'hui aussi à Paris. Belon ne l'a pas connue et se borne à dire qu'on connoît mieux la morue salée que fraîche (p. 122). — [3] Stockfisch (*bâton de poisson* en hollandois. — *Trévoux*).

Aussi de morue fresche, s'aucune partie en demeure
pour le soir ou pour l'endemain[1], faictes-en de la
charpie et le frisez à pou de beurre, et puis ostez de la
paelle, et puis vuidiez tout le beurre que riens n'y demeure, et la refrisiez à sec, et filez pardessus des œufs
batus : puis mettez en plateaux ou escuelles et pouldre
fine pardessus. Et s'il n'y a œufs, si se fait-il bien[2].

Morue fresche, appareillée et cuite comme gournaut et du vin blanc au cuire, et mengée à la jance ; et
la salée, mengée au beurre ou mengée à la moustarde.
La salée, pou trempée, sent trop le sel, et la trop
trempée n'est pas bonne ; et pour ce, qui l'achaitte,
doit essaier à la dent et en mengier un petit[3].

MAQUEREL frais entre en saison en Juin, jàsoit-ce que
l'en en treuve dès le mois de Mars. Affaitiez par l'o-
reille, puis l'essuiez d'un net torchon, et sans laver aucunement soit mis rostir, puis mengié à la cameline ou
à sel menu ; et salé, au vin et à l'eschaloigne[4]. Et si en
met-on en pasté, et pouldre dessus[5].

TON est un poisson qui est trouvé en la mer ou es-
tans marinaulx des parties de Languedoc, et n'a aucunes arestes fors l'eschine, et a dure pel, et se doit
cuire en eaue et se mengue au poivre jaunet[6].

LANGOUSTES sont grans escrevices, et sont bonnes
cuites en l'eaue, et leur convient estouper d'estoupes
la queue par où l'en l'a vuidée et aussi la gueule et les
piés qui sont rompus, et tous les autres lieux par
lesquels aucune liqueur puisse yssir de son corps, et

[1] Var. B, *le lendemain* (ce doit être un des plus anciens exemples de
cette locution devenue depuis d'usage général au lieu de *l'endemain*. Voy.
plus loin à la recette des *vingt plats de gelée*). — [2] Suppléez *sans cela*. —
[3] *G. C*, 65 (fautif). — [4] Échalotte. — [5] *G. C.*, 65 v°. — [6] *G. C.*, 70 v°.

puis cuire en l'eaue ou en four, et mengié au vinaigre. Toutesvoies, qui la veult rostir au four, il ne la convient jà estouper, mais souffit qu'elle soit mise cuire enverse[1].

Congre. Eschaudez-le et estauvez comme une anguille, puis mis en la paelle et salé comme le rouget, et le cuisiez longuement comme beuf; et en la parfin mettre boulir avec du percil, puis le laissiez[2] refaire en son eaue, puis dréciez et mengiez à la sausse vert. Aucuns le mettent roussir sur le gril[3].

Tumbe[4], Rouget, Gournaut, Grimondin, soient affaitiés par le ventre et lavés très bien, puis soient mis en la paelle et du sel pardessus, et puis l'eaue froide; (et ainsi est-il du poisson de mer, jàsoit-ce que poisson d'eaue doulce il convient premièrement que l'eaue soit frémiant), puis soient cuis à petit feu, et mis hors de dessus le feu; laissiez reffaire en leur eaue et mengiez à la cameline. Toutesvoies, les grimondins, en esté, fendus sont au long du dos par les espaules, rostis sur le greil[5] et arrousés de beurre et mengiés au vertjus. *Nota* que tumbe est le plus grant, et sont prises en la mer d'Angleterre. Gournaut est le plus grant après, et sont toutes ces deux espèces de couleur tannée[6]. Le rouget est le plus petit et le plus rouge, et le grimondin est le mendre de tous et est tanné, tavellé[7], et de diverses couleurs; et tous sont comme d'une nature et d'une saveur.

---

[1] Renversée. *G. C.*, 64 v°. — [2] Le Ms. C ajoute : *Refroidier et...* — [3] *G. C.*, 60 (très-fautif.) — [4] Suivant Belon, *tumbe* est le nom rouennais du gournault. Ce dernier est une espèce de rouget, mais il est plus grand, de couleur plus sombre, et a les ailes bleuâtres et non rouges. — [5] *G. C.*, 60 v° (très-fautif). — [6] Couleur de tan, feuille-morte. — [7] Tacheté.

Item, rougets sont bons au chaudumé de vertjus de pouldre et de saffran.

SAUMON frais soit baconné [1], et gardez l'eschine pour rostir; puis despeciez par dales cuites en eaue, et du vin et du sel au cuire; mengié au poivre jaunet ou à la cameline et en pasté, qui veult, pouldré [2] d'espices; et se le saumon est salé, soit mengié au vin et à la ciboule par rouelles [3].

AIGREFIN appareillié comme le rouget, et le convient un pou laissier froidir en son eaue, et soit mengié à la jance [4].

ORFIN affaitié par l'oreille, cuit en l'eaue, mengié à la cameline : ou mis par tronçons, et sur les tronçons mettre pouldre fine et huille d'olive [5].

PORC DE MER, MARSOUIN, POURPOIS [6] est tout un, et le poisson entier doit estre fendu par le ventre comme un pourcel; et du foye et fressure l'en fait brouet et potage comme d'un porc. *Item*, l'en le despièce et fend comme un porc, par le dos, et aucunes fois est rosti en la broche à toute sa couanne, et puis mengié à la sausse chaude comme brulis [7] en yver. Autrement, est cuit en eaue et mis du vin avec, puis de la pouldre et du saffran, et mis en un plat dedans son eaue comme venoison; puis broyez gingembre, canelle, giroffle, graine, poivre long et saffran, et deffaites de vostre boullon, et

---

[1] Fumé. Voy. Du Cange au mot *Baco*. — [2] Peut-être faut-il lire *pouldre* en sous-entendant *avec*. — [3] *G. C.*, 69. — [4] *G. C.*, 72 v°. — Suivant Belon, ce poisson, lorsqu'il étoit salé, s'appeloit du *hadou*, en anglois *hadoch*. — [5] *G. C.*, 72 v°, *arsin*. — Sans doute l'*orphie*, sorte d'anguille de mer qu'on pêche sur les côtes de Normandie. — [6] L'auteur semble dire que ces trois noms désignent un même poisson. Belon fait des deux premiers deux espèces différentes et ne parle pas du *pourpois*. — [7] On trouve dans Roquefort *brulliau*, sorte de poisson.

mettez hors du mortier d'une part; *item*, broyez pain harlé, deffait de l'eaue de vostre poisson et coulé par l'estamine, et faictes boulir tout ensemble, et soit claret; puis dréciez comme venoison. Ou faites poivre noir, et soit vostre poisson, sans laver, cuit moitié eaue moitié vin, et mis en plas : et gettez vostre sausse dessus comme galentine, et dréciez. Et quant vous en vouldrez mengier, prenez un petit de la sauce qui est froide, et mettez ou eaue de char, ou de celle mesmes, ou vinaigre *et similia*, et mettez sur le feu en une escuelle chauffer[1].

MERLUS doit estre despecié par morceaux quarrés comme eschiquier, puis tremper une nuit seulement, puis le oster hors de l'eaue, et après mettez séchier sur une touaille; puis mettez vostre huille boulir, puis frisiez à pou d'huille vos pièces de merlus, et mengiez à la moustarde ou à jance d'aulx. Merlus est fait, ce semble, de morue[2].

ESTURGON. Eschaudez, ostez le limon, couppez la teste et la fendez en deux. Et premièrement le fendez au long par le ventre comme l'en fait un pourcel, puis soit vuidié, tronçonné, et mis cuire en vin et en eaue et que le vin passe; et que à la mesure qu'il se esboudra[3], que l'en y mette tousjours vin. Et congnoist-l'en qu'il est cuit, quant la couanne se lière de légier; et ce que l'en mengue chaut, l'en y met de l'éaue du bouly et espices comme se ce feust venoison : et ce que l'en veult garder doit estre mis refroidier, et mengier au percil et au vinaigre[4].

---

[1] *G. C.*, 67 v°. — [2] *G. C.*, 65 v°. — La merluche est au moins de la famille des morues, *aselli* en latin. — [3] Var. B; *esbolera*. — Réduira à force de bouillir. — [4] *G. C.*, 61 v°.

ESTURGON CONTREFAIT DE VEEL pour six escuelles. Prenez le soir devant, ou le bien matin, six testes de veel sans escorcher, et les plumez en eaue chaude comme un cochon, et les cuisiez en vin, et mettez une chopine de vinaigre et du sel dedans, et faites boulir tant qu'il soit tout pourry de cuire ; puis laissiez les testes refroidier et ostez les os. Puis prenez un quartier de bonne grosse toile, et mettez tout dedans, c'est assavoir l'une sur l'autre en la mendre place que vous pourrez, puis cousez de bon fort fil, comme un oreillier quarré, puis le mettez entre deux belles ais et le chargiez très fort, et laissiez la nuit en la cave ; et puis le tailliez par lesches, la couenne dehors comme venoison, et mettez du percil et du vinaigre, et ne mettez que deux lesches en chascun plat. *Item*, qui ne trouveroit assez testes, l'en le peut faire d'un veel entrepelé [1].

CRASPOIS [2]. C'est balaine salée, et doit estre par les-

---

[1] *G. C.*, 61 v°. — J'ignore ce que signifie *entrepelé*.

[2] Il est parlé du *craspois* ou *graspois* dans bien des auteurs du moyen âge, mais il n'y a à ma connoissance que l'auteur du *Ménagier* qui fasse connoître ce que c'étoit. Un procès qui dura plusieurs années au parlement de Paris et qui étoit relatif à *sept étaux*, dont cinq à sèches et deux à craspois que le roi possédoit aux halles de Paris, nous apprend que le craspois ne venoit à Paris qu'en carême : c'étoit le *lard de carême*, le poisson des pauvres ; quarante mille personnes vivoient pendant le carême de craspois, de sèches et de harans. Ces poissons étoient vendus par environ mille pauvres marchandes, à qui il étoit seulement défendu de se tenir sous le *couvert* des halles où étoient les grands étaux (*Plaid. civiles*, 7, 12, 14 et 19 mars 1380-1, 1er mars 1383-4 ; *Jugés*, XXXII, p. 93).

Belon ne nomme pas le *craspois*, mais il confirme cependant l'explication du *Ménagier*. « Ce poisson, dit-il en parlant de la baleine, est couvert de « cuir noir dur et espez sous lequel y a du *lard* environ l'espesseur d'un « grand pied, *qui est ce que l'on vend en quaresme*. »

Legrand d'Aussy qui a parlé avec détail de la baleine salée comme nourriture maigre des pauvres, d'après Charles Estienne (II, 83), a ignoré que le *craspois* fût le nom de cet aliment. Au reste, l'auteur du

ches tout cru, et cuit en eaue comme lart; et servir avec vos pois.

Merlant salé est bon quant sa noe[1] est entière, et son ventre blanc et entier; et est bon au chaudumé de beurre, de vertjus et de moustarde; et le frais, frit, à la jance.

Vive a trois lieux périlleux à touchier, c'est assavoir les arestes qui sont sur le dos près de la teste, les deux oreilles; et à ce ne convient touchier fors au coustel, et tout ce getter hors, et tirer la brouaille par l'oreille, et puis enciser au travers en pluseurs lieux, la rostir, et mengier au vertjus et beurre, ou vertjus et pouldre.

Aliter, cuisiez-la en l'eaue un petit, puis la frisiez en beurre, puis boulez du vertjus avec le remenant du beurre, et getter sus.

POISSON DE MER PLAT.

Raye affaitié par endroit le nombril, et gardez le foye, et la despeciez par pièces, puis la mettez cuire comme plays, puis la pelez et la mengiez aux aulx camelins.

Raye est bonne en Septembre, et meilleur en Octobre, car lors elle mengue les harens frais. Celle qui n'a que une queue est *notrée*, et les autres qui ont pluseurs queues, non. Et encores est-il autre poisson pareil à raye qui a nom *Tire*, mais il n'a nul aguillon sur le dos, et si est plus grant et plus tavellé de noir[2].

Trésor de santé dit que la baleine salée, quoique cuite pendant *vingt-quatre heures*, étoit toujours *fort dure et indigestible*.

[1] Nageoire. — [2] *G. C.*, 68 v°, dit *Cyros* au lieu de *Tire*, et *naturelle* pour *notrée*, mais ce doit être une faute. *Notrée* semble devoir désigner une espèce de raie comme la raie *bouclée*, *lisse*, etc. Je ne vois au reste aucune espèce de raie qui ait plus d'une queue.

GALENTINE POUR RAIE en esté. Broyez amandes et deffaites d'eaue boulie, et coulez par l'estamine; puis
broyez gingembre et aulx, et deffaites d'icelluy lait d'a-
mandes et passez par l'estamine, et boulez tout ensemble et mettez sur les pièces de la raye.

Raye qui une fois a esté cuite, s'elle est frite sans
farine en huille et mengée chaude à la cameline, elle est
bonne et meilleur que en galentine froide.

Raye doit estre lavée en plusieurs eaues, puis cuire
en petit boullon et par quartiers, puis peler et laissier
refroidier : mais aucuns la pourboulent en eaue sans
sel, puis la tirent, la pellent et nettoient très bien, et
mettent sur beau feurre; puis mettent en une paelle,
sur le feu, de l'eaue et du sel frémier, puis cuire la raye à
petit feu. Et qui veult, l'en en frit une partie de celle qui
est pourboulye, et ceste raye se garde bien huit jours[1].

PLAYS[2] ET QUARRELET sont aucques[3] d'une nature. La
plus grant est nommée *plays*, et la petite *quarrelet*, et
est tavellée de rouge sur le dos; et sont bons du flo[4] de
Mars, et meilleurs du flo d'Avril. Affaitiez par devers le
dos audessoubs de l'oreille : bien lavée, et mise en la
paelle et du sel dessus, et cuite en l'eaue comme un
rouget; et mengiez au vin et au sel.

Item, quarrelets sont bons fris à la fleur[5] et mengiés à la sausse vert[6].

LIMANDES sont tavellées de jaune ou roux par le dos,
et ont l'oreille devers le blanc[7]; soient fris à la fleur
et mengiés à la sausse vert, ou fris par moitié et
mengiés au civé ou au gravé[8].

---

[1] *G. C.*, 62. — [2] Plies. — [3] Presque. — [4] Flot, *marée* de mars (la
grande marée de l'équinoxe vers le 21 mars). — [5] De farine. — [6] *G. C.*,
68 (très-fautif). — [7] Tirant sur le blanc, pâle. — [8] *G. C.*, 65.

POLES[1], SOLES sont d'une nature; et sont les poles tavellées par le dos. Il les convient escharder et affaitier comme la plays, laver et mettre en la paelle, et du sel dessus et de l'eaue, puis faire cuire, et à la parfin mettre du percil avec; puis laissier reffaire en leur eaue, et mengier à la sausse vert ou au beurre avec de leur eaue chaude, ou au chaudumé de vertjus vieil, moustarde et beurre chauffé ensemble.

Item, l'en les rostit sur le greil[2] et du feurre moullié entre deux; et celles ne doivent point estre eschardées et sont mengées au vertjus d'oseille.

Item, aussi sont eschaudées celles que l'en doit frire, et doivent estre enfleurées, puis frites, mengées à la sausse vert[3], et mises au civé ou gravé.

TURBOT est dit *Ront* à Bésiers. Soit eschardé, appareillié comme dessus et mengié à la sausse vert, ou mis au soucié[4]; et vault mieulx froit de deux jours.

BARBUE eschardée, appareilliée comme dessus, cuite et mengée, car tout est d'une espèce et d'une saveur, fors tant que la barbue est plus petite[5], et le turbot greigneur et meilleur.

BRESME, BAITTE[6] eschardée, cuite en eaue, mengée à la cameline ou mise en pasté à la pouldre[7].

TANTE[8] cuite en eaue ou rostie, mengée au vertjus.

[1] Belon dit que la seule manière de distinguer ces deux espèces est de les mettre à plat, regardant *contremont* (en haut, en l'air) : dans cette position la bouche de la pole sera à gauche et celle de la sole à droite. — [2] Gril. — [3] *G. C.,* 66, dit *molles* et *solles;* mais la *molle* est différente de la *pole.* Voir *Trésor de santé,* pages 249 et 250, et surtout Belon. — [4] Var. A et *G. C.* (70 v°), *au sucre.* Je crois qu'on disoit *une soucie* et *un soucié* (voy. *sauces non bouillies*). Ront vient de *rhombus,* nom latin du turbot, en italien *rombo.* — [5] *G. C.,* 56. — [6] Var. A, *Barte.* Je ne vois rien sur ce poisson dans Belon, qui parle de la *brême de mer.* — [7] *G. C.,* 58 v°. — [8] Peut-être faut-il lire *tánce* pour tanche (de mer).

DORÉE appareilliée par le costé au long, cuite en eaue, ou en rost, mengée au vertjus.

ALES rosties en filopant[1], mengées à la moustarde; ou pelées, puis cuites en l'eaue un très petit, puis enfarinées, frites à l'uille, et mengées à la jance ou aux aillets.

FLAYS[2]. De ce ne convient faire nul compte, car ils ne sont en saison fors quant le quarrel[3] font soubs le pié. Ce poisson n'est point tavelé de rouge sur le dos comme sont quarrelets, et si ont le dos bien noir.

HANONS[4]. *Nota* que les hanons qui sont ensemble amoncelés et se entretiennent à une masse sans esparpillier ou départir, et sont vermeils et de vive couleur, sont frais : et ceulx qui ne s'entretiennent et sont esparpilliés et de fade ou morte couleur, sont de vieille prise. Soient esleus, puis lavez très bien et eschaudez en deux ou trois eaues bien chaudes, et puis refais en eaue froide, puis seicher sur une touaille bien petit au feu, et soient fris en huille avec oignons cuis, et après poudrés d'espices et mengiés aux aillets vers clarets, reverdis de blé ou d'ozeille[5] ou de feuille de sanemonde ou de barbarin.

MOULES[6] soient cuites en grant feu et hastivement,

---

[1] Seroit-ce coupées par lanières, par morceaux? Voir t. I, p. 172. J'ignore ce que c'est que l'*ale*, à moins qu'on ne suppose que c'est l'anchois, *halecula* en latin. — [2] *Flez* ou flet, espèce de plie. — [3] Var. A, *quelrel.* Var. C, *quelbve.* Peut-être le quarrelet; l'auteur auroit-il voulu dire ici : *Quand le carrelet (qui vaut mieux) est très-commun, se trouve à chaque pas?* Cependant *quarrel* signifie en général carreau, *pavé*, mais en prenant ce mot dans son acception ordinaire, je ne vois plus de sens à la pensée de l'auteur. — [4] Suivant Belon, c'est le nom rouennais du coquillage dit *pétoncle.* — [5] G. C., 62 v°, finit en ajoutant après oseille : *ou d'autre verdure.* La sanemoude est connue; *barbarin* pourroit être synonyme de *berberis*, épine-vinette. — [6] Var. B, *mooles.*

en très petit d'eaue et de vin sans sel, mengées au vinaigre. *Item,* quant elles sont cuites avec vertjus vieil et percil, puis mettez beurre frais, c'est très bon potage.

Moules sont les meilleurs ou commencement du nouvel temps de Mars. Moule de Quayeu[1] est rousse, ronde au travers et longuette, et la moule de Normandie est noire.

Escrevices. Cuisiez-les en eaue et vin plus que d'eaue, et escumez, puis mettez un petit de sel (jàsoitce que aucuns dient que non, pour ce que le sel noircist[2]).

Escrevices de mer doivent estre cuites en four, et dit-l'en *lengoustes,* et convient estouper tous les pertuis à la guise du fournier, et mengier trenchiée au vinaigre et à la ciboule.

Seiche conrée[3] soit pelée, puis despeciée par morceaulx, puis la mettez en une paelle sur le feu et du sel avec, et remuez souvent, et qu'elle soit bien séchée ; puis la mettez en une nappe, et l'espraignez bien et seichez çà et là par la nappe ; puis l'enfarinez en farine, et frisiez en foison d'uille ou à oignons ou sans oignons,

[1] Sans doute Cayeux, bourg de Picardie situé sur le bord de la mer, à deux lieues de Saint-Valery. Legrand d'Aussy (t. II, p. 82) dit qu'il y a un poisson de ce nom différent du coquillage, mais il ne donne pas le motif de son opinion à cet égard, et je ne vois ce poisson mentionné nulle part. Il faut d'ailleurs remarquer qu'ici les moules viennent après les *hanons,* sorte de coquillage.

[2] Var. B, *nourrist.* Si l'on adopte ce mot qui me paroit beaucoup moins bon que *noircit,* il faudroit fermer la parenthèse après *non.* —

[3] Préparée (voy. Du Cange au mot *Conredium*), ce doit être la sèche *confite avec la saulce aigre* (marinés), comme Belon dit (p. 340) qu'on l'apprêtoit de son temps *pour la rendre plus facile à manger et à digérer.* On voit que l'auteur distingue ici la sèche *conrée* de la fraîche.

puis pouldrez d'espices dessus, et mengiez aux aillets reverdis de blé.

Item, aucuns après ce qu'elle est pelée et mise par morceaulx, la tiennent et remuent longuement en la paelle pour getter son humeur et sa liqueur laquelle l'en doit souvent getter et purer. Et quant elle ne gette plus rien, l'en l'essuye comme dessus, et puis la frit l'en en foison d'uille longuement, tant qu'elle devient grédelié[1] et recroquillée comme chaons[2] de lart, et adonc est mise en un plat et de la pouldre fine dessus, et ainsi mengée. Et en la paelle où est demourée l'uille toute chaude sur le feu, laquelle huille a receu la freschumée de la sèche, dont elle vault pis, l'en doit getter du vin froit qui par fumée fait yssir la freschumée; et ainsi l'uille demeure bonne pour potages, et meilleur que autres qui ne sont mie cuites.

Item, qui n'auroit autre viande que sèche, et elle fust frite aux oignons comme dessus, puis mise en deux plats et avoir bonne jance aux aulx boulie et gettée dessus, ce seroit appétit assez passable[3].

Sèche fresche soit lavée très bien, puis mise en une paelle ou four avec de l'eaue, du vertjus, de l'uille et des ciboules nouvelles, et cuite; mais *primo* soient ostés l'os et l'amer.

ŒUFS DE DIVERS APPAREILS.

UNE ARBOULASTRE ou deux d'œufs. Prenez du coq

---

[1] Plissé, froncé, racorni par la chaleur du feu, *gredillé* dans Nicot qui le dit synonyme de *grésiller.* — [2] Voy. p. 154. — [3] On voit que l'auteur ne fait pas grand cas de ce poisson. Du temps de Belon comme au XIVᵉ siècle (voy. p. 200, n. 2), il n'étoit guère mangé que par les pauvres. Bruyère-Champier préfère à la sèche fraîche la salée qui, dit-il, est la consolation du carême : *jejunia verna egregie solantur.*

deux fueilles seulement, et de rue moins la moitié ou néant[1], car sachez qu'il est fort et amer : de l'ache, ténoisie[2], mente et sauge, de chascun au regard de quatre fueilles ou moins, car chascun est fort : marjolaine un petit plus, fenoul plus, et percil encores plus; mais de porée, bettes, feuilles de violettes, espinars et laitues, orvale, autant de l'un comme de l'autre, tant que de tout vous aiez deux poignées largement : eslisez et lavez en eaue froide, puis les espraignez et ostez toute l'eaue, et broyez deux cloches de gingembre; puis mettez ou mortier à deux ou à trois fois vos herbes avec le dit gingembre broyé, et broyez l'un avec l'autre. Et puis aiez seize œufs bien batus ensemble, moyeux et aubuns, et broyez et meslez ou mortier avec ce que dit est, puis partez en deux, et faites deux alumelles[3] espesses qui seront frites par la manière qui s'ensuit : premièrement vous chaufferez très bien vostre paelle à huille, beurre ou autre telle gresse que vous vouldrez, et quant elle sera bien chaude de toutes pars, et par espécial devers la queue, meslez et espandez vos œufs parmy la paelle et tournez à une palette souvent ce dessus dessoubs, puis gettez de bon frommage gratuisé[4] pardessus; et sachez que ce est ainsi fait pour ce[5] qui brayeroit[6] le

---

[1] C'est-à-dire moins d'une feuille ou pas du tout. — [2] Plante dite *Ténaisie* dans la *Maison rustique*.— Ce plat aura été nommé *arboulaste* à cause des herbes qui entroient dans sa composition. Les Italiens avoient aussi au XVIe siècle un plat tout à fait analogue dit *Herbolata* (Bart. Scappi, cuisinier du pape Paul V, 1570, in-4°, f. 360 v°).

[3] Aumelette. Le mot *alumelle*, qui vient de *lamella*, diminutif de *lamina*, signifie ordinairement la lame, le tranchant d'une épée, d'une hache, etc. (voy. Du Cange à *Alemella*). C'est sans doute à cause de leur forme aplatie, *laminée*, que les œufs ainsi accommodés auront été dits *alumelle*, puis par corruption *alumette* (p. 208, n. 1), et enfin *aumelette*.

[4] Râpé. — [5] Suppléez : *que*. — [6] Broyeroit.

frommage avec les herbes et œufs, quant l'en cuideroit frire son alumelle, le frommage qui seroit dessoubs se tendroit à la paelle ; et ainsi fait-il d'une allumelle d'œufs, qui mesle les œufs avec le frommage. Et pour ce l'en doit premièrement mettre les œufs en la paelle, et mettre le frommage dessus, et puis couvrir des bors des œufs : et autrement se prendroient à la paelle. Et quant vos herbes seront frites en la paelle, si donnez forme quarrée ou ronde à vostre arboulastre et la mengiez ne trop chaude ne trop froide.

OEUFS PERDUS. Rompez l'escaille et gettez moieulx et aubuns sur charbons ou sur brèse bien chaude, et après les nettoyez et mengiez.

OEUFS HEAUMÉS. Cassez le bout et vuidiez l'aubun, et le moyeu estant en la coquille, mettez et asséez icelle coquille sur une tuille, le trou de la coquille dessoubs.

ALUMELLE[1] FRITE AU SUCRE. Ostez tous les aubuns et batez les moyeux, puis mettez du sucre en la paelle et il se fondra, et après ce frisiez dedans vos aubuns, puis mettez en un plat, et du sucre dessus.

OEUFS PERDUS. Prenez quatre moyeux d'œufs et les batez, et du sucre en pierre batu et en pouldre, et soit tout batu ensemble très bien, puis coulé en l'estamine, puis frit au fer de la paelle et après trenchié par losenges ; puis avecques aultre allumelle d'œufs pochés, soient icelles losenges mises ou plat et fine pouldre pardessus[2].

POUR FAIRE BELLE ALLUMELLE D'ŒUFS. Prenez sept œufs et des[3] deux ostez les aubuns et les mettez en une

---

[1] Var. A, alumette. — [2] G. C., 50 (aumelette au lieu d'allumelle). — [3] De vaudroit mieux, car le nombre de sept étant impair, je ne crois pas que l'auteur ait voulu dire d'ôter le blanc d'un œuf sur deux.

escuelle, et tous les autres cassez sur[1] moyeux, et batez tout ensemble, et frisiez; et ils seront jaunes.

Aliter, prenez dix ou douze œufs et ostez les aubuns et batez les moyeux, puis les frisiez en huille, et soient bien espandus en la paelle et couppés par losenges, et chascune losenge retournée à la palette ce dessoubs dessus, puis mettre en un plat demye allumelle d'œufs fris communément et quatre losenges de ces moyeux, et du succre fris communément.

ARBOULASTRE EN TARTRE FAICTE EN LA PAELLE. Aiez vos œufs et herbes et une cloche de gingembre batues, meslées et broyées comme devant est dit, puis aiez de la paste pestrie ainsi comme pour le fons d'une tartre, et chauffez vostre paelle à huille ou autre gresse : puis mettez vostre paste pestrie dedans le fons de la paelle, puis mettez la farce de vostre tartre avec frommage gratuisié meslé parmi à souffisant planté. Et pour ce que le dessoubs, c'est assavoir la paste qui fait le fons de la tartre, seroit cuit avant que le dessus feust guères eschauffé, il convient avoir une autre paelle dont le fons soit bien eschauffé, torché et nettoyé, et soit icelle paelle plaine de charbon ardant, et la mettez par dedans l'autre paelle, près et joignant de la farce, pour icelle eschauffer et cuire à l'essuyé[2] et aussi à ouni[3] comme la paste.

ŒUFS A LA TENOISIE[4]. Broyez un petit de gingembre et de la tenoisie, et allaiez de vinaigre, coulez et mettez en un plat et des œufs durs pelés tous entiers.

Nota DE LA NATURE DES ŒUFS. Mettez-les cuire en eaue boulant et le moyeu ne sera point dur, toutesvoies se

---

[1] Suppléez *les* (sur les moyeux des deux œufs cassés d'abord). — [2] En faisant évaporer l'humidité, à l'étouffée? — [3] Uni, lisse. — [4] Voy. p. 207.

vous ne les avez moulliés en eaue froide premièrement :
mais se vous les y avez moulliés et incontinent vous
les mettez en potage boullant, ils durciront bien. *Item*,
se vous les mettez en eaue frémiant et les laissiez sur
le feu, ils seront tantost durs. *Item*, soient mols,
soient durs[1], si tost qu'ils sont cuis, vous les mettez en
eaue froide, ils seront plus aisiés à peler.

ENTREMÈS, FRITURES ET DORURES.

FROUMENTÉE[2]. Premièrement, vous convient monder
vostre froument ainsi comme l'en fait orge mondé,
puis sachiez que pour dix escuelles convient une livre
de froument mondé, lequel on treuve aucunes fois sur
les espiciers tout mondé pour un blanc[3] la livre. Eslisiez-le et le cuisiez en eaue dès le soir, et le laissiez
toute nuit couvert emprès le feu en eaue comme tiède,
puis le trayez et eslisez. Puis boulez du lait en une
paelle et ne le mouvez point, car il tourneroit : et
incontinent, sans attendre, le mettez en un pot qu'il
ne sente l'arain; et aussi, quant il est froit, si ostez la
cresme de dessus afin que icelle cresme ne face tourner
la fourmentée, et de rechief faites boulir le lait et un
petit de froument avec, mais qu'il n'y ait guères de
froument; puis prenez moyeux d'œufs et les coulez,
c'est assavoir pour chascun sextier de lait un cent
d'œufs, puis prenez le lait boullant, et batre les œufs
avec le lait, puis reculer le pot et getter les œufs, et
reculer; et se l'en veoit qu'il se voulsist tourner, mettre
le pot en plaine paelle d'eaue. A jour de poisson, l'en
prend lait : à jour de char, du boullon de la char; et

---

[1] Suppléez : *se.* — [2] Var. A, *Fourmentée.* — [3] Voy. p. 111, n. 2.

convient mettre saffran se les œufs ne jaunissent assez :
item, demie cloche de gingembre[1].

FAULX GRENON. Cuisiez en eaue et en vin des foies et
des jugiers[2] de poulaille, ou de char de veel, ou d'une
cuisse de porc ou de mouton, puis la hachiez bien
menuement et friolez au saing de lart : puis broyez
gingembre, canelle, giroffle, graine, vin, vertjus,
boullon de beuf ou de celluy mesmes, et des moyeux
grant foison, et coulez dessus vostre char, et faites
bien boulir ensemble. Aucuns y mettent du saffran,
car il doit estre sur jaune couleur, et aucuns y mettent
pain harlé, broyé et coulé, car il doit estre liant et
d'œufs et de pain, et si doit estre aigre de vertjus. Et
au drécier, sur chascune escuelle, pouldrez pouldre
de canelle[3].

MORTEREUL est fait comme faulx grenon, sauf tant
que la char est broyée ou mortier avec espices de
canelle : et n'y a point de pain, mais pouldre de canelle
pardessus.

TAILLIS à servir comme en karesme. Prenez fins
roisins, lait d'amandes bouli, eschaudés, galettes et
croutes de pain blanc et pommes couppées par menus
morceaulx quarrés, et faites boulir vostre lait, et saffren

---

[1] On trouve des recettes de ce plat très-usité au moyen âge dans le
Taillevent manuscrit et imprimé, dans le *Grand Cuisinier* (ff. 41, 45), et
dans le *Trésor de santé*, p. 24. Celle du *Ménagier* est la plus complète. On
mangeoit presque toujours la vénaison à la fromentée. On a pu le remarquer dans les *Menus* qui précèdent (p. 93, etc.), et Hardoyn de Fontaines
Guérin le dit positivement dans son *Trésor de vénerie* (p. 51 et note 56).

[2] Var. B, *jusiers*, plus conforme à *gésier* qui a prévalu aujourd'hui
quoique tout à fait dissemblable de *giger*, racine de ce mot employée par
Festus et Lucilius. Le peuple dit *gigier* avec beaucoup plus de raison. —

[3] *G. C.*, 30. Même recette que dans Taillevent imprimé et manuscrit.

pour lui donner couleur, et du succre, et puis mettez
tout ensemble tant qu'il soit bien liant pour tailler[1].
L'en en sert en karesme en lieu de riz.

POUCINS FARCIS. Il convient souffler un poucin quant
il est tout vif, et est soufflé par le col; puis liez le col
et laissiez mourir : puis eschaudé, plumé, effondré,
reffait et farcy.

Item, autrement, quant il est du tout appareillié
pour mettre en broche, par endroit le pertuis là où
l'en l'a effondré, l'en luy dessevre[2] au doit la pel de la
char, puis l'en le farcist au bout du doit, et recoust-
l'en à sourget[3], endroit le trou, la pel avec la char, et
met-l'en en broche.

Et *nota* que la farce est faite de percil et un petit de
sauge avec œufs durs et beurre, tout hachié ensemble,
et mettre parmi pouldre fine avec. A chascun poucin
convient trois œufs, blanc et tout.

POUR ENGRESSER POUCINS, mettez-les en orbe[4] lieu, et
leur nettoiez leur auget ou abeuvrouer neuf fois ou dix
le jour, et leur donnez à chascune fois nouvelle paisson, et fresche et nouvelle eaue; c'est assavoir pour
paisson, avoine batue que l'en doit dire *gruyau
d'avoine*, destrempé en lait ou matons[5] de lait un
petit; et aient le pié sec jusques à neuf jours.

POUR ENGRESSER UNE OÉ EN TROIS JOURS, paissez-la de
mie de pain chault trempé en matons ou lait maigre[6].

POUR FAIRE PERDRIAULX DE POUCINS, il convient avoir
petites poulettes, et les tuer un ou deux jours devant,

---

[1] Épais à pouvoir le tailler (*à couper au couteau*). *G. C.*, 74. La recette
de Taillevent est presque la même. — [2] Sépare. — [3] Surjet. — [4] Obscur.
— [5] Cailles, lait caillé. (*Brique de lait, maton* signifiant proprement brique.
Voy. Du Cange à *Matto*.) — [6] Lait de beurre.

puis appareillier, et copper les jambes et les cols, oster les charcois[1] et getter hors, rompre la granche[2], et pousser les cuisses pour faire la char plus courte, puis boutonner et rostir, et mengier au sel comme perdriaulx.

POULAILLE FARCÉE AUTREMENT[3]. Prenez vos poulles et leur couppez le gavion, puis les eschaudez et plumez, et gardez que au plumer la peau ne soit dessirée; puis les reffaites en eaue, puis prenez un tuel et le boutez entre cuir et char, et le[4] soufflez : puis le[5] fendez entre deux espaules et n'y faictes pas trop grant trou, et en tirez hors les charcois, et le[5] laissiez à sa peau les cuisses, les esles, le cul[6] à tout la teste et piés. Et pour faire la farce, prenez char de mouton, de veel et de porc et du braon[7] des poulles; hachiez tout ensemble tout cru, puis le broyez en un mortier, et des œufs tous crus avec et de bon fromage de gain[8] et de bonne pouldre d'espices et bien pou de saffren, et saler à point. Puis emplez vos poulles et ce trou soit recousu[9], et du remenant de vostre farce faites-en pommes ainsi comme

---

[1] Les carcasses. Voy. p. 170, n. 1. — [2] Ce doit être l'estomac où est le grain mangé par l'animal ; granea. — [3] Cette recette est dans Taillevent, imprimé et manuscrit, mais avec plusieurs différences dont l'une est que Taillevent défend de refaire les volailles, contrairement à ce qui est dit ici. — [4] Il faudroit les ou la (la poule); Taillevent dit : l'enflez, puis la fendez. — [5] Mot qui paroit de trop. — [6] Ce doit être le col comme dans Taillevent. — [7] Broyons dans Taillevent, manuscrit Bibl. Mazarine, et blancs dans le manuscrit de la Bibl. Royale. — Foies, intestins. Voy. p. 149, n. 7.

[8] Je ne sais quel est ce fromage. Le dictionnaire de Trévoux cite bien un fromage dit d'Anguin; mais sa composition ne me paroit pas convenir à l'emploi fait ici du fromage de gain. Le Taillevent imprimé dit fromage de guin : le manuscrit de la Bibl. Royale, de gain, et le manuscrit de la Bibl. Mazarine, fin fromage. — [9] Ces deux mots ne sont que dans C.

pasteaulx de guède[1], et mettez cuire en boullon de beuf ou en belle eaue[2] boulant, et du saffran grant foison, et qu'il ne boulle pas trop fort qu'ils ne se despiècent; puis les enhastez en une broche bien déliée. Et pour les dorer, prenez grant foison de moieux d'œufs et les batez bien en un pou de saffren broyé avec, et les en dorer; et qui veult dorer vert, si broye la verdure et puis des moyeux d'œufs grant foison bien batus et passés par l'estamine pour la verdure, et en dorer poulaille quant elle sera cuite et vos pommes. Et dréciez vostre broche ou vaissel où vostre doreure sera, et gettez tout au long vostre doreure, et remettez au feu par deux fois ou par trois, afin que vostre doreure se preingne; et gardez que vostre doreure n'ait pas trop grant[3] feu afin qu'elle ne arde.

Ris ENGOULÉ à jour de mengier char. Eslisez-le et le lavez en deux ou en trois paires d'eaues chaudes, et mettez ressuer sur le feu, puis le mettez en lait de vache frémiant, et broyez du saffran pour le jaunir : deffait de vostre lait, et puis mettez dedans du gras du boullon de beuf[4].

Aliter, RIS. Eslisez-le et le lavez en deux ou trois paires d'eaues chaudes tant que l'eau reviengne toute clère, puis le faites ainsi comme demy cuire, puis le purez et

---

[1] Il est dit dans la *Maison rustique*, éd. de 1570, p. 105, que quand on a exprimé au pressoir l'aquosité de la guède, on rédige le marc *par petites pastilles* qu'on fait sécher au soleil, et que ces pastilles sont jetées dans les cuves où l'on met les laines à teindre. Ce sont ces *pastilles* ou *pasteaux*, sans doute d'une grosseur fixée par l'usage et connue, que notre auteur prend ici pour terme de comparaison. — Cette phrase, depuis *soit recousu* jusqu'à *et pour les dorer*, n'est pas dans Taillevent.

[2] Le manuscrit A ajoute *de bœuf*. — [3] Ce mot n'est que dans le Ms. C. — [4] C'est la même recette que celle de Taillevent. (Ms. Bibl. Royale.)

mettez sur tranchouers en plas pour esgouter et séchier devant le feu : puis cuisiez bien espois avec l'eaue de la gresse de la char de beuf et avec du saffran, se c'est à jour de char : et se c'est à jour de poisson, n'y mettez pas eaue de char, mais en ce lieu mettez amandes bien forment broyées et sans couler; puis succrer et sans saffren.

POUR FAIRE UNE FROIDE SAUGE, prenez vostre poulaille et mettez par quartiers, et la mettez cuire en eaue avec du sel, puis la mettez reffroidier : puis broyez gingembre, fleur de canelle, graine, giroffle, et broyez bien sans couler; puis broyez du pain trempé en l'eaue des poucins, percil le plus, sauge et un pou de saffren en la verdure pour estre vertgay, et les coulez par l'estamine, (et aucuns y coulent[1] des moyeux d'œufs durs) et deffaites de bon vinaigre : et icelles deffaites, mettez sur vostre poulaille, et avec et pardessus icelle poulaille mettez des œufs durs par quartiers et gettez vostre sausse pardessus tout.

Aliter, prenez le poucin et le plumez, puis le mettez boulir et du sel tant qu'il soit cuit, puis l'ostez et le mettez par quartiers reffroidier : puis mettez cuire des œufs durs en l'eaue, et mettez du pain tremper en vin et vertjus ou vinaigre, et autant de l'un comme de l'autre; puis prenez du percil et de la sauge, puis broyez gingembre, graine, et coulez par l'estamine, et coulez les moyeux d'œufs, et mettez des œufs durs par quartiers dessus les poucins, et puis mettez vostre sausse pardessus.

SOUS DE POURCELET se fait ainsi comme d'une froide sauge, sans y mettre nuls œufs et point de sauge ne de

[1] Var. B, *pour couleur*, au lieu de *y coulent*.

pain. Il est fait du groing, des oreilles, de la queue, des jarrets cours[1], et des quatre trotignons[2] bien cuis et très bien plumés, puis mis en sausse de percil broyé, vinaigre et espices.

POTAGE PARTI OU [3] FAULX GRENON. Prenez une cuisse de mouton ou foies et jugiers de poulailles, et les mettez cuire très bien en eaue et en vin, et les tranchez comme quarrés : puis broyez gingembre, canelle, giroffle et un pou de saffren et graine de paradis, et deffaites de vin et de vertjus, du bouillon de char, (de celluy mesmes ou de la char à cuire[4],) et puis ostez du mortier; puis aiez pain hazé[5] trempé en vin et vertjus, broyez très bien, et après ce le passez par l'estamine, et faictes tout boulir ensemble; puis prenez la char et la frisiez au lart et la gettez dedans, et prenez dedens[6] moieux d'œufs passés par l'estamine, et gettez dedans pour lier. Et après dréciez par escuelles, et gettez dessus pouldre de canelle et sucre : c'est assavoir gettez sur la moitié de l'escuelle et non sur l'autre; et l'apelle-l'en *Potage parti*[7].

FLAONS EN KARESME. Affaitiez et estauvez anguilles : cuisiez-les après en si chaude eaue que vous en puissiez oster la char sans les arestes, et laissiez aussi la teste et la queue, et ne prenez que la char; et broyez

---

[1] Le jarret de devant, ou la dernière, la plus courte articulation? — [2] Extrémité du pied? — [3] Ce mot n'est pas dans le manuscrit A. — [4] Var. C, *ou la char aura cuit.* — [5] Ce mot doit être synonyme de *harlé*, hâlé, grillé. — [6] Mot qui est de trop, à moins qu'on ne lise *de deus* (deux).

[7] Parce qu'il étoit ainsi divisé par une ligne verticale en deux portions de couleur différente, comme *un écusson parti* en blason. Le potage *écartelé* dont il est question dans les *Menus* devoit se faire d'une manière analogue, sauf qu'il étoit *écartelé* (divisé en quatre portions par deux lignes en croix), au lieu d'être *parti*. Voy. p. 214 un autre *faulx grenon.*

du saffren ou mortier, puis broyez dessus la char de l'anguille, destrempez de vin blanc, et de ce faites vos flaons; et succrez pardessus.

Item, flaons ont saveur de frommage quant l'en les fait de laittences de lus, de carpes, amandes ou amidon broyés, et du saffren destrempé de vin et de sucre foison dessus.

Item, se font de char de tanches, lus, carpes, et amidon, saffran, deffait de vin blanc et succre dessus.

TARTE JACOBINE. Prenez des anguilles et les eschaudez et tronçonnez par petis tronçons qui n'aient que demy doit d'espois, et prenez de la cloche[1], du frommage de gain[2] esmié, et puis cela soit porté au four et que l'en face une tarte, et que l'en pouldre du frommage au fons, et puis que l'en mette l'anguille debout, et puis du frommage un lit, et puis un lit de cols[3] d'escrevices, et tousjours, tant comme chascun durera, un lit d'un et un lit d'autre. Et puis boulez du lait, et puis boulez[4] du saffran et du gingembre, graine, giroffle, et puis destrampez du lait, et puis mettez dedans la tartre quant elle aura esté un pou au four, et mettez du sel dedans le lait, et qu'elle ne soit point couverte; et pongnez[5] les piés des escrevices, et faites un joly couvescle à par soy[6], pour mettre dessus quant elle sera cuite.

AUTRE TARTRE. *Nota* que de la farcissure d'un cochon peut-l'en faire une tartre couverte, et que la farce soit bien faite.

[1] Du gingembre. — [2] Voy. ci-dessus, p. 213. — [3] Sans doute queues. — [4] Ce doit être *boulez*, ou plutôt *broyez.* — [5] Piquez les pattes d'écrevisses dans la tarte. — [6] A part, séparément.

II

O v

POUR FAIRE UNE TOURTE, prenez quatre pongnées de bettes, deux poignées de percil, une pongnée de cerfueil, un brain de fanoil et deux pongnées d'espinoches[1], et les eslisez et lavez en eaue froide, puis hachiez bien menu : puis broyez de deux paires de frommages, c'est assavoir du mol et du moïen, et puis mettez des œufs avec ce, moyeu et aubun, et les broyez parmi le frommage; puis mettez les herbes dedans le mortier et broyez tout ensemble, et aussi mettez-y de la pouldre fine. Ou en lieu de ce aiez premièrement broyé ou mortier deux cloches de gingembre, et sur ce broyez vos frommages, œufs et herbes, et puis gettez du vieil frommage de presse[2] ou autre gratuisé[3] dessus celles herbes, et portez au four, et puis faites faire une tartre et la mengez chaude.

POUR FAIRE QUATRE PLATS DE GELÉE DE CHAR, prenez un cochon et quatre piés de veau et faites plumer deux poucins et deux lappereaulx tous meigres, et fault oster la gresse, et seront fendus tout au long tous crus, excepté le cochon qui est par morceaulx : et puis mettez en une paelle trois quartes de vin blanc ou claret, une pinte de vinaigre, une chopine de vertjus, faictes boulir et escumer fort; puis mettez dedans en un petit drapelet délié le quart d'une once de saffran pour donner couleur ambrine, et faictes boulir char et tout ensemble avec un pou de sel; puis prenez dix ou douze cloches de gingembre blanc[4] ou cinq ou six cloches de garingal, demie once de graine de paradis, trois ou quatre pièces de folium de macis, pour deux

---

[1] Épinards. Voy. p. 141. — [2] Pressé? — [3] Râpé. — [4] Sans doute gingembre de mesche. Voy. p. 230.

blans, citoual[1] : cubebbes[2], espic[3] pour trois blans :
fueilles de lorier, six nois muguettes; puis les escachiez en un mortier et mettez en un sachet et mettez
boulir avec la char tant qu'elle soit cuite, puis la traiez
et mettez sécher sur une nappe blanche, puis prenez
pour le meilleur plat les piés, le groin et les oreilles :
et du remenant aux autres. Puis prenez une belle
touaille[4] sur deux tresteaux, et versez tout vostre
chaudeau dedans, excepté les espices que vous osterez,
et mettez couler pour potage, et ne la remuez point
afin qu'elle reviengne plus clère. Mais s'elle ne couloit
bien, si faites feu d'une part et d'autre pour la tenir
chaude pour mieulx couler, et la coulez avant deux ou
trois fois qu'elle ne soit bien clère[5], ou parmi une nappe
en trois doubles. Puis prenez vos plas et dréciez vostre
char dedans, et aiez des escrevices cuites, dont vous
mettrez dessus votre char des cuisses et la queue; de
vostre gelée, laquelle sera réchauffée, versez tant
dessus la char que la char baigne et soit couverte dedans, car il n'y doit avoir que un petit de char, puis
mettre une nuit refroidier en la cave, et au matin
poigniez dedans clos de giroffle et fueilles de lorier et
fleur de canelle, et semez anis vermeil. *Nota* que pour
la faire prendre en deux heures, il convient avoir
graine de coings, philicon[6] et gomme de cerisier, et

[1] Racine d'arbre autrement dite *zedoaria*, suivant Jacques de Vitry cité par Du Cange au mot *Zedoaria*. — [2] C'est le poivre de cubèbe, employé aujourd'hui seulement dans la pharmacie. — [3] Le nard, *spica nardi*, dans le *Trésor de Santé.* Voy. aussi Du Cange à *Spicus.* — [4] Var. B, *toile.* — [5] Il semble qu'il faudroit *et la couler deux ou trois fois avant qu'elle*, etc.

[6] Peut-être ce mot désigne-t-il la *filicule*, plante astringente de l'espèce des fougères.

tout ce faire conquasser et mettre en un sac de toile boulir avec la char.

Item, à jour de poisson, l'en fait gelée comme dessus, de lus, de tanches, de bresmes, d'anguilles, d'escrevices et de loche. Et quant le poisson est cuit, l'en le met essuier et sécher sur une belle nappe blanche, et le peler et nettoier très bien, et getter les peleures ou bouillon.

Item, POUR FAIRE GELÉE BLEUE, prenez dudit boullon, soit poisson ou char, et mettez en une belle paelle et faites boulir encores sur le feu, et prenez sus un espicier deux onces de tournesot[1] et le mettez boulir avec tant qu'il ait bonne couleur, puis l'espraingnez et ostez : et puis prenez une pinte de loche[2] et le cuisiez autre part, et eschaudez la loche en vos plats, et laissiez couler le boullon comme dessus, et laissiez refroidier. *Item*, de ce mesmes se fait un bleu. Et se vous voulez faire armoirie dessus la gelée, prenez or ou argent, lequel que mieulx vous plaira, et de l'aubun d'un œuf tracez à une plumette, et mettez de l'or dessus à une pincette.

Aliter, POUR VINT PLAS DE GELÉE convient dix lappereaulx meigres, dix poucins meigres, une chopine de loche qui peut valoir trois sols : un cent d'escrevices qui ne soient pas de Marne, six sols : un cochon meigre, trois sols huit deniers; (et combien qu'il soit meigre, encores convient-il oster la gresse d'entre la

---

[1] Tournesol. Fruit de l'*heliotropium tricoccum*. Voy. Trévoux.

[2] Ce mot désigne ici le poisson du même nom qui semble avoir été ainsi vendu à la mesure, car nous allons voir (article des *vingt plats de gelée*) l'auteur parler d'une *chopine* de loche qui, répartie entre vingt plats, donnoit six loches par plat. Si son calcul n'est pas erroné (comme celui qu'il fait des écrevisses), une chopine de loche auroit contenu cent vingt loches environ.

couenne et la char, et faire petis morceaulx quarrés,)
trois espaules de veau, quatre sols : huit quartes de vin
pour cuire le veau tout en vin, deux quartes de vinaigre : demie aulne de toile de lin, deux sols. *Item*,
il convient cuire le veel tout en vin et vinaigre, et
escumer et mettre du sel dedans, puis traire[1], et cuire
les lappereaulx et poucins, et escumer, et mettre la
moitié du lorier et mettre du saffren en une toile ou
sachet pour cuire avec : aussi mettre les espices bien
petit moulues ou mortier de pierre ; et quant tout est
cuit, si le faictes couler parmy l'estamine et toile, et
regetter tant qu'il soit bien cler ; puis cuisiez la loche
d'une part et les escrevisses d'autre, et prenez les
queues des escrevisses, et faites vos plats chascun de
demy lappereau, demy poucin, six loches et quatre[2]
queues d'escrevices ; et les mettez en la cave ou celier,
et asséez vos plats bien drois, et gettez vostre gelée
dessus et l'emplez bien. Et le lendemain[3], mettez sur
chascun plat violette blanche, grenade et dragée vermeille et quatre fueilles de lorier.

Une andouille d'esté. Prenez une fressure d'aignel
ou chevrel et ostez la taye, et le remenant cuisiez en
eaue et un petit de sel : et quant elle sera cuite, si la
hachez bien menu ou broyez, puis ayez six moyeux
d'œufs et pouldre fine, une cuillier d'argent, et batez
tout ensemble en une escuelle ; puis mettez et meslez
vostre fressure avec vos moyeux d'œufs et pouldre,
puis estendez tout sur la coiffe ou taye, et entortilliez
en guise d'andouille, puis liez de fil laschement du
long, et puis au travers bien dru ; et puis rostir sur le

[1] Ote le veau. — [2] Il en faudroit cinq pour employer les cent écrevisses
dans vingt plats. — [3] Ainsi dans les trois manuscrits. Voy. p. 196, n. 1.

greil, puis ostez le fil et servir. *Vel sic* : faites-en pommettes, c'est assavoir de la taye mesmes, et icelles pommettes frisiez en sain de porc doulx.

POMMEAULX. Prenez d'un cuissot de mouton le meigre tout cru, et autant de la cuisse de porc meigre: soit tout ensemble haché bien menu, puis broyez ou mortier gingembre, graine, giroffle, et mettez en pouldre sur vostre char hachée, et puis destrempez d'aubun et non pas du moyeu; puis paumoyez[1] aux mains les espices et la char toute crue en luy donnant forme de pomme, puis quant la forme est bien faite, l'en les met cuire en l'eaue avec du sel, puis les ostez, et ayez de broches de couldre[2] et les embrochiez et mettez rostir; et quant ils se roussiront, ayez percil broyé et passé par l'estamine et de la fleur[3] meslée ensemble, ne trop cler ne trop espois, et ostez vos pommeaulx de dessus le feu et mettez un plat dessoubs, et en tournant la broche sur le plat, oingnez vos pommeaulx, puis mettez au feu tant de fois que les pommeaulx deviennent[4] bien vers.

RENOULLES[5]. Pour les prendre, aiez une ligne et un ameçon avec esche[6] de char ou d'un drap vermeil, et icelles renoulles prises, couppez-les à travers parmi le corps emprès les cuisses et vuidiez ce qu'il y sera emprès le cul, et prenez désdictes renoulles les deux cuisses, coupez les piés, et lesdites cuisses pelez toutes crues, puis aiez eaue froide et les lavez; et se les cuisses demeurent une nuit en eaue froide, de tant sont-elles meilleurs et plus tendres. Et ainsi trempées, soient

---

[1] Frappez, pressez de la paume de la main. — Var. fautive de A, *paronoyez.* — [2] Noisetier. — [3] Farine. — [4] Var. B, *demeurent.* — [5] Grenouilles. — [6] Appât, *esca.*

lavées en eaue tiède, puis mises et essuites en une touaille ; lesdictes cuisses, ainsi lavées et essuites, soient en farine touillées, *id est* enfarinées, et puis frites en huile, sain ou autre liqueur, et soient mises en une escuelle et de la pouldre dessus [1].

LIMASSONS que l'en dit *escargols,* convient prendre à matin. Prenez les limassons jeunes, petis, et qui ont coquilles noires, des vignes ou des seurs [2], puis les lavez en tant d'eaue qu'ils ne gettent plus d'escume : puis les lavez une fois en sel et vinaigre et mettez cuire en eaue. Puis il vous convient traire iceulx limassons de la coquerette au bout d'une espingle ou aguille, et puis leur devez oster leur queue, qui est noire, car c'est leur m..de ; et puis laver, mettre cuire et boulir en eaue, et puis les traire et mettre en un plat ou escuelle, à mengier au pain. Et aussi dient aucuns qu'ils sont meilleurs fris en huile et oignon ou autre liqueur après ce qu'ils sont ainsi cuis que dit est dessus, et sont mengiés à la pouldre, et sont pour riches gens [3].

PASTÉS NORROIS sont fais de foie de morue et aucunes fois du poisson hachié avec. Et fault premièrement un petit pourboulir, puis hacher, et mis en petis pastés de trois deniers pièce et de la pouldre fine pardessus. Et quant le pasticier les apporte non cuis ou four, sont fris tous entiers en huile et c'est à jour de poisson ; et à jour de char, l'en les fait de mouelle de beuf qui est reffaite, c'est à dire que l'en met icelle

[1] G. C., 68 v° (tronqué). — [2] Sureaux, suivant Roquefort. (Voy. plus loin R. de la *gluz.*) Le G. C., qui donne cette recette (f. 73 v°), dit *aux vignes et aux jardins.* — [3] On trouve à la fin du *Calendrier des Bergiers* (Paris, 1493, in-f°, f. N vj) une pièce très-bizarre sur le limaçon, dans laquelle on lui dit : *Oncques Lombard ne te mangeat, A telle saulce que (nous) ferons, Si te mettrons en ung grant plat, Au poyvre noir et aux ongnons.*

mouelle dedans une cuillier percée, et met-l'en icelle cuillier percée avec la mouelle dedans le bouillon du pot à la char, et l'y laisse-l'en autant comme l'en laisseroit un poucin plumé en l'eaue chaude pour reffaire; et puis la met-l'en en eaue froide, puis couppe-l'en la mouelle et arrondist-l'en comme gros jabets[1] ou petites boulettes, puis porte-l'en au pasticier qui les met quatre et quatre ou trois en un pasté et de la pouldre fine dessus. Et sans cuire ou four sont cuis en sain.

Et qui en veult faire *buignets de mouelle*, convient la reffaire en la manière[2], puis prendre de la fleur et des moyeux d'œufs et faire le[3] paste, prendre chascun morcel de mouelle et frire au sain. Des buignets quérez le remenant.

AUTRES ENTREMÈS.

LAIT LARDÉ. Prenez lait de vache ou de brebis et mettez fremier sur le feu, et gettez des lardons et du saffran : et aiez œufs, *scilicet* blanc et moyeux, bien batus, et gettez à ung coup, sans mouvoir, et faites boulir tout ensemble, et après l'ostez hors du feu et laissiez tourner; ou, sans œufs, le fait-l'en tourner de vertjus. Et quant il est refroidié, l'en le lie bien fort en une pièce de toile ou estamine et luy donne-l'en quelque forme que l'en veult, ou plate ou longue, et chargié d'une grosse pierre laissiez reffroidier sur un dréçouer toute nuit, et l'endemain lachié et frit au fer de la paelle, et se frit de luy mesmes sans autre gresse[4], ou

---

[1] Ainsi écrit dans les trois manuscrits; mais ce doit être *jalet*, caillou rond (*galet*) ou balle de plomb qu'on lançoit avec une arbalète dite arc à jalet : de *jaculum*. — [2] Suppléez *que dessus*. — [3] Sans doute *la* paste et non *le* pasté. — [4] Ce passage confirme l'explication donnée p. 150, n. 5.

à gresse qui veult; et est mis en plas ou escuelles comme lesche de lart, et lardé de giroffle et de pignolat. Et qui le veult faire vert, si preigne du tournesol.

RISSOLLES A JOUR DE POISSON. Cuisiez chastaingnes à petit feu et les pelez, et aiez durs œufs et du frommage pelé et hachez tout bien menu ; puis les arrousez d'aubuns d'œufs, et meslez parmy pouldre et bien petit de sel délié, et faites vos rissoles, puis les frisiez en grant foison d'uille et succrez.

Et *nota*, en karesme, en lieu d'œufs et frommage, mettez merlus et escheroys cuis, bien menu hachiés, ou char de brocherès ou d'anguilles, figues et dates hachées.

Item, au commun[1], l'en les fait de figues, roisins, pommes hastées et noix pelées pour contrefaire le pignolat, et pouldre d'espices : et soit la paste très bien ensaffrenée, puis soient frites en huille. S'il y convient lieure[2], amidon lie et ris aussi. *Item*, char de langouste de mer y est bonne en lieu de char.

RISSOLLES EN JOUR DE CHAR sont en saison depuis la Saint Remy[3]. Prenez un cuissot de porc, et ostez toute la gresse qu'il n'y en demeure point, puis mettez le meigre cuire en un pot et du sel largement : et quant elle sera presque cuite, si la traiez et aiez œufs durs cuis, et hachiez aubun et moyeu, et d'autre part hachiez vostre grain bien menu, puis meslez œufs et char tout ensemble, et mettez pouldre dessus, puis mettez en paste et frisiez au sain de luy mesmes. Et *nota* que c'est propre farce pour cochon; et aucunes fois les queux l'achetent des oubloiers[4] pour farcir

---

[1] Pour les repas ordinaires ? — [2] Liaison. — [3] 1er octobre. — [4] Ce doit être une faute pour *oyers*, rôtisseurs.

cochons : mais toutesvoies, à farcir cochon, il est bon de y mettre bon vieil frommage.

Item, à la court des seigneurs comme Monseigneur de Berry, quant l'en y tue un beuf, de la mouelle l'en fait rissolles[1].

CRESPES. Prenez de la fleur et destrempez d'œufs tant moyeux comme aubuns, osté le germe, et le deffaites d'eaue, et y mettez du sel et du vin, et batez longuement ensemble : puis mettez du sain sur le feu en une petite paelle de fer, ou moitié sain ou[2] moitié beurre frais, et faites[3] fremier; et adonc aiez une escuelle percée d'un pertuis gros comme vostre petit doit, et adonc mettez de celle boulie dedans l'escuelle en commençant ou milieu, et laissiez filer tout autour de la paelle; puis mettez en un plat, et de la pouldre de succre dessus[4]. Et que la paelle dessusdite de fer ou d'arain tiengne trois choppines, et ait le bort demy doy de hault, et soit aussi large ou dessus comme en bas, ne plus ne moins; et pour cause.

CRESPES A LA GUISE DE TOURNAY. *Primo*, il vous convient avoir fait provision d'une paelle d'arain tenant une quarte, dont la gueule ne soit point plus large que le fons, se très petit non, et soient les bors de hauteur quatre doie ou trois doie et demye largement. *Item*, convient estre garni de beurre salé, et fondre, escumer et nettoier, et puis verser en une autre paelle, et laissier tout le sel et de sain frais bien net autant de l'un comme de l'autre. Puis prenez des œufs et les frisiez, et de la moitié d'iceulx ostez les aubuns, et le remenant d'iceulx soient batus avec tous les aubuns et moieux, puis prenez le tiers ou le quart de vin blanc tiède, et meslez tout ensemble : puis prenez la plus belle fleur de fourment que vous pourrez avoir, et puis batez ensemble tant et tant, comme à l'ennuy d'une ou de deux personnes, et ne soit vostre paste ne clère ne espoisse, mais telle qu'elle se puisse légièrement couler parmi un pertuis aussi gros comme un petit doy; puis mettez vostre beurre et vostre sain sur le feu ensemble, autant d'un comme d'autre, tant qu'il bouille, puis prenez vostre paste et emplez une escuelle ou une grant cuillier de bois percée, et filez dedans vostre gresse, premièrement ou milieu de la paelle, puis en tournyant jusques à ce que vostre paelle soit plaine; et que l'en bate tousjours vostre paste sans cesser pour faire des autres crespes. Et icelle crespe qui est en la paelle convient soubslever à une brochette ou fuisel[1], et tourner ce dessus dessoubs pour cuire, puis oster, mettre en un plat, et commencier à l'autre; et que l'en ait tousjours meu et batu la paste sans cesser.

PIPEFARCES. Prenez des moyeux d'œufs et de la fleur et du sel, et un pou de vin, et batez fort ensemble, et du frommage tranchié par lesches, et puis toulliez[2] les lesches de frommage dedans la paste, et puis la frisiez dedans une paelle de fer et du sain dedens. Aussi en fait-l'en de mouelle de beuf.

UNE ARBOULASTE[3] DE CHAR POUR QUATRE PERSONNES. Se vous avez fait tuer un chevrel, vous povez faire assiette[4] de la pance, mulette ou caillette, saultier, etc., au jaunet avec du lart et du foie, mol, fressure et autres trippes. Cuisez-les très bien en eaue, puis les

[1] Fuseau. — [2] Rouler, sausser. Var. A, coulez. — [3] Var. B, arboulastre. — [4] Service, mets.

hachiez à deux cousteaulx comme porée, et[1] faites hachier au pasticier très bien menus, ou broyez ou mortier avec sauge ou mente, etc., comme dessus.

Nota que du chevrel les boyaulx ne sont point laissiés avec la fressure comme ils sont laissiés avec la fressure du porc; la raison est car les boyaulx du porc sont larges et se pevent laver, retourner et renverser à la rivière, et les boyaulx de chevrel, non; mais toutes les autres choses y sont laissiées comme au porc, *scilicet* la teste, le gosier et le col, le foie, le mol ou pomon, car c'est tout un, la rate menue et le cuer. Et tout ensemble est appellé fressure : et autel de porc[2].

Item, quant l'en parle des hastelets de chaudun[3] de porc que l'en mengue en Juillet, qui sont lavés en sel et en vinaigre, ce sont les boyaulx qui sont gras, qui sont tranchés par lopins de quatre doie de long, et mengiés au vertjus nouvel.

ESCHEROYS[4] les plus nouveaulx mis hors de terre et frais tirés, cueillis en Janvier, Février, etc., sont les meilleurs; et sont les plus frais congneus à ce que au plaier ils se rompent, et les viels tirés hors de terre se ployent. Il les convient rere et oster le mauvais au coustel comme on fait les navets, puis les convient laver très bien en eaue tiède, puis pourboulir un petit, puis les mettre essuier sur une touaille, puis enfleurer[5], puis frire, puis drécier par petis platelets arrangéement, et mettre du succre dessus.

Item, qui en veult faire pastés, il les convient faire

---

[1] Sans doute faute pour *ou*. — [2] Voy. p. 129. — [3] Voy. p. 161. — [4] J'ai dit p. 185 que ce mot pouvoit signifier une sorte de champignons; mais je crois que ce sont plutôt les racines du *chervis* (*siser*) désignées et décrites sous le nom d'*eschervis* dans le *Trésor de Santé*, p. 432. — [5] Enfariner.

comme dessus jusques au frire, et lors les mettre en
pasté, rompus en deux les trop longs, et au lieu du
succre dont dessus est parlé, convient mettre figues
couppées par menus morceaulx et des roisins avec.

BUIGNETS D'ŒUVES [1] DE LUS. Il convient mettre les
œuves en eaue et avec du sel, et bien cuire : laissier
refroidier, puis mettre par morceaulx et envelopper en
paste et œufs, et frire à l'uille.

SAULCES NON BOULIES.

MOUSTARDE. Se vous voulez faire provision de moustarde pour garder longuement, faites-la en vendenges
de moulx doulx. Et aucuns dient que le moust soit bouly.
Item, se vous voulez faire moustarde en un village
à haste, broyez du senevé en un mortier et deffaites
de vinaigre, et coulez par l'estamine ; et se vous la voulez tantost faire parer [2], mettez-la en un pot devant le
feu. *Item*, et se vous la voulez faire bonne et à loisir,
mettez le senevé tremper par une nuit en bon vinaigre,
puis le faites bien broyer au moulin, et bien petit à
petit destremper de vinaigre : et se vous avez des espices qui soient de remenant de gelée, de claré, d'ypocras ou de saulces, si soient broyées avec, et après la
laissier parer.

VERTJUS D'OZEILLE. Broyez l'ozeille très bien sans les
bastons, et deffaites de vertjus vieil blanc, et ne coulez
point l'ozeille, mais soit bien broyée ; *vel sic* : broyez
percil et ozeille ou la feuille du blé. *Item* du bourgon
de vigne, c'est assavoir jeune bourgon et tendre, sans
point de tuyau.

---

[1] Œufs. — [2] Se préparer, se faire.

CAMELINE. *Nota* que à Tournay, pour faire cameline, l'en broye gingembre, canelle et saffren et demye noix muguette : destrempé de vin, puis osté du mortier; puis aiez mie de pain blanc, sans bruler, trempé en eaue froide et broyez au mortier, destrempez de vin et coulez, puis boulez tout, et mettez au derrain du succre roux : et ce est cameline d'yver. Et en esté la font autelle, mais elle n'est point boulie.

Et à vérité, à mon goust, celle d'iver est bonne, mais en[1] est trop meilleure celle qui s'ensuit : broyez un pou de gingembre et foison canelle, puis ostez, et aiez pain hazé[2] trempé ou chappeleures foison en vinaigre broyées et coulées.

Nota que trois différences sont entre gingembre de mesche et gingembre coulombin. Car le gingembre de mesche a l'escorce plus brune, et si est le plus mol à trenchier au coustel et plus blanc dedans que l'autre; *item*, meilleur et tousjours plus cher[3].

Le garingal qui est le plus vermeil violet en la taille, est le meilleur[4].

Des noix muguettes les plus pesans sont les meilleurs et les plus fermes en la taille. Et aussi le garingal pesant et ferme en la taille, car il y en a de heudry[5], pourry et légier comme mort bois; celluy n'est pas bon, mais celluy qui est pesant et ferme contre le coustel comme le noyer[6], celluy est bon.

AULX CAMELINS POUR RAYE. Broyez gingembre, aulx et

[1] Peut-être : *en esté*. Var. B, mais résultat d'une correction : *encores*. — [2] Rôti. — [3] Voy. p. 111. J'ai aussi vu du *gingembre vert*, mentionné dans les registres du parlement (*Plaid. civiles*, 29 avril 1392), à propos d'une affaire de droit maritime, et aussi dans Du Cange au mot *Arquinetta*. — [4] Voy. p. 112.— [5] Gâté. — [6] Var. A. C, *noir*. Je ne vois pas qu'il y ait eu du galanga noir.

crousles de pain blanc trempées en vinaigre, ou pain ars, et deffaites de vinaigre; et se vous y mettez du foye il en vauldroit mieulx.

SAULCE D'AULX BLANCHE OU VERTE POUR OISONS OU BEUF. Broyez une doulce[1] d'aulx et de la mie de pain blanc sans bruler, et destrempez de vertjus blanc; et qui la veult verte pour poisson, si broye du percil et de l'ozeille ou de l'un d'iceulx ou rommarin[2].

AULX MOUSSUS A HARENS FRAIS. Broyez les aulx sans peler, et soient pou broyés et deffais de moust, et dréciez à toutes les peleures.

SAULCE VERT D'ESPICES. Broyez très bien gingembre, clo, graine, et ostez du mortier : puis broyez percil ou salemonde[3], ozeille, marjolaine, ou l'un ou les deux des quatre, et de la mie de pain blanc trempé en vertjus, et coulez et rebroyez très bien, puis recoulez et mettez tout ensemble et assavourez de vinaigre.

Nota que c'est bon *soucié*, mais qu'il n'y ait pain.

Nota que pour toutes espices, pluseurs n'y mettent fors des fueilles de rommarin.

UN SOUCIÉ VERGAY A GARDER POISSON DE MER. Prenez percil, sauge, sanemonde, vinaigre, et coulez; mais avant aiez broyé coq, ysope, ozeille, toute[4], marjolaine, gingembre, fleur de canelle, poivre long, giroffle, graine, et osté hors du mortier, et mettez dessus vostre poisson quant tout sera passé; et soit vergay. Et aucuns y mettent sanemonde à toute la racine.

Nota que le mot *soucié*[5] est dit de *soux* pour ce qu'il est fait comme soux de pourcel.

---

[1] Gousse. — [2] B écrit ici : *raoulmarin.* — [3] Sans doute *sanemonde.* — [4] Toute-bonne? Voir ci-devant, p. 44, n. 2. — [5] Nous avons vu ci-dessus (*Menus* 15 et 21) des turbots *à la* soucie. L'auteur faisant ici

Pour poisson d'eaue doulce ainsi se fait chaudumé, fors tant que l'en n'y met nulles herbes, et en lieu d'herbes, l'en y met saffren et noix muguettes et vertjus, et doit estre fin jaune et bouly, et mis tout chault sur le poisson froit.

Au brochier, taillez au travers et rostis sur le greil.

La saulce d'un chappon rosti est de le despescier par membres, et mettre sur les jointes du sel et du vertjus, et le tiers vin blanc ou vermeil; et poucer[1] fort comme un poucin.

Item, en esté, la saulce d'un poucin rostis est moitié vinaigre, moitié eaue rose, et froissié, etc. *Item*, le jus d'orenge y est bon.

SAULCES BOULIES.

Nota, que en Juillet le vertjus vieil est bien foible et le verjus nouvel est trop vert : et pour[2] ce, en vendenges, le vertjus entremellé moitié vieil moitié nouvel est le meilleur. *Item*, en potage, l'en deffoiblist de purée, mais en Janvier, Février, etc., le nouvel est le meilleur.

CAMELINE A LA GUISE DE TOURNAY, quérez ou chappitre précédent[3].

POIVRE JAUNET OU AIGRET. Prenez gingembre, saffren, puis preingne-l'en pain rosty deffait d'eaue de char, (et encores vault mieux la meigre eaue[4] de choulx,) puis boulir, et au boulir mettre le vinaigre.

et ailleurs ce mot masculin, je pense qu'il faut lire en cet endroit *soucié*, et qu'on disoit *une soucie* et *un soucié*, mais plus souvent le dernier.

[1] Sans doute *pousser*. Nous avons déjà vu, p. 213 (*pour faire perdriaulx de poucins*) qu'on *poussoit* les cuisses du poucin *pour faire la char plus courte*. — [2] Var. A. C, *puis*. — [3] P. 230. — [4] Var. B, *le meigre d'eaue*.

POIVRE NOIR[1]. Prenez clou de giroffle et un pou de poivre, gingembre, et broyez très bien : puis broyez pain ars destrempé en meigre eaue de char ou en meigre eaue de choulx qui mieulx vault, puis soit bouly en une paelle de fer, et au boulir soit mis du vinaigre; puis mettez en un pot au feu pour tenir chault. *Item*, pluseurs y mettent de la canelle.

GALENTINE POUR CARPE. Broyez saffren, gingembre, giroffle, graine, poivre long et noix muguettes, et deffaictes de la grasse eaue en quoy la carpe aura cuit, et y mettez vertjus, vin et vinaigre; et soit lié d'un petit de[2] pain hazé très bien broyé, et sans couler, (jàsoit-ce que le pain coulé fait plus belle saulce,) et soit tout bouly et getté sur le poisson cuit, puis mis en plats. Et est bon reschauffé ou plat sur le gril, meilleur que tout froit. *Nota* qu'elle est bonne et belle sans saffren; et *nota* qu'il souffist que en chascun plat ait deux tronçons de carpe et quatre gougons fris.

LE SAUPIQUET POUR CONNIN OU POUR OISEAU DE RIVIÈRE OU COULON RAMIER. Frisiez oignons en bon sain, ou vous les mincez et mettez cuire en la leschefrite avec eaue de beuf, et n'y mettez vertjus ne vinaigre jusques au boulir : et lors mettez moitié vertjus moitié vin et un petit de vinaigre, et que les espices passent. Puis prenez moitié vin moitié vertjus et un petit de vinaigre, et mettez tout en la leschefrite dessoubs le connin, coulon ou oisel de rivière; et quant ils seront cuis, si boulez la saulce, et aiez des tostées[3] et mettez dedens avec l'oisel.

CALIMAFRÉE OU SAULCE PARESSEUSE. Prenez de la mous-

---

[1] Voy. p. 223, n. 3. — [2] Ce mot n'est que dans C. — [3] Rôties.

larde et de la pouldre de gingembre et un petit de vinaigre, et la gresse et l'eaue de la carpe, et boulez ensemble : et se vous voulez faire ceste saulce pour un chappon, ou lieu que l'en met la gresse et l'eaue de la carpe, mettez vertjus, vinaigre et la gresse du chappon.

JANCE DE LAIT DE VACHE. Broyez gingembre, moyeux d'œufs sans le germe, et soient crus passés par l'estamine avec lait de vache : ou pour paour de tourner, soient les moyeux d'œufs cuis, puis broyés et passés par l'estamine ; deffaictes de lait de vache, et faites bien boulir[1].

JANCE A AULX. Broyez gingembre, aulx, amandes, et deffaites de bon vertjus et puis boulez ; et aucuns y mettent le tiers de vin blanc.

JANCE se fait en ceste manière : prenez amandes, mettez en eaue chaude, pelez, broyez, et du gingembre deux cloches aussi; ou y mettez de la pouldre, un pou d'aulx, et du pain blanc, pou plus que d'amandes, qui ne soit point brûlé, destrempé de vertjus blanc et le quart de vin blanc : couler, puis faire très bien boulir, et drécier par escuelles. Et en doit-l'en plus drécier que d'autre saulce[2].

UNE POITEVINE. Broyez gingembre, giroffle, graine et des foies, puis ostez du mortier : puis broyez pain brûlé, vin et vertjus et eaue, de chascun le tiers, et faictes boulir, et de la gresse du rost dedans, puis versez sur vostre rost ou par escuelles[3].

MOUST POUR HÉTOUDEAUX. Prenez roisins nouveaulx

---

[1] *G. C.*, 74 v°. — [2] *Ib.*, réuni avec la recette précédente en un seul article et fautif. — Cette recette paroît la même que la précédente, mais améliorée et complétée. — [3] Presque identique avec la recette de la *sauce poitevine* dans le Taillevent manuscrit, défigurée dans l'imprimé.

et noirs, et les escachiez[1] ou mortier, et boulez un bouillon, puis coulez par une estamine : et lors gettez dessus pouldre, petit de gingembre et plus de canelle, ou de canelle seulement *quia melior*, et meslez un petit à une cuillier d'argent, et gettez crenstes ou pain broyé ou œufs ou chastaignes, pour lier, dedans : du succre roux, et dréciez.

(*Item*, à ce propos, sachiez que *Arquenet*[2] est espice qui rent rouge couleur et est aussi comme garingal ; et la convient tremper en vin et en l'eaue de la char, puis broyer.)

Item, et qui veult faire ce moust dès la Saint Jehan et avant que l'en treuve aucuns roisins, faire le convient de cerises, merises, guines, vin de meures, avec pouldre de canelle, sans gingembre, se petit non, boulir comme dessus, puis mettre du succre dessus[3].

Item, et après ce que l'en ne treuve nuls roisins, *scilicet* en Novembre, l'en fait le moust de prunelles de haye, ostés les noiaux, puis broyées ou escachées ou mortier, faire boulir avec les escorces, puis passer par l'estamine, mettre la pouldre, et tout comme dessus.

SAULCE BRIEFVE POUR CHAPPON. Ayez de belle eaue nette, et mettez en la leschefrite dessoubs le chappon quant il rostist, et arrousez tousdis[4] le chappon, puis broyez une doulce[5] d'ail et destrempez d'icelle eaue

---

[1] Écrasez.

[2] Cette épice est sans doute la même que l'*arquinetta* citée dans des lettres du roi Richard II, en faveur de marchands de Gênes (1380); mais ce ne peut être un bois sudorifique comme le conjecture dom Carpentier (voir *Glossaire* de Du Cange, au mot *Arquinetta*). Je ne vois pas au reste pourquoi l'auteur parle de cette épice à propos d'une recette où elle n'est pas employée.

[3] Var. B, *roux*, au lieu de *dessus*. — [4] Toujours. — [5] Gousse.

et boulez; puis dréciez. Comme *jance* elle est bonne, qui mieulx n'a.

SAULCE A METTRE BOULIR EN PASTÉS DE HALEBRANS, CANETS, LAPPEREAULX OU CONNINS DE GARENNE. Prenez foison de bonne canelle, gingembre, giroffle, graine, demie noix muguette et macis, garingal, et broyez très bien, et deffaites de vertjus moitié et vinaigre moitié, et soit la saulce clère. Et quant le pasté sera ainsi comme cuit, soit icelle saulce gettée dedans et remis au four boulir un seul bouillon.

(*Nota* que *Halebrans* sont les petis canets qui ne pevent voler jusques à tant qu'ils ont eu de la pluye d'Aoust.)

Et *nota* que en yver l'en y met plus gingembre pour estre plus forte d'espices, car en yver toutes saulces doivent estre plus fortes que en esté.

UNE QUEUE DE SANGLIER. Prenez nomblets de porc, lièvres et[1] oiseaulx de rivière, et les mettez en la broche, et une leschefrite dessoubs, et du vin franc[2] et du vinaigre. Et puis prenez graine, gingembre, giroffle, noix muguettes et du poivre long et canelle, et broyez et ostez du mortier : puis broyez pain brûlé et trempé en vin franc, et le coulez par l'estamine ; et puis coulez tout ce qui est en la leschefrite et les espices et le pain en une paelle de fer ou en un pot avec eaue de la char, et y mettez le rost de quoy vous le ferez, et l'ayez avant boutonné de cloux de giroffle.

Ainsi convient faire à un *Bourberel*[3] *de sanglier.*

Nota que les noix muguettes, macis et garingal font douloir la teste.

---

[1] Var. B, *ou*. — [2] Véritable (non aigri) ; comme nous avons vu p. 193, du vin *plain* ? — [3] Bourbelier. Voy. p. 158 et 179.

Saulce rappée. Eschaudez trois ou quatre grappes de vertjus, puis en broyez une partie et ostez le marc d'icelluy vertjus : et puis broyez du gingembre et allaiez d'icellui vertjus et mettez en une escuelle; puis broyez les escorces du vertjus autrefois broyé, et destrempez de vertjus blanc et coulez; et mettez tout en icelle[1] escuelle et meslez tout ensemble, puis dréciez et mettez des grains dessus. *Nota,* en Juillet, quant le vertjus engrossist, est au jambon ou pié de porc[2].

Saulce pour un chappon ou poule. Mettez tremper un très petit de mie de pain blanc en vertjus et du saffran, puis soit broyé : puis le mettez en la leschefrite, et les quatre parties de vertjus et la cinquième partie de la gresse de la poule ou chappon et non plus, car le plus seroit trop, et faites boulir en la leschefrite, et dréciez par escuelles.

Saulce pour oeufs pochiés en huile. Aiez des oignons cuis et pourboulis moult longuement comme choulx, puis les frisiez : après vuidiez la paelle où vous avez frit vos œufs que rien n'y demeure, et en icelle mettez l'eaue et oignons et le quart de vinaigre, c'est à dire que le vinaigre face le quart de tout, et boulez, et gettez sur vos œufs.

BUVRAGES POUR MALADES.

Tizanne doulce. Prenez de l'eaue et faites boulir, puis mettez pour chascun sextier[3] d'eaue une escuelle d'orge largement, et ne chault s'elle est à toute l'es—

---

[1] Var. B, *une.* — [2] L'auteur veut sans doute dire qu'alors cette sauce se sert avec du jambon, etc. — [3] Sans doute le setier de huit pintes plutôt que celui d'une demi-pinte (ou chopine).

corce, et pour deux parisis[1] de réglisse, *item*, des figues, et soit tant bouly que l'orge crève ; puis soit coulée en deux ou trois toiles, et mis en chascun gobelet grant foison de succre en roche. Puis est bonne icelle orge[2] à donner à mengier à la poulaille pour engressier.

Nota que la bonne réglisse est la plus nouvelle, et est en la taille de vive couleur vergaie, et la vieille est de plus fade et morte, et sèche.

Bouillon. Pour faire quatre sextiers de bouillon, il convient avoir la moitié d'un pain brun d'un denier, de levain, levé de trois jours[3] : *item*, de son, le quart largement d'un boissel, et mettre cinq sextiers d'eaue en une paelle, et quant elle fremiera, mettre le son en l'eaue et tant boulir que tout s'appetice du cinquième ou plus ; puis oster de dessus le feu et laissier refroidier jusques à tiède, puis couler par une estamine ou sas, ou[4] destremper le levain en eaue et mettre ou tonnel, et laissier deux ou trois jours parer[5] ; puis encaver et laissier esclarcir, et puis boire.

Item, qui le veult faire meilleur, il y convient mettre une pinte de miel bien bouly et bien escumé.

Bochet. Pour faire six sextiers de bochet, prenez six pintes de miel bien doulx, et le mettez en une chaudière sur le feu et le faites boulir, et remuez si longuement que il laisse à soy croistre, et que vous véez qu'il gette bouillon aussi comme petites orines[6] qui se cre-

---

[1] Il y avoit une petite monnoie d'argent de ce nom valant un denier un quart. — [2] Le manuscrit B fait orge masculin ; mais c'est par suite de corrections un peu postérieures au corps du texte. — [3] En prenant les bases établies ci-dessus, p. 109, n. 2, un pain brun (ou *debrode* ou *faitis*, bis,) d'un denier devoit peser tout cuit dix-huit onces. — [4] Var. B, *puis*. — [5] Se faire. — [6] Ordinairement *origine* (*interdum urina*) : mais ici, sans doute *globules*.

veront, et au crever getteront un petit de fumée aussi comme noire : et lors faites-le mouvoir, et lors mettez sept sextiers d'eaue et les faites tant boulir qu'ils reviengnent à six sextiers, et tousjours mouvoir. Et lors le mettez en un cuvier pour refroidier jusques à tant qu'il soit ainsi comme tiède; et lors le coulez en un sas, et après[1] le mettez en un tonnel et y mettez une choppine de leveçon[2] de cervoise, car c'est ce qui le fait piquant, (et qui y mettroit levain de pain, autant vauldroit pour saveur, mais la couleur en seroit plus fade,) et couvrez bien et chaudement pour parer. Et se vous le voulez faire très bon, si y mettez une once de gingembre, de poivre long, graine de paradis et cloux de giroffle autant de l'un que de l'autre, excepté des cloux de giroffle dont il y aura le moins, et les mettez en un sachet de toile et gettez dedans. Et quant il y aura esté deux ou trois jours et le bochet sentira assez les espices et il piquera assez, si ostez le sachet et l'espraignez et le mettez en l'autre baril que vous ferez. Et ainsi vous servira bien celle pouldre jusques à trois ou quatre fois.

Item. AUTRE BOCHET DE QUATRE ANS DE GARDE, *et peut-l'en faire une queue ou plus ou moins à une fois qui veult.* Mettez les trois pars d'eaue et la quatrième de miel, faites boulir et escumer tant qu'il déchée du dixième, et puis gettez en un vaissel : puis remplez vostre chaudière et faictes comme devant, tant que vous en aiez assez; puis laissiez refroidier et puis remplez vostre queue : adonc, vostre bochet gettera comme moust qui se pare. Si le vous convient tousjours tenir

---

[1] A et B répètent *lors*. — [2] Sans doute levure de bière.

plain afin qu'il gette, et après six sepmaines ou un mois l'en doit traire tout le bochet jusques à la lye et le mettre en cuve ou en autre vaissel, puis deffoncier le vaissel où il estoit, oster la lye, eschauder, laver, renfoncer, et remplir de ce qui est demouré, et garder; et ne chault s'il est en vuidenge. Et adonc aiez quatre onces et demie de pouldre fine de fine canelle et une once et demie de clou de giroffle et une de graine batus et mis en un sachet de toile et pendus à une cordelette au bondonnail.

Nota que de l'escume qui en est ostée, prenez pour chascun pot d'icelle douze pos d'eaue, et boulez ensemble, et ce sera bon bochet pour les mesgnies[1]. *Item*, d'autre miel que d'escume se fait à autele portion[2].

BEUVRAGE D'EAUE ROUSSE D'UN CHAPPON. Mettez vostre chappon ou poule en un pot bien net et qui soit tout neuf plommé[3] et bien couvert, que rien n'en puisse yssir, et mettez vostre pot dedans une paelle plaine d'eaue et faites boulir tant que le chappon ou poule soit cuit dedans le pot; puis ostez le chappon ou poule, et de l'eaue qu'il aura faicte dedans le pot donnez au malade à[4] boire.

BUVRAGE DE NOISETTES. Pourboulez et pelez, puis mettez en eaue froide, puis les broyez et allaiez d'eaue boulie et coulez : broyez et coulez deux fois, puis mettez reffroidier en la cave; et vault mieulx assez que tizanne.

---

[1] Domestiques. — [2] Dans la même proportion. — [3] Plombé. Ce mot semble signifier ici étamé. Le Taillevent manuscrit qui donne une recette analogue de ce même plat, dit *plombé par dedans*. Il résulte de la recette de Taillevent qu'on mettoit dans ce pot la poule ou chapon sans eau. — [4] *A* n'est que dans le manuscrit C.

BUVRAGE DE LAIT D'AMANDES. Comme dessus.

POTAGES POUR MALADES.

CHAUDEAU FLAMENT. Mettez un pou d'eaue boulir, puis pour chascune escuelle quatre moyeux d'œufs batus avec vin blanc[1], et versez à fil[2] en vostre eaue et remuez très bien , et du sel y mettez bien à point; et quant il aura bien boulu , tirez-le arrière du feu.

Nota. Qui n'en fait fors une escuelle pour un malade, l'en y met cinq moyeux.

ORGE MONDÉ[3] OU GRUIAU D'ORGE. Mettez l'orge tremper en un bacin ainsi comme demie heure, puis la purez et mettez en un mortier de cuivre et pilez d'une pilette de bois, puis la mettez séchier : et quant elle sera sèche, si la vennez. Et quant vous en vouldrez faire potage, mettez-la cuire en un petit pot avec de l'eaue, et quant elle sera ainsi comme baienne[4], purez-la et la mettez avec du lait d'amandes boulir ; et aucuns le coulent. *Item*, l'en y met du succre foison.

LAIT D'AMANDES. Pourboulez et pelez vos amandes, puis les mettez en eaue froide, puis les broyez et destrempez de l'eaue où les oignons auront cuit et coulez par une estamine : puis frisiez les oignons, et mettez dedans un petit de sel, et faites boulir sur le feu, puis mettez les souppes. Et se vous faites lait d'amandes pour malades , n'y mettez aucuns oignons, et ou lieu de l'eaue d'oignons pour destremper les amandes et dont dessus est parlé, mettez-y et les destrempez

---

[1] Le *G. C.*, qui donne la même recette (f. 28 v°) mais avec quelques modifications, dit ici *avec du vin blanc les deux pars et le tiers d'eau*. Le vin est également mélangé d'eau dans la recette de Taillevent. — [2] En le faisant *filer*. Voy. p. 159, n. 4. — [3] Voy. p. 271. — [4] Crevée. Voy. p. 139.

II   Q

d'eaue tiède nette et faites boulir, et n'y mettez point
de sel, mais succre foison. Et se vous en voulez faire
pour boire, si le coulez à l'estamine ou par deux toiles,
et succre foison au boire.

Coulis d'un poulet. Cuisiez le poulet tant qu'il soit
tout pourry de cuire, et le broyez et tous les os en un
mortier, puis deffaites de son boullon, coulez, et mettez
du succre[1].

Nota que les os doivent estre boulis les premiers :
puis ostez du mortier, coulez, et nettoiez le mortier;
puis broyez la char[2] et grant foison succre.

Un coulis de perche, ou de tanche, ou de sole, ou
d'escrevices. Cuisiez-la en eaue et gardez le boullon,
puis broyez amandes et de la perche avec, et deffaites
de vostre boullon, et coulez et mettez tout boulir;
puis dréciez vostre perche et mettez du succre dessus.
Et soit claret, et foison succre[3].

Le meilleur coulis qui soit à jour de char, ce sont les
cols des poulets et poucins. Et doit-l'en broyer cols,
testes et os, puis broyer à fort, et deffaire d'eaue de joe
de beuf ou de giste de beuf, et couler.

Nota que après les grans chaleurs de Juing, potages
d'espices viennent en saison, et après la Saint Remy,
civé de veel, de lièvre, d'oïttres, etc.

Gruyau convient cuire comme boyen[4], puis purer
et mettre cuire avec le lait d'amandes comme dit est

---

[1] Le Taillevent manuscrit (Bibl. Roy.) donne cette recette avec cette
différence qu'après *couler* on lit : *Mettez boulir, et, qui veult, pouldre de
succre pardessus et non pas trop liant.* Il est probable que ces mots ont
été omis dans les manuscrits du *Ménagier*, car le manuscrit A termine
ainsi cet alinéa : *coulez et mette* (ici un espace vide) *et du succre.*

[2] Le manuscrit B ajoute *à fort.* — [3] Même recette que dans le Taillevent manuscrit. — [4] Bayen, crevé.

prouchainement cy-dessus d'orge mondé, et foison succre.

Ris. Eslisez-le et lavez, etc. [1]

AUTRES MENUES CHOSES QUI NE SONT DE NECCESSITÉ.

C'EST LA MANIÈRE DE FAIRE COMPOSTE [2]. *Nota* qu'il fault commencier à la Sainct Jehan qui est vingt-quatrième jour de Juing.

Premièrement, vous prendrez cinq cens de noix nouvelles environ la Sainct Jehan, et gardez que l'escorce ne le noyau ne soient encores formés et que l'escorce ne soit encores trop dure ne trop tendre, et les pelez tout entour, et puis les perciez en trois lieux tout oultre ou en croix. Et puis les mettez tremper en eaue de Saine ou de fontaine, et la changez chascun jour : et les fault tremper de dix à douze jours et lesquelles [3] deviennent comme noires, et que au macher vous n'y puissiez assavourer aucune amertume; et puis les mettre boulir une onde en eaue doulce par l'espace de dire une *miserelle* [4], et [5] tant comme vous verrez qu'il appartiendra à ce qu'elles ne soient trop dures ne trop moles. Après vuidiez l'eaue, et après les mettez esgouter sur un sac [6], et puis fondez du miel un sextier ou tant qu'elles puissent toutes tremper, et qu'il soit coulé et escumé : et quant il

---

[1] Répétition du dernier paragraphe de la p. 214. — [2] Les trois manuscrits portent après cet intitulé : *Fault commencier à la Sainct Jehan*. Ces mots paroissent une répétition anticipée de ce qui suit. — [3] La phrase est obscure et probablement défectueuse. Peut-être faut-il lire *lez qu'elles*, en prenant l'adverbe *lez* (*juxta, secundum, ad,*) dans le sens de *jusque*; mais je ne l'ai jamais vu ainsi employé. — [4] Le psaume *Miserere*, comme l'auteur dit ailleurs, le temps de dire une patenôtre, etc. — [5] Var. B, *ou*. — [6] Sans doute *sas*.

sera reffroidié ainsi comme tiède, si y mettez vos noix
et les laissiez deux ou trois jours, et puis si les mettez
esgouter, et prenez tant de vostre miel qu'elles puissent
tremper dedans, et mettez sur le feu le miel et le faites
très bien boulir un boullon seulement et l'escumez, et
ostez de dessus le feu : et mettez en chascun pertuis de
vos noix un clou de giroffle d'un costé, et un petit de
gingembre coupé de l'autre, et après les mettez en
miel quant il sera tiède. Et si les tournez deux ou trois[1]
fois le jour, et au bout de trois[2] jours si les ostez : et
recuisiez[3] miel, et s'il n'en y a assez, si en mettez et le
boulez et escumez et boulez, puis mettez vos noix
dedans ; et ainsi chascune sepmaine jusques à un
mois. Et puis les laissiez en un pot de terre ou en
un poinçon[4], et retournez chascune sepmaine une fois.

Prendrez, environ la Toussains, des gros navets, et
les pelez et fendez en quatre quartiers, et puis mettez
cuire en eaue : et quant ils seront un petit cuis, si les
ostez et mettez en eaue froide pour attendrir, et puis les
mettez esgouter ; et prenez du miel et fondez ainsi
comme cellui des noix, et gardez que vous ne cuisiez
trop vos navets.

Item, à la Toussains, vous prendrez des garroittes[5]
tant que vous y vouldrez mettre, et qu'elles soient bien

---

[1] Var. B, *trois ou quatre.* — [2] Id. *quatre.* — [3] Suppl. *le* (le miel d'où
on a retiré les noix).

[4] Tonneau contenant une demi-queue. Mais peut-être ici est-ce un
tonneau plus petit. Ce qui augmente mon doute, c'est que l'auteur dit
plus loin, p. 249, qu'il faut deux livres de sauge pour faire un poinçon
d'eau de sauge ; il semble que cela ne suffiroit pas pour cent quatre-vingt-
quinze litres d'eau. (*Tonnelet* est donné comme synonyme de Poinçon,
p. 260.)

[5] Carottes.

raclées et décopées par morceaux, et qu'elles soient cuites comme les navets. (Garroites sont racines rouges que l'en vent ès Halles par pongnées, et chascune pongnée un blanc.)

Item, prenez des poires d'angoisse et les fendez en quatre quartiers, et les cuisiez ainsi comme les navets, et ne les pelez point; et les faites ne plus ne moins comme les navets.

Item, quant les courges sont en saison, si en prenez ne des plus dures ne des plus tendres, et les pelez et ostez le cuer de dedans et mettez en quartiers, et faites tout ainsi comme des navets.

Item, quant les pesches sont en saison, si en prenez des plus dures et les pelez et fendez.

Item, environ la Saint Andry[1], prenez des racines de percil et de fanoil, et les resez[2] pardessus, et en mettez par petites pièces, et fendez le fanoil parmi et ostez le dureillon du dedans, et n'ostez pas celluy du percil, et les gouvernez tout ainsi comme les choses dessusdictes, ne plus ne moins.

Et quant toutes vos confitures seront prestes, vous pourrez faire ce qui appartient, dont la recepte s'ensuit.

Premièrement, pour cinq cens de noix, prenez une livre de sennevé et demie livre d'anis, un quarteron et demi fanoil, un quarteron et demi coriande, un quarteron et demi karvy[3], c'est assavoir une semence que l'en mengue en dragée, et mettez toutes ces choses en pouldre : et puis faites toutes ces choses broyer en un moulin à moustarde et le destrempez bien espois et de très bon vinaigre, et mettez en un pot de terre. Et

---

[1] 30 novembre. — [2] Ratissez. — [3] Graine du Carvi (*carvi officinarum* ou *cuminum pratense*), plante originaire de la Carie en Asie Mineure.

puis prenez demie livre de raffle[1], c'est assavoir une
racine que l'en vent sur les herbiers[2], et la raclez très
bien et la décopez le plus menuement que vous
pourrez et la faictes mouldre à un moulin à moustarde,
et le destrempez de vinaigre. *Item,* prenez demi
quarteron de fust de giroffle dit *baston de giroffle,*
demi quarteron de canelle, demi quarteron de poivre,
demi quarteron de mesche[3], demi quarteron de noix
muguettes, demi quarteron de graine de paradis, et
faites de toutes ces choses pouldre. *Item,* prenez
demi once de saffran d'Ort[4] séché et batu et une once
de ceudre vermeille, c'est assavoir un fust que l'en
vent sur les espiciers[5] et est dit *cèdre dont l'en fait
manches à cousteaulx.* Et puis prenez douze livres[6] de
bon miel dur et blanc et le faites fondre sur le feu,
et quant il sera bien cuit et escumé, si le laissiez rasseoir, puis le coulez, et le cuisiez encores : et s'il rent
escume, encores le convient couler, sinon le convient
laissier reffroidier; puis destrempez vostre moustarde
de bon vin vermeil et vinaigre par moitié et mettez dedans le miel. Vous destrempez vos pouldres de vin et
vinaigre et mettez ou miel, et en vin chault boulez un
petit vos cèdres, et après mettez le saffran avec les autres
choses, et une autre pongnée de sel gros. *Item,* et
après ces choses, prenez deux livres de roisins que l'en
dit roisins de Digne, c'est assavoir qui sont petis et
n'ont aucuns noyaux dedans ne pepins quelxconques,
et soient nouveaulx, et les pilez très bien en un mor-

---

[1] Peut-être est-ce le raifort, *raffanus, rafan,* dans Crescens qui dit
qu'on en use principalement à faire compote de navets. — [2] Chez les her-
boristes. — [3] Gingembre de mesche. Voy. p. 111. — [4] Nom de lieu.
On lit dans le *Dit des pays* (impr. au xvie siècle) : *En Orte est le bon saffran.* — [5] Voir ci-devant, p. 154. — [6] Var. A. et C, *une livre.*

tier et les destrempez de bon vinaigre, puis les coulez parmi une estamine, et mettez avec les autres choses. *Item*, se vous y mettez quatre ou cinq pintes de moust ou de vin cuit, la saulce en vauldroit mieulx.

Pour faire condoignac[1], prenez des coings et les pelez, puis fendez par quartiers, et ostez l'ueil[2] et les pepins, puis les cuisiez en bon vin rouge et puis soient coulés parmi une estamine : puis prenez du miel et le faites longuement boulir et escumer, et après mettez vos coings dedans et remuez très bien, et le faites tant boulir que le miel se reviengne à moins la moitié; puis gettez dedans pouldre d'ypocras, et remuez tant qu'il soit tout froit, puis taillez par morceaulx et les gardez.

Pouldre fine. Prenez gingembre blanc 1° ℥ (une once et une drachme?) canelle triée ♀[3] (un quarteron?) giroffle et graine de chascun demi quart d'once, et de succre en pierre ♀[3] (un quarteron?) et faictes pouldre.

Confiture de noix. Prenez, avant la Saint Jehan, noix nouvelles et les pelez et perciez, et mettez en eaue fresche tremper par neuf jours, et chascun jour renouvellez l'eaue : puis les laissiez sécher, et emplez les pertuis de clous de giroffle et de gingembre, et mettez boulir en miel, et illec les laissiez en conserve.

Pour faire eaue a laver mains sur table. Mettez boulir de la sauge, puis coulez l'eaue, et faites refroidier jusques à plus que tiède. Ou vous mettez comme dessus[4] camomille ou marjolaine, ou vous mettez du

---

[1] Var. B (mais résultat d'une correction postérieure), *cotignac* : c'est le nom actuel. — [2] Sans doute le nœud qui est à l'extrémité du fruit, opposé à la queue. — [3] Je crois que ce signe, reproduit exactement ici d'après le Ms. B, est un ℥. Il figure aussi dans les *Menus* I, II, IV, VI. Voy. p. 91, n. 5. Il est remplacé dans le Ms. A par ℥ (un gros ou drachme). Voy. pour la *poudre de duc*, aussi estimée que celle-ci au XIVe siècle, p. 248. — [4] Au lieu de sauge.

rommarin : et cuire avec l'escorce d'orenge. Et aussi
fueilles de lorier y sont bonnes.

YPOCRAS. Pour faire pouldre d'ypocras, prenez un
quarteron de très fine canelle triée à la dent[1], et
demy quarteron de fleur de canelle fine, une once de
gingembre de mesche trié fin blanc et une once de
graine de paradis, un sizain[2] de noix muguettes et de
garingal ensemble, et faites tout battre ensemble. Et
quant vous vouldrez faire l'ypocras, prenez demye
once largement et sur le plus de ceste pouldre et deux
quarterons de succre, et les meslez ensemble, et une
quarte de vin à la mesure de Paris.

Et *nota* que la pouldre et le succre meslés ensemble,
font *pouldre de duc*.

Pour une quarte ou quarteron[3] d'ypocras à la mesure
de Bésiers, Carcassonne, ou Montpellier, prenez cinq
drames de canelle fine triée et mondée, gingembre
blanc trié et paré, trois drames : de giroffle, graine,
macis, garingal, noix muguettes, espic nardy[4], de
tout ensemble une drame et un quart : du premier le
plus et des autres en dévalant moins et moins[5]. Soit
faicte pouldre, et avec ce soit mis une livre et demi
quarteron, au gros poix[6], de succre en roche broyé,
et meslé parmi les autres devant dictes espices et mis ;
et soit du vin et le succre mis et fondu en un plat sur

---

[1] Goûtée, comme cela est dit p. 196, pour la morue? — [2] Un
sixième d'once plutôt que six noix. — [3] Var. B, *quarton*. — [4] *Spicus
nardi*, nard. — [5] En allant toujours en diminuant, c'est-à-dire qu'il y
ait moins de graine de paradis que de girofle, moins de macis que de
graine, etc.

[6] La livre en usage dans le Midi n'étoit que de treize onces ; l'auteur
ayant au commencement de ce paragraphe adopté la mesure de Béziers,
prévient ici qu'il reprend les poids en usage à Paris.

le feu, et mis la pouldre, et meslez avec : puis mis en la chausse, et coulé tant de fois qu'il rechée tout cler vermeil.

Nota que le sucre et la canelle doivent passer comme maistres[1].

SAUGE. Pour faire un poinçon[2] de sauge, prenez deux livres de sauge et rongnez les bastons[3], puis mettez les feuilles dedans le poinçon. *Item*, aiez demie once de giroffle mis en un sachet de toile et pendu dedans le poinçon à une cordelette; *item*, l'en peut mettre demie once de lorier dedans : *item*, demy quarteron de gingembre de mesche, demi quarteron de poivre long et demi quarteron de lorier. Et qui veult faire la[4] sauge sur table en yver, ait en une aiguière de l'eaue de sauge, et verse sur son vin blanc en un hanap.

POUR FAIRE SUR TABLE VIN BLANC DEVENIR VERMEIL, prenez en esté des fleurs vermeilles qui croissent ès blefs, que l'en appelle perceau ou néelle ou passerose, et les laissiez séchier tant qu'elles puissent estre mises en pouldre, et en gettez secrètement ou voirre avec le vin, et il devenra vermeil.

SE VOUS VOULEZ AVOIR VERTJUS[5] A NOEL SUR LA TREILLE, quant vous verrez que la grappe à son commencement

---

[1] Dominer. — [2] Voy. p. 244, n. 4. — [3] Les cotons. — [4] Var. B, *le* (sauge?)
[5] On voit par plusieurs passages du *Ménagier* quelle consommation nos ancêtres faisoient de verjus. Cependant j'ai vu avec étonnement les paroles suivantes dans une plaidoirie du 9 avril 1385-6, prononcée pour Jean II de Neelle, seigneur d'Auffémont et de Mello qui plaidoit contre les religieux de Saint-Corneille de Compiègne pour conserver le droit de conduire, par eau et sans droits, de Mello à Auffémont, le vin nécessaire à sa consommation : *A Auffémont il ne croist pas chascun an huit queues de vin et n'y croist que pour avoir du verjus pour l'ostel d'Auffémont.* L'avocat prétendoit-il donc qu'on usoit à l'hôtel d'Auffémont six ou sept queues de verjus par an (la queue de 391 litres)? Quelque nombreuse maison qu'ait

se descouvrera, et avant qu'elle soit en fleur, coppez la grappe par la queue, et la tierce fois laissiez-la revenir jusques à Noël.

Maistre Jehan de Hautecourt[1] dit que l'en doit coupper le cep audessoubs de la grappe, et l'autre bourgon de dessoubs getteroit grappe nouvelle.

SE VOUS VOULEZ EN NOVEMBRE ET EN DÉCEMBRE FAIRE AVOIR A POIRES D'ANGOISSE VERMEILLE COULEUR, mettez du foing au cuire, et couvrez le pot tellement qu'il n'en isse point de fumée. *Nota* qu'il convient mettre sur les poires de la graine de fanoil qui est bolue en vin nouvel et puis séchée, ou dragée[2].

POUR FAIRE SEL BLANC, prenez du gros sel une pinte et trois pintes d'eaue, et mettez sur le feu tant que tout soit fondu ensemble, puis coulez parmi une nappe, touaille ou estamine, puis mettez sur le feu et faictes très bien boulir et escumer : et qu'il bouille si longuement qu'il soit ainsi comme tout sec, et que les petis boullons qui auront getté eaue deviennent tous secs; puis ostez le sel de la paelle et estandez sur une nappe au soleil pour sécher.

POUR ESCRIPRE SUR LE PAPIER LETTRE QUE NUL NE VERRA SE LE PAPIER N'EST CHAUFFÉ, prenez sel armoniac ou salmoniac et mettez tremper et fondre avec eaue : puis escripvez de ce et laissiez seicher. Et ce durera environ huit jours.

POUR FAIRE GLUS, il convient peler le houx quant il

eue Jean de Neelle, très-grand seigneur à la vérité, il seroit difficile de croire à une semblable consommation de verjus.

[1] Voir la note sur lui, p. 118 : et sur deux Hautecourt qui pouvoient être ses descendans vers 1500, Sauval, III, 605. — [2] Nous avons déjà vu plusieurs fois cet usage de semer des dragées, des grains de Grenade, etc. sur de certains mets.

est en sa séve, (et est communément ou mois de May
jusques à Aoust,) et puis boulir l'escorce en eaue tant
que la taie de dessus se sépare : puis pelez, et quant la
taye sera pelée, enveloppez le demourant de fueilles
d'yèbles, de seun[1], ou autres larges feuilles, et soit mis
en lieu froit comme en cave, ou dedans terre ou en
un fumier froit, par l'espace de neuf jours ou plus,
tant qu'il soit pourry. Et puis la convient piler comme
porée de choulx et mettre par tourteaux comme guède[2],
et puis aler laver les tourteaux l'un après l'autre et
despecier comme cire ; et ne soit pas trop lavée en
la première eaue ne trop roide[3] eaue. Et après l'en
peut tout ensemble despecier et paumaier[4] en eaue bien
courant, et mettre en un pot et conserver bien couvert.

Et qui veult faire glus pour eaue, il convient eschauffer un petit d'uille, et là destremper sa glus : et puis
gluer sa ligne.

Item, l'en fait autre glus de fromment.

Se vous voulez garder roses vermeilles, prenez des
boutons une douzaine, et les assemblez ainsi comme
en une pelotte, et puis les enveloppez de lin et liez de
fil ainsi comme une pelotte, et faites pelottes tant
comme vous vouldrez garder de roses ; et puis les mettez en une cruche de terre de Beauvais[5] et non mie
d'autre terre, et l'emplez de vertjus : et à la mesure que
le vertjus se dégastera[6], si le remplez, mais que le vertjus
soit très bien paré[7]. Et quant vous les vouldrez très

---

[1] Je ne sais quelle est cette feuille ; le manuscrit A dit *seur*, mais ce ne
peut être la feuille de *sureau* qui est petite. — [2] Voy. p. 214, n. 1. —
[3] Dure, telle que l'eau de puits. — [4] Pétrir. — [5] M. de Lincy, t. I, p. 210
de ses *Proverbes françois*, cite le suivant : *On fait des godès à Beauvais et
des poâles à Villedieu*. J'ignore quelle étoit la qualité spéciale de la terre
de Beauvais. — [6] Sera bu par les roses, disparoîtra. — [7] Bien fait, à point.

bien espanir, si les ostez des estouppes et les mettez
en eaue tiède, et les laissiez un petit tremper.

Item, pour garder roses en une autre manière, prenez des boutons tant comme vous vouldrez, et les boutez en une bouteille de terre de Beauvais, tant comme
il en y pourra entrer. Après prenez du plus délié sablon
que vous pourrez, et mettez dedens la boutaille tant
comme vous y pourrez mettre, et puis l'estoupez très
bien que rien n'y puisse yssir ne entrer, et mettez la
boutaille dedans une eaue courant ; et là se gardera la
rose toute l'année.

Pour faire eaue rose sans chappelle[1], prenez un
bacin à barbier, et liez d'un cueuvrechief tout estendu
sur la gueule à guise de tabour, et puis mettez vos roses
sur le cueuvrechief, et dessus vos roses asséez le cul
d'un autre bacin où il ait cendres chaudes et du charbon vif.

Pour faire eaue rose sans chappelle et sans feu,
prenez deux bacins de voirre, et en faictes comme dit
est au blanc de ceste cédule[2], et en lieu de cendres et
charbon, mettez tout au soleil : et à la chaleur d'icelluy l'eau se fera.

Les roses de Prouvins sont les meilleures à mettre en
robes, mais il les convient sécher, et à la my-Aoust
sasser par un crible afin que les vers chéent parmi
les pertuis du crible, et après ce espandre sur les robes.

Pour faire eaue rose de Damas, mettez sur les pasteaulx de roses, du rosé batu[3]. *Vel sic* : gettez l'eau dis-
tillée du premier lit sur le second et sur le tiers et sur

---

[1] Alambic de plomb. — [2] Au recto de ce feuillet, *schedula* d'où nous
avons fait *cédule*, (billet, petite feuille volante,) signifiant aussi feuillet. —
[3] Teinture rose? Je n'ai rien trouvé sur ce mot.

le quart; et elle, ainsi remise par quatre fois, devendra rouge [1].

POUR FAIRE EAUE ROSE VERMEILLE. Prenez une fiole de voirre et l'emplez à moitié de bonne eaue rose et l'autre moitié emplez de roses vermeilles, c'est assavoir des pampes [2] de jeunes roses dont le bout de la pampe qui est blanc sera couppé, et la laissiez neuf jours au soleil et les nuis aussi, et puis coulez.

POUR FAIRE PONDRE, COUVER ET NOURRIR OISEAULX EN UNE CAGE. *Nota* que en la cage de Hesdin [3], qui est la plus grant de ce royaulme, ne en la cage du Roy à Saint-Pol [4], ne en la cage Messire Hugues Aubriot [5],

[1] Var. A, *rousse*. — [2] Feuilles. Du Cange mentionne au mot *Pampa* une redevance féodale en 1270, d'un *plain panier de penpes de roses à faire eaue-rose*. Voy. sur l'usage des roses et des fleurs la note 3 de la page 52, et Sauval, t. III, p. 517, 521, 526, 632. — [3] La volière du château d'Hesdin ville d'Artois où les ducs de Bourgogne de la dernière race résidoient souvent. La ville d'Hesdin, rasée en 1553 par Charles-Quint, est maintenant un bourg dit le *Vieil-Hesdin* situé à une lieue environ du Hesdin actuel qui est l'ancien village du Mesnil agrandi et fortifié en 1554 par le duc de Savoie. — [4] L'hôtel Saint-Paul, rue Saint-Antoine, à Paris. Voy. sur les volières de cet hôtel et le goût de Charles V pour les oiseaux, Sauval, II, 282.

[5] C'est le célèbre prévôt de Paris. Il est fait allusion à son goût pour les oiseaux dans une curieuse chanson faite contre lui au moment de sa disgrâce et publiée pour la première fois dans l'édition des *Chroniques de Saint-Denis*, donnée par M. Paulin Paris (T. VI, p. 478).

Courroucié es de tes oiseaux
Qu'oïr ne pues chanter en caige,

Mais bien pues faire les appeaulx
Pour chanter en ton geolaige.

Mais où étoit placée cette volière si remarquée au xive siècle? Étoit-ce dans cette maison de plaisir avec jardin qu'Aubriot auroit eue près des Célestins suivant Sauval? (II, 154.) Mais il semble peu probable, attendu l'extrême proximité des deux emplacemens, que ce jardin, dont Aubriot jouissoit en 1366 ou 1368 (S. III, 126) soit resté sa propriété en même temps que sa maison d'*habitation* ordinaire aussi avec jardin. C'est là qu'étoit bien plutôt placée la volière dont parle l'auteur du *Ménagier*. Ce dernier hôtel est désigné seulement, dans les registres du Parlement, comme situé *près l'église Saint-Paul et dans la censive de l'abbé de Tiron*, et il y est dit qu'*Aubriot l'avoit acheté de Jacques de Pacy et ses frères*, mais c'est

ne porent oncques estre couvés et après parnourris

bien encore le même que celui dont il est parlé dans Félibien (T. I, p. 661),
et qui est dit *avoir été donné à Aubriot par Charles V*. Aubriot l'acheta
bien effectivement, mais le Roi le paya, ou du moins donna en 1369
quinze cents francs d'or à son prévôt, afin qu'il l'achetât et vint demeurer
plus près de lui (Sauval, II, 154). Cette apparente différence d'origine
(je crois avoir démontré qu'elle n'est qu'apparente) ne pourroit en outre
prévaloir contre la coïncidence des limites assignées à cet hôtel par Félibien (entre la rue de Jouy et la rue Percée) et celles de la censive de
l'abbé de Tiron. En effet, parmi les localités soumises à cette censive, la
plus rapprochée de l'église Saint-Paul étoit précisément placée entre la
rue Percée, la rue de Jouy (dite postérieurement à 1543, des *Prêtres
Saint-Paul*, et *Charlemagne* depuis quelques mois, par suite de l'incom-
préhensible et odieuse persistance de l'édilité parisienne à anéantir les
anciens noms des rues), diverses propriétés ayant leur façade sur la rue
Saint-Antoine, et les anciens murs de Paris (*Atlas des plans de la censive
de l'Archevêché*, f. 43. — Archives du roy. Seine, n° 64). Pierre de Giac,
chancelier de France, grand accapareur de biens, se disposoit à acheter cet
hôtel en février 1383-4, et se fit alors donner par le Roi, pour douze deniers de cens annuel, les anciens murs de Paris, avec les deux tours y
comprises, auxquels joignoit le jardin. Giac le vendit en 1397 au duc
d'Orléans pour 8,000 livres et deux autres maisons (Champollion, II, 11).
Cet hôtel fut alors connu sous le nom du *Porc-Épic*, sans doute à cause
de l'ordre de ce nom institué par le duc d'Orléans, et dont l'insigne devoit figurer sur la porte, les vitraux, etc. On peut voir dans les d'*Orléans* de M. Aimé Champollion (II, 13) des détails bien curieux sur les
vitraux de cette maison. En 1404, le duc de Berry l'ayant reçue du duc
d'Orléans en échange de l'hôtel des Tournelles, la donna au célèbre et
malheureux Jean de Montaigu (Sauval, II, 153). Après sa mort arrivée le 17 octobre 1409, le roi (ou plutôt le duc de Bourgogne usant
du pouvoir royal), donna l'hôtel du *Porc-Épic* à Guillaume duc de Hollande et comte de Hainaut (Sauval, II, 81). Il en jouissoit en 1413 et
1417 (S. III, 281). En octobre 1418, après la surprise de Paris par les
Bourguignons, une nouvelle donation en fut faite au duc et à la duchesse
de Brabant, gendre et fille du duc Guillaume (J. reg. 170, n. 207).
Je n'ai pas vu qu'il ait été rendu au fils de Jean de Montaigu comme le
furent ses autres biens, mais il ne pouvoit appartenir au duc de Hollande
en 1438, comme on pourroit le croire d'après un compte de cette année
donné par Sauval (III, 655. — Le duc de Bourgogne étoit alors seul duc
de Hollande). Cet hôtel appartint ensuite à l'illustre Arthur de Richemont
connétable de France, dont la femme, Marguerite de Bourgogne, y

petis oiseaulx, et en la cage Charlot[1] si font[2], *scilicet*

mourut en 1441 (Sauval, II, 146). Il passa ensuite à Robert d'Estouteville, prévôt de Paris (mort en 1479), qui payoit les douze deniers de
cens pour les murs en 1472 et 1476 (S. III, 403 et 425. Il avoit toutefois une autre maison *à sa vie*, rue de Galilée. — Ib., 338). C'est sans
doute à cause de Robert d'Estouteville, et peut-être de son fils Jacques,
prévôt de Paris après lui de 1479 à 1509, qui a pu posséder le même hôtel,
que cet hôtel fut alors appelé et est désigné sur le plan de tapisserie (commencement du xvie siècle), sous le titre d'*Hostel du Prévost de Paris*. Sauval
dit bien qu'il appartenoit en 1533 à leur cousin Jean d'Estouteville, aussi
prévôt de Paris, mais il n'en donne pas de preuve. Il n'en donne pas non
plus au sujet de l'attribution qu'il fait (II, 152) de ce même hôtel à
l'amiral de Graville, mais cela est très-probable. On sait en effet que
l'amiral de Graville, petit-fils de la fille de Jean de Montaigu, jouit de
tous ses biens, et l'on voit en outre dans Sauval (III, 629) que Pierre de
Balsac son gendre, et Anne de Graville sa fille, cette femme célèbre
comme poëte et comme bibliophile (voy. les *Femmes célèbres de l'ancienne
France*, par M. de Lincy) avoient payé les douze deniers de cens pour les
vieux murs de la ville, et par conséquent très-probablement possédé et
habité cet hôtel. Ils en avoient transporté la jouissance à Guillaume le
Gentilhomme, avocat en parlement, qui payoit le cens en 1573. Si Sauval
ne s'est pas trompé quand il a dit (II, 152) que cet hôtel appartenoit en
1533 aux héritiers de l'amiral de Graville et à Jean d'Estouteville prévôt
de Paris, il y auroit lieu de croire qu'il avoit alors été divisé. Aujour-
d'hui, si l'on entre dans le *Passage Charlemagne* (rue Saint-Antoine, n° 102,
et rue des Prêtres-Saint-Paul, n° 22), on arrive après avoir fait quelques
pas dans une cour spacieuse, et l'on voit une belle maison bâtie (suivant
toute apparence, par l'amiral de Graville) sur l'emplacement de l'hôtel
du Porc-Épic. On y remarque une charmante tourelle, mais l'ensemble de
cette élégante construction est défiguré par l'adjonction d'une quantité de re-
plâtrages modernes. L'hôtel d'Aubriot, auquel succéda celui-ci, occupoit
tout le coin de la rue des Prêtres Saint-Paul (depuis une poterne ouverte
dans les vieux murs) et de la rue Percée, à peu près jusqu'à l'emplacement
actuel du n° 8 de cette rue, où devoit finir la censive de Tiron (en 1418, jusqu'à l'hôtel de Galeran de Montigny, chevalier, de la maison du duc de
Berry, massacré lors de l'entrée des Bourguignons). Son jardin, compris aujourd'hui en partie dans le collége Charlemagne (d'abord maison professe
des jésuites), s'étendoit jusqu'aux anciens murs et les suivoit jusqu'à la rue
Saint-Antoine, à la hauteur environ de la rue Culture Sainte-Catherine.

[1] C'est sans doute le nom d'un bourgeois de Paris, mais je ne connois
rien sur ce nom. — [2] Var. B, *sont*.

pons, couvés, nourris et parnourris. Ou premier cas[1],
le deffault vient parceque les petis oiseaulx sont peus[2]
de chenevis qui est chault et sec, et n'ont que boire[3].
Et ou second cas[4], l'en leur donne mouron ou lasseron,
chardons de champs trampans en eaue souvent renouvellée et tousjours fresche, rafreschie trois fois le jour,
et en vaisseaulx de plont qui est frais, et là dedans avec
le lasseron et le mouron tout vert, tout de chardons
d s champs dont le pié trempe en eaue bien avant[5],
du chenevis escachié et trié et osté les coquilles, moullié et trempé en eaue. *Item*, que l'en leur mette en
la cage de la laine cardée et des plumes pour faire
leur ny. Et ainsi ay-je en cages veu nourrir turtres[6],
linottes, chardonnerels[7], pondre et parnourrir. *Item*,
et aussi doit-l'en donner des chenilles, verets, mouchettes, yraignes, sautereaux, papillons, channevis
nouvel en herbe et moullié et trempé. *Item*, yraignes,
chenilles et telles choses qui sont molles au bec de
l'oiselet qui est tendre.

(Et de telles choses les paons nourissent[8] leurs poucins, car l'en a bien veu à une geline couver les œufs
d'une paonne avec les œufs d'une geline, et se escloent
les œufs en un mesmes temps, mais les petis paons ne
povoient mie vivre longuement pour ce qu'ils ont le
becq trop tendre, et la geline ne leur quéroit mie
choses moles[9] selon leur nature, et les poucins vivoient

---

[1] Dans le cas où les oiseaux ne couvent pas, comme cela étoit pour les
volières du Roi et d'Aubriot. — [2] Nourris. — [3] Au moins de l'eau trop
rarement renouvellée. — [4] Dans le cas où les oiseaux couvent, etc., comme
cela avoit lieu dans la volière de Charlot. — [5] Var. A et B ajoutent ici *par
le pié*, qui est une répétition. — [6] Tourterelles ou grives (*turdus*). — [7] Var.
B, *chardonnereulx*. — [8] Ce mot nécessaire au sens n'est que dans le manuscrit C. — [9] Var. A, C, *tendres*.

bien de blé ou paste molle, ce qui n'est pas si propre nourreçon aux paons. — Encores véez-vous que qui bailleroit à une geline le plus bel froument et mieulx criblé du monde, si le gatteroit[1]-elle pour trouver verets ou mouchettes.)

Item, en la fin d'Avril convient aler au bois quérir des branchettes fourchées de trois fourchons, et clouer contre le mur et couvrir d'autre verdure, et là dedans ce fourchon font leur ny.

POUR GARIR DES DENS. Prenez un pot de terre à couvercle ou un pot sans couvercle qui aura un tranchouer dessus, et l'emplez d'eaue et mettez boulir : puis vous despouillez, couchiez, et soit vostre chief très bien couvert, puis aiez le pot à couvercle, et soit bien arsillié[2] entour et un trou ou millieu, ou il[3] soit couvert d'un tranchouer percié ou millieu. Et sur le pertuis vous adentez[4] gueulle bée pour aspirer la fumée de l'eaue qui passera par le pertuis, et soient mises de sauge ou autres herbes dedans, et se tenir bien couvert.

POUR FAIRE SABLON A METTRE A ORLOGES[5]. Prenez le limon qui se chiet du siage de marbre quant l'en sie ces grans tumbes de marbre noir, puis le boulez très bien en vin comme une pièce de char et l'escumez, et puis le mettez seicher au soleil, puis le mettez boulir,

---

[1] Sans doute : *gratteroit*. Var. B, mauvaise et résultant d'une correction : *laisseroit*. — [2] Je pense que ce mot doit signifier ici bouché, fermé (*arcilé*, diminutif d'*arca*, signifie un coffret, voy. Du Cange); et seroit mieux écrit *arcillié* qu'arsillié, ce qui sembleroit le faire dériver d'*arsé*, brulé. — [3] Le pot sans couvercle. — [4] Mettez vos dents. — [5] Var. A, à *loges*; B, *alloges*. Il s'agit ici d'horloges à sablier, sans doute les seules que les particuliers pussent alors se procurer. Toutefois, on connoissoit les horloges à rouages avant l'époque où le *Ménagier* a été écrit.

escumer, et puis séchier par neuf fois : et ainsi sera
bon.

Poisons pour tuer cerf ou sanglier[1]. Prenez la racine de l'herbe d'électoire qui fait fleur de couleur
d'azur, et broyez en un mortier et mettez en un sac
ou drappel et l'espraignez pour avoir le jus : et mettez
icelluy jus en un bacin au soleil, et la nuit soit mis à
couvert à sec que eaue ne autre liqueur moite ne l'attouche, et tant la mettez et remettez à la chaleur du
soleil qu'elle se tienne conglutinée et prise comme cire
gommée, et la mettez en une boiste bien close. Et
quant en vouldrez traire[2], si en mettez entre les barbillons[3] et la douille du fer afin que quant la beste sera
ferue, cela fiere et attouche à la char, car qui autre-

[1] L'usage d'empoisonner les flèches remonte aux Gaulois. Il en est parlé
dans Pline et dans Aulugelle. Les Gaulois employoient à cet usage une
plante dite *limeum*, autrement *thora*, que Linnée dit être la dixième espèce
de renoncule (*ranunculus thora*) et aussi de l'ellébore. (Voy. la Bibl. des
Théreuticographes, 1763, p. 168.) Les auteurs du dictionnaire de Trévoux disent qu'on se servoit encore, de leur temps, du *thora*, dans les
Alpes, pour empoisonner les flèches. — On ne trouve de recettes semblables ni dans le *Modus* ni dans *Phébus*; c'est une recette à l'usage des gens
chassant *pour la cuisine*, pour le profit, et dénués d'équipages suffisans.
La fleur du *thora* est jaune, ce n'est donc pas de cette plante qu'il s'agit
ici; mais ce peut être l'*aconitum napellus*, qui a la fleur d'un beau bleu.
Quant à l'*ectoire de canarade*, cité p. 63 de ce volume, M. Adolphe Bron-
gniart, mon cousin, pense que c'est l'*actea* ou l'ellébore noire (vulgairement *Rose de Noël*, parce qu'elle fleurit à cette époque) qui a la fleur blanche
et croît dans le midi de l'Europe, ou plutôt l'*actea spicata*, plus commune
dans toute l'Europe, désignée aussi quelquefois sous le nom d'*ellébore
noire*, et qui a de petites fleurs blanches. La racine de ces deux plantes est
un poison violent; elle est de couleur noire. — Au reste, si les propriétés
de ces plantes conviennent aux *ectoires* ou *électoires* (plantes à faire des
électuaires?) dont parle l'auteur, il n'en est pas de même de leur nom, ce
qui doit laisser des doutes sur leur identité avec celles citées dans le *Ménagier*.
[2] Tirer à l'arc. — [3] Les deux barbes ou arêtes du fer qui empêchent la
flèche de sortir de la plaie.

ment le feroit, c'est assavoir qui oindroit autrement le fer, quant il entreroit dedans le cuir de la beste, l'ointure demourroit dedans[1], et le coup ne vauldroit.

MÉDECINE POUR GARIR DE MORSURE DE CHIEN OU AUTRE BESTE ARRAGÉE. Prenez une crouste de pain et escripvez ce qui s'ensuit : † *Bestera* † *bestie*[2] † *nay* † *brigonay* † *dictera* † *sagragan* † *es* † *domina* † *fiat* † *fiat* † *fiat* †.

POUR FAIRE D'UN VER[3] BON SANGLIER. Prenez un ver de deux ans ou environ, et ou mois de May ou de Juing le faites chastrer, et en la saison de porchoisons[4] le faictes chasser, fouaillier[5] et deffaire comme un sanglier. *Vel sic :* prenez d'un porc privé qui soit brulé, et le cuisiez en moitié eaue moitié vin, et servez en un plat d'icelluy chaudeau, des[6] navets et chastaingnes et la venoison. *Sic 3°* .....[7]

Nota que chandelle mise en bran[8] se garde souverainement. *Nota* qui veut faire chandelle, l'en doit avant faire sécher au feu très bien le limignon[9].

POUR OSTER EAUE DE VIN. Mettez eaue et vin en une tasse, et aiez du fil de coton et plungez l'un bout au

---

[1] Dans le cuir. — [2] Var. B, *bestic.* — [3] Vérat, porc non coupé. — [4] Saison de chasser le sanglier qui succédoit aux *cervaisons,* c'est-à-dire qu'elle commençoit après le milieu de septembre et finissoit vers le printemps. — [5] Passer au feu. — [6] Var. A et C, *de navets, de chastaignes à la venaison.*

[7] Je pense que ces mots sont le commencement d'une troisième recette. *pour faire d'un ver bon sanglier.* J'avois d'abord cru qu'il falloit mettre un point après *chastaingnes*, et comprendre que la venaison véritable s'accommodoit de la même manière, mais alors le 3° n'a plus de sens. Avec la ponctuation que j'ai adoptée, venaison signifieroit ici la chair du prétendu sanglier.

[8] Son. — [9] Var. B, *limegnon*; C, *lumignon.* Voy. p. 56, note 1.

fons de la tasse, et l'autre bout soit pendant sur le bort et audessoubs et dehors de la tasse, et vous verrez que par icellui bout l'eaue dégoutera comme blanche. Et quant l'eaue sera toute dégoutée, vous verrez le vin vermeil dégouter. (*Il semble que pareillement d'une queue de vin se peut faire.*)

POUR FAIRE VIN CUIT, prenez de la cuve ou tonne la mère goute, c'est à dire la fleur du vin[1], soit blanc ou vermeil, tant comme vous en vouldrez, et le mettez en un vaissel de terre, et le faites boulir à petit et attrempé bouillon et à feu de très sèche buche et cler feu, sans tant soit petit de fumée, et ostez l'escume à une palette de fust percée et non de fer. Et soit tant bouly, se la vendenge est verde pour celle année, que le vin reviengne au tiers, et s'elle est meure, que le vin reviengne au quart[2]. Et après le mettez reffroidier en un cuvier ou autre net vaissel de bois, et icellui refroidié, le mettez au poinçon ; et le tiers ou quart an vauldra mieulx que le premier an. Et gardez en lieu moyen, ne chault ne froit, et aiez retenu en un petit vaissel d'icelluy vin boulu, pour remplir tousjours le tonnellet, car vous savez que le vin se veult tousjours tenir plain.

A SERVIR DE TRIPPES AU JAUNET. Ou vous les prendrez crues, ou cuites. Si crues, mettez-les cuire en un pot en eaue et sans sel, et d'autre part mettez cuire une pièce de giste de beuf ou de la joe sans sel. Et quant les deux

---

[1] Le Ms. B ajoute ici *foulé* qui est mauvais, la mère goutte étant ce qui sort de la cuve avant que le raisin soit foulé. C'est le jus des raisins les plus mûrs qui s'écrasent en tombant dans la cuve. — [2] Il semble qu'il faudroit, au contraire, faire réduire plus le vin quand le raisin n'est pas bien mûr. Peut-être faut-il comprendre qu'on le fait revenir ou réduire *d'un tiers* au lieu de *au tiers*, et *d'un quart* au lieu de *au quart*.

pots bouldront, paissiez le pot de trippes de l'eaue du
beuf et faites plus cuire les trippes que le beuf; et quant
les trippes seront presque cuites, si y mettez du lart,
et faites boulir et cuire avec : et sur le point que l'en
doit tirer hors les trippes du pot, mettez du saffran, et
quant le saffran aura assez jauni, traiez les trippes, et
mettez du sel en l'eaue se vous voulez. Si cuites[1], si les
mettez plus parouire en l'eaue du giste et sans sel ; et
du remenant comme dessus.

Qui veult cuire trippes, etc.[2]

Heriçon soit coupé par la gorge, escorché et effondré, puis refait comme un poucin, puis pressié en une
touaille et illec très bien essuié; et après ce rosti et
mengé à la cameline, ou en pasté à la sausse de hal-
lebran. *Nota* que se le heriçon ne se veult destortillier,
l'en le doit mettre en l'eaue chaude, et lors il s'es-
tendra.

Escurieux soient escorchiés, effondrés, reffais
comme connins, rostis, ou en pasté : mengiés à la cameline ou à la sausse de hallebrans en pasté.

Turtres sont bonnes en rost et en pasté, et en Septembre sont en saison, voire dès Aoust. Toutesvoies en
rost elles serrent[3] merveilleusement; et qui en a foison
et il les veult nourrir et garder, il leur convient tondre
ou plumer le cul, car autrement leur fiente les estou-
peroit, et par ce mourroient.

Gauffres sont faites par quatre manières. L'une que
l'en bat des œufs en une jatte, et puis du sel et du vin,
et gette-l'en de la fleur, et destremper l'un avec l'autre,

---

[1] Si vous les achetez toutes cuites. — [2] Répétition du § 2 de la p. 149.
— [3] Échauffent; c'est aussi le sens de ce mot, p. 152, ce qui ne contre-
dit pas l'explication donnée en cet endroit du but de la recette.

et puis mettre en deux fers petit à petit, à chascune fois autant de paste comme une lesche de frommage est grande, et estraindre entre deux fers, et cuire d'une part et d'autre; et se le fer ne se délivre bien de la paste, l'en l'oint avant d'un petit drappelet mouillé en huille ou en sain. — La deuxième manière est comme la première, mais l'en y met du frommage, c'est assavoir que l'en estend la paste comme pour faire tartre ou pasté, puis met-l'en le frommage par lesches ou milieu et recueuvre-l'en les deux bors; ainsi demeure le frommage entre deux pastes et ainsi est mis entre deux fers. — La tierce manière, si est de gauffres *couléisses*, et sont dictes *couléisses* pour ce seulement que la paste est plus clère et est comme boulie clère, faicte comme dessus; et gecte-l'en avec, du fin frommage esmié à la gratuise[1]; et tout mesler ensemble. — La quarte manière est de fleur pestrie à l'eaue, sel et vin, sans œufs ne frommage.

Item, les gauffriers font un autre service que l'en dit *gros bastons* qui sont fais de farine pestrie aux œufs et pouldre de gingembre batus ensemble, et puis aussi gros et ainsi fais comme andouilles; mis entre deux fers.

AUTRES MENUES CHOSES DIVERSES QUI NE DÉSIRENT POINT DE CHAPPITRE.

POUR DESSALER TOUS POTAGES SANS Y METTRE NE OSTER, Prenez une nappe bien blanche et mettez sur vostre pot, et le retournez souvent; et convient le pot estre loing du feu[2].

___

[1] Râpe? — [2] Cette recette et la suivante sont dans le Taillevent manuscrit avec peu de différences.

POUR OSTER L'ARSURE D'UN POTAGE, prenez un pot nouvel et mettez vostre potage dedans, puis prenez un pou de levain et le liez dedans un drappel blanc, et gettez dedans vostre pot, et ne luy laissiez guères demourer.

POUR FAIRE LIQUEUR POUR SEIGNER[1] LINGE. Prenez camboïs, c'est le limon noir qui est aux deux bouts de l'essieul de la charette, et mettez de l'arrement[2], et allaiez d'uille et de vinaigre et boulez tout ensemble, et puis chauffez vostre merque[3] et moulliez dedans, et asséez dessus vostre linge.

SE TU VEULX FAIRE BONNE ESCHE[4] pour alumer du feu au fusil, pren de l'escume[5] de noyer qui sont surannées, et puis la[6] met en un pot plain de lessive bien forte, toute entière, ou par pièces du large de deux dois, lequel que tu vouldras, et la fais boulir tousjours par l'espace de deux jours et une nuit du moins. Et se tu n'as de la lessive, si prens de bonnes cendres et met avec de l'eaue et fais comme charrée[7], puis mets ton escume boulir dedans par l'espace dessusdit, et la fournis tousjours tant comme elle bouldra. Se tu la fais

[1] Marquer. — [2] Le mot *arramentum* a dans la basse latinité plusieurs significations (*airain*, *arrangement*), mais dont aucune ne me paroît convenir au sens de cette phrase. — [3] Ainsi le linge se marquoit alors à l'aide d'une griffe ou d'un sceau. — [4] Matière inflammable sous les étincelles du briquet. Voy. p. 42 et Du Cange, au mot *Esca*.

[5] Écorce ou peut-être les fleurs du noyer. On ne voit pas pourquoi l'auteur ayant mis l'*écume* au singulier, dit ensuite *qui sont surannées* au pluriel. J'avois pensé que *noyer* étoit une faute pour *noix* et qu'il s'agissoit là de brou de noix ; mais le brou de noix ne me paroît pas pouvoir se détacher entier, et il me semble difficile qu'on puisse le couper par *pièces de la largeur de deux* doigts.

[6] Var. A, C, *les*. — [7] Mélange épais d'eau et de cendre qui reste au fond du cuvier quand on a coulé la lessive.

boulir en lessive, fournis-la de lessive; se tu la bouls en
la charrée, si la fournis d'eaue; et toutesvoies en quoy
que tu la boules, se tu povoies finer de pis..t pour la
fournir, elle en vauldroit mieulx. Et quant elle sera ainsy
boulie, si la pures[1], et puis la lave en belle eaue nette
pour la ressuier, puis la met au soleil seicher ou en la
cheminée, loing du feu, qu'elle ne s'arde, car il la
convient sécher attrempéement et à loisir; et quant
elle sera seiche et on s'en vouldra aidier, si la fault
batre d'un maillet ou d'un baston, tant qu'elle de-
viengne ainsi comme espurge[2]. Et quant on veult alumer du feu, si en fault prendre ainsi comme le gros
d'un pois et mettre sur son caillou, et on a tantost du
feu; si ne fault que des mesches ensoufrées, et alumer la chandeille. Et la doit-l'en garder nettement et
sèchement.

FOUQUES[3] doivent estre très bien rosties, et sont
meilleurs cuites en potage que en rost, car en rost elles
sont trop sèches, et veulent estre arrousées de leur
gresse, et avoir le feu devant. — *Item*, elle sont très
bonnes fresches aux choulx. — *Item*, mettez de l'eaue et
des oignons en un petit pot et la fouque, puis laissiez
boulir comme une pièce de beuf, puis broyez des
menues espices, et allaiez les deux pars vertjus et la
troisième vinaigre, et vous aurez bon potage. —
Item, fouques salées de deux jours sont bonnes au
potage.

Nota que le seymier d'un cerf, c'est le quoier et[4] la
queue; et quant il est frais, il est cuit à l'eaue et au

[1] Égouttes, presses. — [2] Éponge. — [3] Oiseau de rivière. — [4] Var. B,
i (*id est*); le cimier est la croupe du cerf. Voy. p. 129.

vin, aux espices et saffran et soupes en esté : et en
yver au poivre[1]; et ainsi est-il du sanglier frais.

POUR FAIRE TROIS PINTES D'ENCRE, prenez des galles[2]
et de gomme[3] de chascun deux onces, couperose trois
onces; et soient les galles cassées et mises tremper
trois jours, puis mises boulir en trois quartes d'eaue
de pluye ou de mare coye[4]. Et quant ils auront assez
boulu et tant que l'eau sera esboulie près de la moitié,
c'est assavoir qu'il n'y ait mais que trois pintes, lors
le convient oster du feu, et mettre la couperose et
gomme, et remuer tant qu'il soit froit, et lors mettre
en lieu froit et moite. Et *nota* que quant elle passe trois
sepmaines, elle empire.

POUR FAIRE ORENGAT, mettez en cinq quartiers les
peleures d'une orenge et raclez à un coustel la mousse
qui est dedans, puis les mettez tremper en bonne eaue
doulce par neuf jours, et changez l'eaue chascun jour :
puis les boulez en eaue doulce une seule onde, et ce fait,
les faictes estendre sur une nappe et les laissiez essuier
très bien, puis les mettez en un pot et du miel tant
qu'ils soient tous couvers, et faites boulir à petit feu et
escumer, et quant vous croirez que le miel soit cuit,
(pour essaier s'il est cuit, ayez de l'eaue en une escuelle, et faites dégoûter en icelle eaue une goutte
d'icelluy miel, et s'il s'espant, il n'est pas cuit : et se
icelle goute de miel se tient en l'eau sans espandre, il
est cuit;) et lors devez traire vos peleures d'orenge,
et d'icelles faites par ordre un lit, et gettez pouldre

[1] Ce mot et les huit précédens ne sont que dans le manuscrit B. — [2] C'est
beaucoup mieux que *noix de galles* comme on l'a dit depuis, puisque les
galles ne sont pas un fruit mais une excroissance du chêne. — [3] Le Ms. C
ajoute *arrabic.* — [4] Tranquille, stagnante, *quietà.*

de gingembre dessus, puis un autre, et getter etc.,
usque in infinitum; et laissier un mois ou plus, puis
mengier.

POUR FAIRE SAULSISSES. Quant vous aurez tué vostre
pourcel, prenez de la char des costelettes, premièrement de l'endroit que l'en appelle le filet[1], et après de
l'autre endroit des costelettes et de la plus belle gresse,
autant de l'un comme de l'autre, en telle quantité que
vouldrez faire de saulsisses; et faictes très menuement
mincer et détranchier par un pasticier. Puis broyez du
fenoul et un petit de sel menu, et après ce requeillez
vostre fenoul broyé, et meslez très bien parmi le quart
d'autant de pouldre fine; puis entremeslez très bien
vostre char, vos espices et vostre fenoul, et après
emplez les boyaulx, c'est assavoir les menus. (Et sachiez que les boyaulx d'un vielz porc sont meilleurs à
ce, que d'un jeune, pour ce qu'ils sont plus gros.) Et
après ce, les mettez quatre jours à la fumée ou plus,
et quant vous les vouldrez mengier, si les mettez en
eaue chaude et boulir une onde, et puis mettre sur
le greil.

POUR DESSALLER BEURRE, mettez-le en une escuelle
sur le feu pour fondre, et le sel dévalera ou fons de
l'escuelle, lequel sel ainsi dévalé est bon ou potage,
et le remenant du beurre demeure doulx. Aultrement,
mettez vostre beurre salé en eaue doulce fresche, et le
pestrissiez et paumoiez dedens, et le sel demourra en
l'eaue.

(*Item, nota* que les mouches ne queurent point sus à
un cheval qui est oint de beurre ou de vielz oint salé.)

---

[1] Ce seroit les premières côtes, les plus proches des hanches, si l'explication que j'ai donnée du filet ou nomblet est bonne.

Bourbotte[1] est de pareille fourme à un chavessot, mais il est plus grant assez : et est cuite en eaue, puis peler comme une perche, puis faire boulir cameline ou galentine et getter sus ; ou rosty et mis en pasté avec de la pouldre.

Poires à leur commencement, *scilicet* en Octobre et Novembre, et qu'elles sont de nouvel queillies, sont dures et fortes, et lors l'en les doit cuire en l'eaue : et quant ce sont poires d'angoisse, pour leur faire avoir belle couleur, l'en doit mettre du foing dedans le pot où elles cuisent, et après sont rosties ; mais après ce, quant elles sont plus fannées et ramoities pour la moiteur du temps, l'en ne les met point cuire en eaue, mais en la brese seulement ; *scilicet* en Février et en Mars.

Pies, cornillas[2], choés[3]. L'en les tue aux matelas[4] qui sont[5] grosse pilette[6], et de foibles arbalestres peut-l'en traire à iceulx cornillas[7] qui sont sur les branches, mais à ceulx qui sont ès nys convient traire de plus fors bastons pour abatre nit et tout. Il les convient escorcher, puis pourboulir avec du lart, puis découpper par morceaulx, et frioler avec des œufs comme charpie.

Teste de mouton soit très cuite, puis ostez les os, et hachez le demourant bien menu, et gettez pouldre fine dessus.

---

[1] On ne trouve dans Belon ni la *bourbotte* ni le *chavessot*; seulement cet auteur dit que la lote étoit dite barbotte à Paris. Mais il ne peut être question ici de la lote qui n'a pas d'écailles et ne pouvoit, par conséquent, se peler comme la perche. — [2] Corneilles. — [3] Plutôt choucas (corneille à dos gris) que chouette. — [4] Trait d'arbalète. — [5] Var. (que je crois mauvaise) des Mss. A et B, *ont*. — [6] Traits d'arbalète non aigus, avec lesquels on tiroit aux oiseaux. Voy. une citation de Wats dans Du Cange, au mot *Pilatus*. — [7] Var. B, *cornillaux*.

Se vous voulez faire provision de vinaigre, vuidiez le tonnellet de vostre vielz vinaigre, puis lavez le tonnellet très bien de très bon vinaigre et non mie d'eaue chaude ne froide : après, mettez les laveures en un vaisseau de bois ou de terre et non mie d'arain ou de fer, et illec laissiez reposer et rasseoir vos rainsseures : puis vuidiez le cler et le coulez, et mettre de rechief ou tonnellet, et l'emplez d'aultre bon vinaigre, et mettez au soleil et au chault, le fons percié en six lieux et destoupé de jour, et de nuit et par brouillas[1] estoupez tout; et quant le soleil revient, destoupez comme devant.

LE RIQUE-MENGER. Prenez deux pommes aussi grosses que deux œufs ou pou plus, et les pelez, et ostez les pepins, puis les découppez par menus morceaulx, puis les mettez pourboulir en une paelle de fer, puis purez l'eaue, et mettez seicher le rique-menger : puis mettre beurre pour frioler, et en friolant filez deux œufs dessus en remuant; et quant tout sera friolé, gettez pouldre fine dessus, et soit frangé[2] de saffran, et mengiez au pain ou mois de Septembre.

LIÈVRE ROSTY. J'ai vu rostir lièvre enveloppé en la toile de la fressure d'un porc que l'en dit la crespine et couste trois blans, et par ce le lièvre n'est autrement lardé. *Item*, je l'ay veu larder.

LA CHAR D'UNE JOE DE BEUF, etc.[3]

En la HASTE-MENUE d'un pourcel n'a aucun appareil à faire, fors la laver et embrocher et envelopper de sa taye et cuire longuement.

POULES FARCIES COULOURÉES OU DORÉES. Elles sont *primo* soufflées, et toute la char dedans ostée, puis

---

[1] Brouillards, temps humides. — [2] Voy. p. 166. — [3] Voy. p. 186, § 2.

remplies d'autre char, puis coulourées ou dorées comme dessus[1] : mais il y a trop à faire, et n'est pas ouvrage pour le queux d'un bourgois, non mie[2] d'un chevalier simple ; et pour ce, je le laisse.

Item, DES ESPAULES DE MOUTON, *quia nichil est nisi pena et labor.*

Item, LES HÉRIÇONS sont fais de caillettes de mouton et est grant frais et grant labour et pou d'onneur et de prouffit, et pour ce *nichil hic.*

AMIGDALA *recentia recipe, et ab eis cum gladio remove etiam subtiliter primum corticem, et postea perforetur quodlibet amigdalum uno foramine in medio. Et iis peractis dicta amigdala ponentur in aqua dulci, in qua stent per quinque vel sex dies, sed qualibet die fiat mutatio aque semel in die. Deinde lapsis quinque vel sex diebus, dicta amigdala extrahentur a dicta aqua et ponentur in aliqua aqua[3] ubi stent per unum diem naturalem ad exsicandum et removendum vaporem dicte aque; postea habeatur sufficiens quantitas boni et optimi mellis respectu quantitatis dictarum amigdalarum, et illud mel buliatur et decoquatur bene et sufficienter, et decoquendo purgetur. Et cum decoctum fuerit et refrigeratum, ponatur in quolibet foramine dicti amigdali unum gariofilum : et repositis omnibus dictis amigdalis in aliquo bono vase terreo, ponatur desuper (item fiat de nucibus conficiendis, sed ille habent[4] stare in aqua per novem dies, qualibet die mutanda;) dictum mel bene decoctum et dispositum pro mensura debita coperiente dicta amigdala, et elapsis duobus mensibus, postea comedantur[5].*

---

[1] Voy. p. 213. — [2] Non pas, pas même. Ce passage est un de ceux qui établissent la position que l'auteur occupoit dans la société. — [3] Ce mot est fautif. — [4] *Debent.* — [5] Prenez des amandes nouvelles et ôtez adroitement,

TETINES DE VACHE. Cuites avec la char et mangées comme la char. — *Item*, salée à la moustarde. — *Item*, aucunes fois trenchée par lesches, et rosties sur le greil, toute fresche cuite.

ESTOURNEAUX. Soient plumés à sec [1], effondrés [2], puis couppez les cols et les piés, puis reffais, mis en pasté et deux lesches de lart audessus : ou découppez les membres par morceaulx comme un oison, et mis à la charpie, c'est à dire que de la cuisse l'en face trois pièces, et laisse-l'en en chascune pièce les os : des esles aussi et du résidu semblablement, et puis frire aux œufs en la paelle comme charpie. Il semble qu'il les convient *primo* cuire à demi avant que frire.

ALLOUETTES EN ROST. Plumez à sec, puis couppez les cols et ne les effondrez pas. Soient reffaites, et n'aient point les jambes couppées, et les embrochiez au travers et entre deux tesmoings [3] de lart. *Item*, en pasté, l'en coupe jambes et testes, et les effondre-l'en, et dedans le trou l'en boute fin frommage, et les mengue-l'en au sel.

au couteau, leur première écorce. Ensuite percez chaque amande d'un trou au milieu. Ce fait, lesdites amandes soient mises en eau douce et y restent cinq ou six jours, mais que l'eau soit changée une fois chaque jour. Ensuite, après cinq ou six jours, lesdites amandes soient tirées de l'eau et posées sur une (nappe?), où elles restent un jour naturel pour sécher et ôter l'humidité de l'eau. Ayez ensuite une quantité suffisante d'excellent miel, proportionnellement à celle desdites amandes; faites-le bouillir et cuire bien et suffisamment, et l'écumez, et, quant il sera cuit et réfroidi, mettez dans le trou de chaque amande un clou de girofle, et ayant replacé toutes les amandes dans un bon vase de terre, mettez dessus (*item*, pour confire des noix; mais elles doivent rester neuf jours dans de l'eau renouvelée chaque jour) ledit miel bien cuit et en quantité suffisante pour couvrir entièrement les amandes qui pourront être mangées après deux mois.

[1] Sans être mis dans l'eau chaude. — [2] Vidés. — [3] Ce sont évidemment des petites hardes de lard.

Lièvre pourbouly, puis lardé, mis en pasté et de la pouldre, et mengié à la cameline; et est viande d'esté.

Connin en esté.

Porc en pasté. Mis en pasté et du vertjus de grain[1] dessus.

Oés, poules, chappons despeciez par pièces, et mis en pasté, excepté les chappons de haulte gresse qui ne se despiecent point; et de chascune oé l'en fait trois pastés.

Oiseaulx de rivière. En pasté, et de la saulce cameline ou meilleur mise dedans le pasté quant il est cuit; la teste, les jambes et piés sont hors.

Pigons en pasté, cols et testes et les piés couppés, et deux lesches de lart dessus : ou en rost, et soient lardés.

Monder orge ou fromment pour faire froumentée. Il convient eaue très chaude, et mettre le fromment ou orge dedans icelle eaue chaude, et laver et paulmoïer[2] très bien et longuement : puis getter et purer toute l'eau, et laissier essuier le fourment ou orge et puis le piler à un pestail[3] de bois, puis vanner à un bacin à laver.

Buvrages de avelines. Eschaudez-les et pelez et mettez en eaue froide, puis soient très bien broyées et deffaites d'eaue boulue, puis coulées à l'estamine.

Sardines, effondrées, cuites en eaue, et mengées à la moustarde.

Harenc nouvellet commence en Avril et dure jusques à la Saint Remy que les harens frais commencent; et est cuit en eaue, et après l'en y fait les bonnes souppes grosses que l'en mengue au vertjus vieil, mais

---

[1] En grain. — [2] Pétrir. — [3] Pilon.

avant, et si tost qu'il est cuit et trait de la paelle, l'en le doit mettre en belle eaue fresche, et le convient nettoier et oster les escailles, teste et queue.

HIC FINIT[1].

[1] C'est ici que se terminent les deux manuscrits les plus anciens (A et B) du *Ménagier de Paris*. Cependant mon manuscrit (C) ajoute encore quelques recettes qui sont tellement analogues à celles qui précèdent, que je crois devoir les donner comme appendice. Elles paroissent avoir été écrites peu de temps après le corps du texte; elles sont dans le dialecte picard ou flamand, et ont évidemment été recueillies dans la maison de Madame de Roubais (Marguerite de Ghistelle). Voy. l'Introduction.

APPENDICE A L'ARTICLE V

DE LA DEUXIÈME DISTINCTION.

Pour faire ung lot de bon ypocras prenés une onches de cina-
monde nommée longue canelle en pippe, avec unes cloche de gingembre et autant de garingal, bien estampé [1] ensemble, et puis prenés
ung livre de bon çuquere [2] : et tout cela broyés ensamble et destrempés avec ung lot du milleur vin de Beaune que pourés finer
et le laissir tremper ungne heure ou deux. Et puis le coullés parmy
ung chause [3] par pluiseurs fois tant qui soit bien cler.

Pour avoir des caordes et pompons [4] fault planter en bonne terre
et crasse deux ou trois pans [5] de parfont, et quattre grains au cop [6]
ensemble par longhes rengues [7], et trois piés largement de plache [8]
de tous costés. Et quant y seront crut de la haulteur de deux
paumes, les fault racourchir desus deux dois de lonc, et les
arouser deux fois la sepmaine tant qui soient grant ; et les fault
planter environ le quatre Mars ou à l'entrée d'Averil. Mais pour che [9]
que nostre pays est froit, fault aviser plache hors des frois vens et
en bon solleil ; et dient les gardineus de Portigal [10] que fiens
de cheval bien court et bien pourit, et oussy les fientes des bestes
que on tuue, il est très bon : et affin qui ne faillent, tout est neces-
chitez que on en plante depuis le my Mars jusques à la fin d'Averil, par toutes les quinsainnes, affin que on garde les plus biaus
et que on deffeuche [11] cheux qui porroient enpeschier les aultres
à croistre, car comme desus est dyt, y fault à quatre grains trois
piés de large tout entour.

Item, pour lappreux rosti etc. [12]

---

[1] Battu, écrasé. — [2] Sucre. — [3] Une chausse. — [4] Melons. Je ne sais
ce que peut signifier *caordes*, peut-être est-ce *gourdes*, sorte de courge. —
[5] Empans. — [6] D'un coup, à la fois. — [7] Rangs. — [8] Place. — [9] Ce.
[10] Jardiniers de Portugal. Il y avoit des Portugais à la cour de Bourgogne. Vasque Made de Villelobe, Portugais, traducteur du *Triomphe
des Dames* (imprimé à Paris, chez Pierre Sergent, in-4°, gothique), étoit
écuyer d'écurie du duc de Bourgogne. — [11] Défaec ? arrache. — [12] Répétition presque textuelle, mais fautive, des §§ 4, 5, 6, 7, 8 de la page 275
ci-après.

Item, pour faire de sukere [1] *rosart* en plate, il fault pour une livere de sukere ung pinte et demie [2] de bonne eaue rose, et faire boilier ensamble, et tant qu'il fache le fillet entre deux doés [3]; mais ensois que on maeste [4] boilier, il fault mettre le glerre d'un ouf [5] à chascun livere de sukere, et le fault bien batre tout en escume: et puis laissir rassir en yauve [6] et estamper ledit sukere tout en pouvre, et tout meller ensamble, et puis boillier comme dessus; et puis avoir del fluer [7] de amidon, et mettre en ung délié drappelet ousy [8] gros que ung estuet [9] ou deux, et prendre ung plat bachin, et tapper sur le cuel dudit bachin le fluer à tout le drappelet, tant que le fluer se espaert [10] dessus bien temmené [11], et puis jettés vostre rossart [12] dessus ledit bachin quant il fait le fillet, et puis laissir couler l'espesseur du hule [13] d'un coutel ou plus espès. Et puis quant il est ung peu réfroidié, royés [14] à tout ung coutel et ung rieughelet [15] des pettites losenghe dessus de deux doés [16] de grant ou environ. Et quant ledit sukere rossart sera réfroidié sur le bachin, rostelle jus [17] et le rompez par losenghe, et le mettés en ung laye de dragié. Et est boen pour mengier pour conforter l'estomac.

Pour fere encquere [18] *sans boullier.* Pour deux pintes d'yauvve de plue [19] ou de mares, il fault prendre deux onzes de noies de galle, deux onzes de copperot [20] et deux onzes ·S· [21] de gomme arrabe cler comme or; et fault rompre le nois de galle bien menu, et mettre temprer trois jours dedens une pintte d'yauwe dessusdite, et batre sept ou huit fois le jour environ le demy sept psalmen [22] les trois jours durant, et puis rompre le copperot bien menu et mettre avecque les nois de galle, et battre encore trois jours comme devant; se sont six jours acomply largement. Et fault prendre l'aultre

[1] Sucre rosat. — [2] *Et* 3. — [3] Qu'il file entre deux doigts, si on en prend une goutte. — [4] Avant qu'on mette bouillir. — [5] Œuf. — [6] Laisser rasseoir en eau. — [7] De la fleur — [8] Aussi. — [9] Esteuf, balle. — [10] Épande, répande? — [11] Démené, remué? — [12] Sucre fondu en eau-rose. — [13] *Hulle* signifie en allemand enveloppe. Est-ce ici la gaîne d'un couteau? — [14] Rayez. — [15] Une règle? — [16] Doigts. — [17] *R'ostez-le.* Otez-le hors du bassin? — [18] Encre. — [19] Eau de pluie. — [20] Couperose. — [21] Et un scrupule? — [22] La moitié du temps nécessaire pour dire les sept psaumes de la pénitence, comme nous avons vu dans le *Ménagier,* un *Pater,* un *Miserere,* etc.

pintte d'yauwe et mettre le gomme dedens quant on met les nois temprer ; et les six jours passé, il fault mettre ledit yauwe de gomme quant il est fonduee avec l'yauwe des nois et de copperot, et les mouvoir tout trois ensamble ung jour ou deux comme dessus. Et dedens ung mois ou six septimaines r'oter l'encre hors de le mattere [1] et le mettre en ung aultre pot de piere.

Item, et sus le mattere dessus dicte puelt-on mettre pintte ·S· d'yauwe de plue ou de mares, et mettre avecques le quart des nois, copperot, et gomme dessusdite, avecque le mattere de l'encre qui a esté fecte devant, et le battre cinq ou six jours comme dessus ; et est bon commung encre.

Item, pour escripre sur papier, il ne fault point mettre de vin ne de vinergre, mès quant on veult escripre sur parchemin, pour ung lot d'yauwe, on peult prendre une my-pintte de vin ou de vinergre.

CHI APRÈS S'ENSIEUT QUE HOTIN LE QUISENIER QUI FU A MONSEIGNEUR DE ROUBAIS A ENVOYÉ PAR ESCRIPT POUR FAIRE AULCUNS BROUÉS QUI SERVENT A APPOINTIER VIANDES SUR CAR ET SUR POISSON.

Item, pour lapreaulx roti, pour la sauche à mettre sus, prenés ung pau de pain roti, et le mettés tremper en boullon et du vin et vergus, et le mains la moitié de vinesgre, et mettés tremprer le pain dedens ; et prenés canelle le plus, et gingembre et ung peu de povre[2], de claus[3], ou de nois musscade, et coulés tout ensamble, et au boulir du sucre dedens ; et au servir de la dragié pardesus.

Et pour jouvenes oisons paraillement.

Item, pigons au sucre. Rotisiés vous pigons : rotisiés du pain, canelle, gingembre et menus espèces[4] le mains, vin et vinesgre au couler et du lart fondu dedens et faittes boullir ; et quant il bout, mettez les pigons dedens et du sucre au pot.

Pouchins, perdris à l'eauwe benitte d'yauwe roze ou d'orengue ou à l'ongnon.

Item, perdris ou perdrisieux. Faicte-les rostir, et les mettés en pot

---

[1] Les matières qui ont servi à faire l'encre, le marc. — [2] Poivre. — [3] Clous de girofle. — [4] Mennes-épices (*species*), moins (que de cannelle et gingembre).

ou en telle [1] de l'iauwe roze et du vinesgre, et mettés boullir tout
ensemble, et du sel ; et le couvrés bien, tant que vous vorés servir.

Et pour *l'orengue de pouchins, ou de perdris ou de pigons*, prenés les
orenges et les copés en vergus blanc et vin blanc, et mettés boullir :
et du gingembre au boullir, et mettés vous chozes [2] dedens boullir.

Pour pouchins roti à l'eauwe benitte d'ongnons, prenés ongnons
par roelles, et frisiez en sain de lart et vergus, et pau de vinesgre
et gingembre, et boulés en pot ou en telle et mettés vous pouchins
dedens jusque au servir.

POUR POTAGES.

Item, brouès d'Allemaigne. Prenés amandes et les broiés, et peu
de blanc pain avecques, et au couller vergus et vin blanc et boullon
dous, et gingembre et du safren, et tout boulli ensamble, et du
sucre dedens ; et mettés vous brouès sur chappons rotis ou boullis,
oisons ou jouvenes connins, et mettés au boullir ung peu d'ongnons
fris en sain de lart dedens bien menus.

Item, brouès de fleur de peschier [3]. Prenés amandes broiés et blanc
pain avecques, et tremper en boulon dous : vergus, gingembre au
couler. Et quant il bout, prenés du tornissot [4] trempré en vin bien
chault, et ly bailliés couleur de fleur de pieuquier [5] ; pour chappons rotis, ou oisons, ou jouvenes connins rotis, ou sur chappons
boullis.

Item, pour faire Aragondis, prenés cresme douche et le faittes
boullir en ung pot de terre, et prenés moieux d'œus et fleur et le
coulés, et de le cresme avecques pour mieux passer, et mettés du
burre doulx largement dedens le pot, et filés les eux [6] dedens le
pot, et du sucre dedens le pot, et le mettés arière du fu [7] que il
n'aerde [8].

Pour brouet d'Engeltaire. Prenés poisons de mer ou d'eauwe
douche, ch'est à sçavoir [9] œus cuit en l'eaue durs et frisiés au burre,
ou eurs [10] pausiés [11] au burre qui n'a du poison. *Item, pour le brouet*

---

[1] Teille, vase de terre. Suppl. *avec.* — [2] Vos poussins ou perdrix. —
[3] Voy. p. 95. — [4] Tournesol. Voy. p. 220. — [5] Pêcher. Mettez assez de
tournesol pour lui donner la couleur de fleur de pêcher. — [6] Œufs. — [7] Feu.
— [8] Brûle. — [9] Il semble qu'il faudroit *ou puisque* ce plat se faisoit avec du
poisson, ou avec des œufs à défaut de poisson. — [10] Œufs ? — [11] Pochés ?

à mettre sus, prenés pain blanc trempré en purée, et moieux d'oeux et du gingembre et canelle le plus et vergus, et coulés tout ensamble, et au boullir largement du persin, izope, et peu de safren, et largement burre dedens le brouet.

Pour brochès au romarin, mettés-les bien rotir sur le gri, qui soient tout cuit. *Item*, pour le brouet à mettre sus : vin vermel, vergus, ung bien peu de vinesgre et du gingembre et du romarin, et mettés tout boullir ensamble en telle de terre : et quant les brochès sont cuit, mettés-les dedens.

Item, sivé d'oïtres ou de moule ou d'oeus fris. Prenés pain roti sur le gri, et mettés tremprer en pourée, et prenés le pain, vinesgre et le mains de vergus et du vin, canelle le plus et gingembre, et peu de menus especes, et coulés tout ensamble : et au boulir ongnons fris et du safren et le faites bien boulir ; et quant il est cuit, mette-le en ung pot de terre, et frisiés les oïtres ou les moules, et mettés-les boulir avecque le brouet. Et pour les oeus fris, mettés en plas et le brouet pardessus.

Pour petis patés de poison, prenés tourbot ung peu boulir et hasiés[1] bien menus gingembre et safren, et du burre dous dedens, et bien hasiet ensamble ; et faites vous patés en fachon de la court et ne les laisiés point chéquier[2] au four.

[1] Hachez. — [2] Sécher.

FIN DE L'APPENDICE A L'ARTICLE V.

CHASSE A L'ÉPERVIER EN 1379 (N.^o du Roi Supp.^t Fr 632:²)

LE MÉNAGIER

DE PARIS.

LE DEUXIÈME ARTICLE[1]

DE LA TROISIÈME DISTINCTION,

LEQUEL EST DE SAVOIR NOURRIR ET FAIRE VOLER L'ESPRÈVIER.

N acomplissant ce que je vous ay promis cy dessus, chière seur, je met cy-après ce que je sçay d'espreveterie, afin que en la saison vous vous y esbatiez se vostre plaisir y est. Et sur ce, au commencement, vous devez savoir que l'en tient communément que un bon espreveteur, en

---

[1] Le seul que contiennent les manuscrits. Voir l'Introduction et T. I, p. 7, note 1; voir aussi T. II, p. 79, n. 1.

la saison, recroist[1] d'espreveterie neuf chiens et trois chevaulx se il veult bien continuer et faire son devoir au mestier. Et aussi tient-l'en que le droit cuer de la saison d'espreveterie bonne ne dure que environ six sepmaines que il convient voler aux cailles, c'est assavoir depuis le mois de Juillet que l'en treuve les volées des premiers perdriaux, jusques en Aoust qu'ils deviennent fors, qu'il convient voler aux cailles. Et lors se affoiblie le déduit, car depuis que les perdriaulx sont faillis et que l'en ne treuve que les pères et les mères qui sont fors, l'en ne les peut prendre fors au *voulon*[2] c'est assavoir au sourdre[3], et de ce sera parlé cy-après, quant l'en parlera du voler, mais à ce commencement il sera premièrement parlé des chiens, et

[1] Augmente sa maison, son train, plutôt que *fatigue, use*. Gaces de La Bugne borne le train de l'épreveteur à quatre chiens et deux chevaux (Ed. Verard, X 5).

[2] Cette manière de voler semble bien devoir être celle que d'Arcussia (V° partie, ch. xvi, et Confér. 30) appelle voler à *la toise* (et aussi Sainte-Aulaire, p. 103) ou *source*, à *lève-cul* ou à *la couverte*. C'est quand on lâchoit l'oiseau de poing tout près de sa proie, au moment où elle s'enlevoit, et qu'il l'empiétoit avant qu'elle eût eu le temps de se mettre en aile. Les oiseaux de poing prenoient presque toujours leur gibier de cette manière, soit à son premier départ, soit à *la remise*, c'est-à-dire au second vol. Dans ce dernier cas ils attendoient souvent sur un arbre ou sur une haie que les chiens fissent repartir l'oiseau chassé. Huber, dans ses *Observations sur le vol des oiseaux de proie* (1784, in-4°, p. 36), a très-bien expliqué cette manière de voler qu'il appelle *le saut* et qui est propre aux oiseaux de poing. Il dit que le saut résulte d'un élancement qui part de la plante des pieds puis d'une forte et brusque contraction des ailes. Il distingue le saut montant, le saut de niveau (tous deux ne portent que 6 ou 7 toises) et le saut plongeant, qui est le plus puissant.

[3] Jaillir, s'élancer. Je ne sais si ce mot s'applique ici à l'épervier ou au brusque départ de l'oiseau chassé. C'est presque la même expression que celle de *vol à la source* employée par d'Arcussia. Le Ms. A porte *fouldre*, mot qui ne seroit pas ici sans signification, car Huber dit que le départ *au saut* est aussi prompt que *l'éclair*.

après du cheval : et en oultre de la nourreture et duisson[1] de l'esprevier prins ou ny, et en oultre sera parlé du *branchier*, et en oultre du *muier*.

Premièrement, qui veult avoir bon déduit de l'esprevier, il est neccessité que assez tost après Pasques l'espreveteur se garnisse d'espaignols[2] et qu'il les maine souvent aux champs quérir les cailles et les perdris, et dès lors les duise et chastie, et tant face que au moins en Juing il en soit pourveu de trois bons, duis pour le mestier, qui congnoissent les oiseaulx : et que dès lors il les mette au lien et les garde bien, car en celle saison ceulx qui en sont despourveus les emblent voulentiers. Et les doit-l'en attacher et faire leurs gistes et leur lit dessoubs ou en coste[3] la perche où son esprevier sera perchié quant il[4] l'aura, afin que lors l'esprevier les voie continuelment et les congnoisse, et aussi qu'ils congnoissent l'esprevier.

Et est assavoir que tous espaignols qui sont bons pour la chace du lièvre ne sont pas bons pour le déduit de l'esprevier, car ceulx qui sont bons pour le lièvre queurent après et le chassent, et quant ils l'ataignent, le mordent, arrestent et tuent, se à ce sont duis : et autel pourroient-ils faire à l'esprevier. Et pour ce, ceulx qui scevent bien trouver les perdris et la caille et ne queurent point après l'esprevier, ou s'ils y vont, si sont-ils si duis que tantost qu'ils voient que l'esprevier a liée[5] et abatue la perdris ou autre oisel et

---

[1] *Éducation*, de *duire*, dresser. — [2] Var. A, *espaingnos*. Chiens d'Espagne dits aujourd'hui *épagneuls*. — [3] A côté. — [4] Il faudroit *l'en*. — [5] Lier, en terme de fauconnerie, c'est quand l'oiseau a enserré sa proie. D'Arcussia veut qu'on réserve ce mot pour les oiseaux de leurre et qu'on dise *empiéter* pour ceux de poing (p. 177).

la tient soubs lui, s'arrestent et ne s'approuchent point, iceulx espaignols sont bons, et les autres non. *Item*, ceulx qui sont jeunes et fors et roides et qui sont trop hastifs, trop loingtains[1], ne sont pas bons pour ce qu'ils queurent trop devant et trop loing de l'esprevier, et quant ils treuvent la perdris ou autre oisel et ils la font lever, l'esprevier qui est loing ne puet venir à temps et se lasse de voler après, et en la fin n'y peut attaindre et demeure lassé et blasmé, et si n'est point sa faulte, car il a bien volé, mais est la faulte de l'espreveteur qui n'a par avant mis ses chiens en si grant subjection qu'ils s'arrestassent à son escry[2]. Et qui pis est, se l'esprevier est ainsi deux fois foulé[3], il craindra à y plus voler et ne s'embatera[4] plus, car l'esprevier se resjoïst et enhardist quant il est tousjours audessus et met à mercy tout ce à qui il vole, et au contraire se effroidist et attardist quant il est foulé ou grévé par les oiseaulx. Et par ce me semble qu'il convient que l'espreveteur soit sage d'avoir duit ses chiens pour quérir près de lui, et de donner le vol à point : et pour ce je croy que les espaignols aagiés qui queurent ainsi comme deux ou trois toises devant l'esprevier sont bons. Et puisqu'ainsi est que l'en ne scet au commencement quels ils seront, celuy qui a entention de les mettre en besoingne en la saison d'espreveterie, les doit devant le temps affaitier et tenir liés et en subjection de verges ou de fouet, afin qu'ils le craignent et que quant il les menra aux champs et il les escriera ou appellera : *Arrière! arrière!* qu'ils s'arrestent et l'attendent, et retournent à leur maistre s'ils voient qu'il tourne autre

---

[1] Qui s'éloignent trop. — [2] Cri, appel. — [3] Lassé, vaincu. — [4] Se précipiter avec entraînement, fondre, d'*immittere*.

chemin. Et s'ils sont ainsi duis, ils ne feront nul mal
à l'oisel quant l'en les escriera, et seront bons.

Item, il est assavoir de la nature des jeunes chiens
que tant plus les menrez aux champs souvent, de jour
en jour et de heure en heure, et plus leur donrez de
paine et de travail à querre ès champs depuis l'aube
du jour jusques à la nuit, et l'endemain et chascun
jour commencier, et plus les chastierez, puis qu'ils
seront bien nourris et ensemble, plus vous craindront
et aimeront et suivront voulentiers et seront bons.
Mais soiez diligent que si tost que vous serez à l'ostel,
que vous mesmes, ou vos gens devant vous, donnez
très bien à mengier à vos chiens, puis à boire, en une
paelle[1], d'eaue bonne et nette : et puis soient couchiés
sur belle lictière de feurre en quelque lieu chault, ou
au feu s'ils sont moulliés ou crottés, et soient tousjours tenus à la subjection du fouet. Et se ainsi le faites,
ils ne donront nul ennuy à la table ne au dressouer,
ne ne coucheront sur les lis : et s'ainsi ne le faites, vous
povez savoir que quant ils ont traveillié et ont fain,
pour ce qu'il est nécessité qu'ils vivent, ils quierent
soubs la table et happent sur le dressouer ou en la cuisine une pièce de char ou viande, et s'entremordent
et font des ennuis pour pourchassier leur vie, et en ce
faisant se traveillent et ne reposent point et si demeurent truans et diffamés, et c'est vostre faulte et non la
leur. Et pour ce, se vous voulez estre tenu bon espreveteur, pensez premièrement à vostre esprevier et de
vos chiens, et puis de vous.

(*Item*, aucuns dient que à chiens qui abaient[2] l'en

[1] Poêle, poêlon. — [2] Var. A, *abéent*.

leur doit donner à mengier du poulmon de mouton ou de brebis, et ils n'abaieront plus. Ce qu'il en est, je ne sçay.)

Item, il convient estre pourveu et avoir un cheval basset et aisié pour monter et descendre souvent, qui soit paisible au chevauchier, sans fretillier ne tournoier, ne tirer la bride, ne regiber, ne faire autres empeschemens qui doient empescher à l'esprevier quant il sera réclamé[1] : et qu'il se tiengne tout coy et tout arresté, attende son maistre quant il sera descendu, et aussy se tiengne bien coy et bien paisible au remonter.

Et pour ce que je vous ay devant dit qu'il est neccessité d'avoir des premiers espreviers, sachiez que les espreviers commencent à couver, c'est assavoir les premiers, à la Saint-George qui est le vint-troisième jour d'Avril, et couvent six sepmaines. Et pour ce, dès le temps dessus dit jusques au commencement de Juing, l'en doit espier les aires des espreviers, lesquels l'en peut trouver et aparcevoir tant par leurs aires comme par leurs charniers, car communément leur charnier est fait sur un arbre qui a regart à leur aire et est aussi comme au trait d'un arc de leur dit aire; et sur icelluy hault arbre les espreviers descharnent[2] les coulons ramiers et autres oiseaulx qu'ils ont prins, et laissent cheoir les os à terre, et détrenchent à leur becq et despiècent la char qu'ils portent en leur aire à leurs faons qui lors ont le becq trop tendre : et par les ossellez

---

[1] Réclamer l'oiseau c'est le faire revenir sur son poing. On a dit quelquefois par extension un oiseau *réclamé* pour un oiseau *dressé*. Les oiseaux de leurre étoient rappelés à l'aide du leurre : aussi disoit-on pour eux *leurrer* et non *réclamer*. — [2] Var. A, *déchairent*.

peut-l'en apparcevoir le charnier, et par le charnier peut-l'en trouver l'aire.

Et est à noter que en la fin du mois de May ou au commencement du mois de Juing les premiers espreviers d'icelle saison escloent. Si convient lors entendre de soy pourveoir d'iceulx premiers espreviers, car les premiers espreviers sont plus tost avanciés et près de voler. Et pour ce que chascun désire avoir des premiers espreviers, et pour les avoir tous bons espreveteurs sont tousjours traitres et larrons l'un à l'autre, tellement que l'un frère les voulroit embler à l'autre, pour laquelle chose, qui veult avoir des premiers espreviers, il doit faire tant enquerre et encerchier qu'il sache aucun aire des premiers[1], et les prendre ou ny avant que[2] nul autre.

(Et est assavoir que les meilleurs et plus fors espreviers sont ceulx qui se paissent de coulons ramiers ou autres gros oiseaulx, et ceulx font leurs aires sur bas arbres pour ce qu'ils ne pevent porter hault si gros oiseaulx.)

Or convient-il donc savoir comment ils seront nourris se ils sont pris si jeunes que ils n'aient que deux jours. Et sachiez sur ce au commencement il[3] est bon qu'ils soient nourris plusieurs espreviers ensemble, ou esprevier et mouchez[4], ou esprevier et poucins, afin qu'ils s'entrejoingnent et gardent la chaleur naturelle l'un à l'autre ; et ceste chaleur naturelle est leur

---

[1] Var. A, d'espreviers. — [2] Que est de trop à moins qu'il ne manque la fin de la phrase comme : ne l'ait découvert. — [3] Il faudroit : qu'il. — [4] C'est le mâle de l'épervier, beaucoup plus petit que la femelle, et que l'on employoit beaucoup moins. Gaces de La Bugne dit qu'il servoit aux apprentis fauconniers à faire leur éducation (Ed. Vérard, L v).

souveraine nourreture, car se ils seuffrent tant soit
petit de pluie ne de froidure, ils sont en adventure de
mourir, et pour ce est-il bon d'en mettre pluseurs ensemble pour ce qu'ils se joindront et garderont la chaleur naturelle l'un de l'autre. Et si est bon qu'ils soient
en un petit clotet[1], par manière de ny, fait de foin
délié bien batu, de plume, de coton, d'estoupes ou de
telles molles choses, et mis en une cage à poucins, en
une cuve ou en un cuvier ou en un autre vaissel de
bois qui soit long et large tellement qu'ils puissent es-
meutir[2] loing d'eulx ; et se leur ny n'est bien molet,
l'en peut mettre soubs eulx un drap linge[3] bien délié pour garder leurs ongles. Et espécialment soient
gardés et maintenus en bonne chaleur naturelle, comme
aucunes fois du feu de charbon entour eulx, et soient
sur deux tresteaulx hault en leur cage, ou aucune fois
au soleil : aucune fois, s'il fait froit de nuit, soient
couvers d'une robe, et d'une rais[4] pour les chas, et qu'ils
aient air largement. Et soit souvent regardé qu'ils
n'aient ne trop froit ne trop chault ; et mesmement[5] de
nuit les convient-il ainsi garder, et de jour les convient-il
paistre tant de fois le jour comme ils auront enduit[6],
et commencier dès le bien matin à souleil levant ou
avant, car les espreviers qui sont bien peus en leur
jeunesse ne crient point quant ils sont sur le poing, et
les autres si font ; et les convient paistre de bonne char
chaulde, nouvel tuée, d'oiselets escorchiés dont la
chair, sans aucune gresse, soit bien menue haschée,
jusques à ce qu'ils aient le becq fort pour tirer cuers

---

[1] Enfoncement, creux, de *claustrum*. Var. B, *crotet*, petite grotte,
trou, de *crypta*. — [2] Fienter. — [3] Mince, délicat. — [4] Filet. — [5] Surtout. — [6] Digéré.

de volaille, des cuers de mouton dont vous recouvrerez aux bouchiers, et qui mieulx ne peut, de pigons : jàsoit-ce que ce soit trop grosse char et trop orgueilleuse, qui[1] peut recouvrer d'autre char; *item*, le filet[2] de porc qui est dedens la cuisse est meilleur que cuer de mouton : mais à l'esprevier qui vole, l'en ne doit pas donner deux gorgées[3] l'une après l'autre, pour ce qu'il est trop délié, trop laxatif et trop courant et coulant. Et de quoy que vous paissiez vostre esprevier, gardez que vous ne luy donniez deux gorgées l'une sur l'autre, c'est à dire que vous ne le paissiez mie la seconde fois jusques à ce qu'il ait enduit la première ; et puis soit peu afin qu'il n'ait nulle fain, car autrement[4], s'il n'est très bien nourry en sa jeunesse, il ne volera jà bien, ne ne sera fort en la saison d'espreveterie. Et aussi se vostre esprevier avoit aucune fain, les bons espreveteurs l'appercevroient à l'areste des plumes où il auroit raies de travers, et tant de róies qu'il y auroit et tant de fains jugeroit-l'en que l'esprevier auroit eues[5] ; si vous en mocqueroit-l'en de non avoir bien gouverné vostre esprevier.

Et *nota* que à trois choses congnoist-l'en en jeunesse l'esprevier du mouschet : *item*, que le mouschet a la teste et le becq sur[6] le rond, et l'esprevier sur le long : *item*, le mouchet a la jambette greslette et plus courte que l'esprevier : *item*, au cry le congnoissent aucuns.

Item, en leur très grant jeunesse, l'en les doit tenir

---

[1] Pour qui. — [2] Var. A, *fielet*. — [3] Repas. Sous-entendez *de ce filet de porc*. — [4] Var. B, *certainement*. — [5] Sainte-Aulaire dit la même chose (p. 45); il ajoute que ces *fautes* ou *marques* placées en travers des plumes les font rompre facilement aux premiers efforts de l'oiseau. — [6] Tirant sur le rond, un peu rond.

très nettement et paistre souvent[1], et très seichement
de blancs drappellez souvent remués, dessoubs leurs
piés, et du foing, et changier souvent, et laver et sécher
leurs drappellets. Et soient en un pennier, et soit ledit
pennier couvert de beaulx drappeaulx; et soient tenus
chaudement par feu ou par soleil, et de nuit soit mis
l'esprevier[2] entre deux draps au lit, couchié avec une
personne pour garder chaleur naturelle, et l'endemain
au feu ou au soleil. Et ainsi, jusques à ce qu'il soit temps
de les mettre en la ferme[3].

Item, se vous povez, faites que les costés du vaissel
ou ferme où vostre esprevier sera, ne soit mie clos
d'ais, mais de trailles[4] ou de filé, afin que l'esmeut de
l'esprevier saille dehors, car quant l'esmeut demeure
dedans le vaissel, il put.

Item, tant comme l'esprevier plus s'efforcera[5], il se
souldra[6] sur les jointes[7]; et lors, quant il s'estera[8], le
peut-l'en mettre en la ferme qui sera faite de cinq piés
de long et de trois piés de lé[9] et de trois piés de
hault. Et a[10] besoing d'une cuve ou d'un cuvier souvent nectoié ou changié, couvert d'une rais, ouquel
cuvier ou cuve il ait du foing au fons et un viel drappel
linge dessus pour luy garder ses ongles sains comme
dessus, et illec s'enforcera et sera plus fort sur ses piés.

[1] Ces trois mots interrompent le sens et seroient mieux placés avant
tenir nettement. — [2] Var. B, *le pennier.*
[3] L'auteur entend par ce mot une cage ou caisse de bois dont il nous
donne ci-après les dimensions. Le même mot a été employé par d'Arcussia,
mais sans explication, et par Sainte-Aulaire (p. 180 à 186) qui paroit
en faire un terme général pour désigner un lieu fermé comme une
chambre, etc., et semble dire indifféremment : mettre les oiseaux à la
ferme ou à la mue.
[4] Treillage, grillage. — [5] Prendre de la force. — [6] Se soulèvera. — [7] Join-
tures, jarrets. — [8] Se tiendra debout. — [9] Large. — [10] Il y a, il est.

Et ainsi comme plus croistra, l'en ne le paistra pas si souvent, que quatre fois le jour; et après, quant il sera plus fort et qu'il volletera, l'en lui doit mettre en la ferme ou cuvier un petit bloc[1] de trois dois de hault, couvert pour ses ongles comme dit est. Et quant il commencera à soy perchier sur icelluy bloc, l'en luy fera autre travers dedans la ferme deux perchettes de demi pié de hault[2], sur lesquelles perchettes il, de sa propre nature, volera de l'une à l'autre et passera pardessoubs, et sa nature luy enseignera à duire ses eles et son vol; et lors ne sera peu[3] que trois fois le jour. Et est bon que lors et par avant sa ferme soit mise à terre une fois le jour, en une place où les chiens repairent entour luy, et qu'ils le voient et congnoissent, et luy eulx, et soit peu devant eulx, afin que quant il volera et aura prins et tendra sa proie aux champs et ils surviennent, qu'il ne s'esbaïsse mie pour eulx, ne que eulx ne le descongnoissent. Et dès lors en avant convendra soy prendre garde quant il aura deux mercqs[4]

---

[1] Billot de bois sur lequel on plaçoit l'oiseau. Sainte-Aulaire dit qu'il doit avoir deux pieds de haut. Il est vrai qu'il parle de celui à l'usage des oiseaux parvenus à leur taille (p. 66 et 106). L'empereur Frédéric II conseille de le faire en forme de cône renversé et ferré, de manière qu'on puisse l'enfoncer facilement en terre. Il l'appelle *sedile*. Il dit que le faucon cillé est mieux sur le bloc que sur la perche, et qu'on ne doit mettre sur le bloc qu'un seul faucon (voy. ch. L et LI du second livre).

[2] Phrase qui paroît défectueuse. — [3] Repu.

[4] Var. A, *merts*. Je crois que ce sont ces barres ou marques noires qui traversent les plumes de la queue de l'épervier (Sainte-Aulaire, p. 25), et dont il est aussi parlé sous le nom de *mers de la queue* dans le Modus (feuillet 77 v°). L'auteur veut donc dire ici qu'il faut pour mettre les jets à l'oiseau, attendre qu'il soit parvenu au moment de sa croissance où sa queue est assez longue pour qu'on y voie déjà deux barres noires. Voir ci-après p. 291.

frans, car lors le conviendra-il mettre ès gets[1] et paistre
sur le poing, et puis le perchier et tenir paisiblement
sur son poing tant qu'il ait enduit et avalé sa gorgée.
Et le doit-l'en à ce commencement tenir si court que
au reget de son débat[2] il ne mefface à son balay[3].

Et depuis que vostre esprevier sera premier mis sur
le poing, gardez que par vous ne par autre il n'ait
aucun desplaisir; et sachiez, chière seur, que toutes
choses qui vers luy survendroient[4] soudainement, hastivement ou tempestivement[5], soit personne, beste,
pierre, estueil[6], baston, ou autre chose, lui font desplaisir et le tourmentent fort. *Item*, chière seur, sachiez
que se vostre esprevier vous lie et estraint fort, sachiez
que c'est signe qu'il a fain, et sinon[7], car quant il a
fain il estraint, et quant il[8] gorge, non. Et toutesvoies
s'il vous lie ou estraint, ne vous courrouciez de riens
ne lui aussi, mais le descharnez tout bellement, sans
vous ne lui courroucier, quelque douleur qu'il vous
face sentir, car se vous le courroucez une seule fois,
jà puis ne vous aimera.

Item, il vous convient continuer à le tenir souvent
sur le poing et entre gent tant et si longuement que
vous pourrez. Et se tandis que vous disnerez, dormirez
ou pour autre chose, laisserez vostre esprevier, si soit
perchié à grant air, hors de la moiteur de la pluie et
de l'ardeur du soleil, et qu'il ne voie nuls poucins,

---

[1] Petites lanières de cuir qui s'attachoient aux jambes de l'oiseau et
auxquelles on ajoutoit les vervelles, et quand l'oiseau étoit sur la perche,
la longe et le touret. — [2] Quand après s'être débattu, jeté en avant de sa
perche il y est retenu et rappelé par sa longe. — [3] Queue des oiseaux de
poing. Le mot de queue étoit réservé aux oiseaux de leurre. — [4] Var. A, C,
sur luy surviennent. — [5] Impétueusement, de *tempéte.* — [6] Depuis *esteuf*,
balle de jeu de paume. — [7] Suppléez *non.* — [8] Suppléez *a.*

pigons ne aultre volaille, ne ne soit en péril de chas, et
que rien soudain ne puisse venir sur luy.

Et sachiez, chière seur, que s'il est perchié tantost
après ce qu'il sera peu, il se tendra bien paisible jusques à ce qu'il ait enduit, mais après ce, se il bat à
la perche, c'est signe qu'il a fain ou qu'il veult estre
sur le poing : et pour ce est bon qu'il ait tousjours gens
devant luy, afin que s'il se batoit et se pendist[1], qu'il
fust tantost secourus et relevés. Sachiez aussi que quant
il a esté longuement sur le poing et qu'il a tous ses
sept mercqs (jàsoit-ce que j'aye bien veu tel qui en avoit
huit), et aussi quant le troisième noir mercq[2] du balay
passe le bout des eles, il est adonc tenu pour fourmé, et
doit-l'en penser de le baignier, qui le fait avancier pour
oindre[3], desrouillier et mettre à point ses plumes, et
mieulx voler : et de la manière du baignier sera dit
cy-après.

Item, et au bout des longes doit avoir un petit bâtonnet, afin que se l'esprevier s'entreprenoit, que au
bout du bâtonnet, sans mettre la main, l'en luy mette
ses plumes à point : ou l'en doit remuer et tourner son
poing, afin qu'il se débate autre fois, car au rebat[4] les

---

[1] Si en se débattant il tomboit de la perche et y restoit suspendu par sa
longe.

[2] Ce passage confirme l'explication donnée précédemment, mais je
n'ai rien trouvé dans les auteurs qui puisse déterminer où sont placés
les sept *merqs* dont parle l'auteur. Je vois sur un épervier qui est sous
mes yeux 1° 4 barres (ou *merqs*) noires (dont une un peu cachée par
les petites plumes du croupion) *sur* le balai, 2° 4 id. en dessous; et enfin
6, mais assez mal marquées sur le dessous des grandes plumes de l'aile.
Mais on sait combien l'âge change le plumage des oiseaux de proie, et
j'ignore si l'oiseau que j'ai sous les yeux est un *niais* ou un *mué*.

[3] Graisser, mouiller de sa salive. — [4] La seconde secousse, le second
effort de l'oiseau. Voir d'Arcussia, V° partie, ch. ix.

T ij

plumes reviennent à leur point. Et tousjours, tantost
qu'il est peu, l'en le doit tenir si souef et en place si propre et si paisible qu'il n'ait cause de soy débatre sur sa
gorge, car s'il se débatoit sur sa gorge qu'il auroit lors
prinse, il seroit en adventure de la getter ; et qui n'a
loisir de le tenir en place paisible, l'en le doit perchier.
Et sachiez en cest endroit que les bons espreveteurs
dient un tel proverbe :

> Au lier et au deslier,
> Te tien saisy de l'esprevier.

Si povez maintenant adviser sur le poing et sur la
perche se vostre esprevier peut rien valoir. Premièrement, les aucuns espreviers se perchent tout droit et
sont moult esveilliés et regardent fièrement et espoven-
teusement[1] quant ils veillent, et quant ils dorment, si
se tiennent-ils bien droit sur un pié et ont l'autre en
leur plume, et ainsi dorment, et c'est signe de bon esprevier et sain. Les autres espreviers se couchent sur
le ventre au travers de la perche, ainsi comme un chappon, et ainsi se reposent en dormant et en veillant : et
n'est ne trop bon ne trop mauvais signe, car il leur
vient de nature. Et les autres sont tousjours raemplis
et endormis et ont un pié en leur plume, et c'est signe
de fétardie[2] ou de maladie.

Item, quant est à congnoistre l'esprevier par son
plumage, il est assavoir que les uns[3] espreviers sont de
plumage blanc et délié....[4], à travers de petis....[4],

---

[1] Var. B, *espoventablement*. — [2] Paresse. — [3] Var. A, C, *bas*.
[4] Espaces laissés vides dans les manuscrits. Peut-être y avoit-il *marqué
à travers de petits cœurs brun tendres ou roux.* La différence avec l'autre
genre de plumage dont il va être parlé auroit donc consisté dans la

tendres ou roux assis en leur poictrine ainsi comme par
ordre et à droite ligne, et sont bien merlés ou goutés[1]
ou brueil[2], c'est assavoir entre les cuisses et le balay,
et ont bonnes[3] les plumes qui sont à l'endroit des costés
sur les cuisses. Et iceulx espreviers dit-l'en que ils sont
bons pour dames, car ils sont tost réclamés et rendent
tost leur proie et viennent voulentiers au sifflet et aiment leur maistre, et sont paisibles et peu hardis. Les
autres sont de plus gros, plus dur et plus aspre plumage, et ont plus grosses mailles, et sont les tuyaux de
leurs plumes plus durs d'autant comme les plumes
d'une vielle géline ou d'un viel coq sont plus aspres
et plus dures que d'un jeune chappon, ou comme un
laboureur des champs a plus dure coanne que le fils
d'un roy : et sont cueuretés de cueres[4] entre-changa-
blement[5] assis çà et là, sans ligne et sans ordre, et ont
une petite teste et uns gros yeulx estincelans comme
un serpent, et sont moult esveilliés ; et ceulx sont aspres, roides et hardis, et sont plus fors à réclamer, plus
glouts et plus despis à paistre, et plus félons en toutes
choses ; et mettent leur proie entre leurs eles, et la dé-
fendent aux ongles et au becq. Et mesmes, quant on les
paist, ils estraingnent et saillent au visage et mordent :

dimension et la disposition des marques en forme de cœur; l'auteur du
Modus dit également : *Les uns sont de menues plumes traversaines et blanches;
autres sont de grosses plumes traversaines et grosses nouées; autres sont de
plumes que nous appelons mauvisées* (mal disposées, mal semées).

[1] Semés. — [2] Var. A, *boueil.* C'est le brayer, le bas-ventre, dit *brayeul*
dans le roi Modus. — [3] Le manuscrit B ajoute ·S· (*scilicet ?*). — [4] *L'espervier a communément l'estomac blanc émaillé de marques noires faites la
plupart en cœur. Le dessus noir ou gris fort obscur èsquelles y a certaines
mailles ou plumes blanchâtres sur les reins* (Sainte-Aulaire, p. 25). L'auteur
a fait le mot *cueureté* pour dire semé de cœurs, comme on dit *fleur-de-lisé*,
étoilé, etc. — [5] En changeant d'ordre, muablement.

et convient avoir un gant en la main destre, dont les
dois du gant soient couppés, pour doubte des esgrati-
neures : et portent voulentiers au couvert[1]; mais se ils
sont bien nourris et bien réclamés, un bon espreveteur
s'en aide mieulx que des devant dis, car ils sont plus
hardis, plus sages, et plus fors assez.

Item, les uns ont jambes et piés rouges, et dit-l'en
que ceulx sont de aire de jeune mouchet : et les aultres
qui ont jambes et piés jaunes, dit-l'en qu'ils sont de aire
de vieilz mouchet. Les aucuns ont jambes rondes et les
autres sur le plat, *scilicet* sur le demi ront; de ceulx ne
sçay-je quel signe c'est : mais en somme, l'esprevier qui
est de grant corsage, qui a teste de serpent, c'est
assavoir menue teste sèche, qui est bien chappé[2], gros
yeulx saillans et esveilliés, gros par les espaules, plumage dur et roide, mailletté de grosses mailles aspres
et dures : qui ait bons serceaulx, bons cousteaulx,
bonnes longues plumes, bons venneaulx[3], bonnes.....[4],
sans balay a sain, grant ouverture endroit le bouel,
courtes jambes grossettes, ses ongles entiers, c'est assavoir du pessouer[5] et du charnier et de la grant et

___

[1] Charrient au couvert, dans un buisson, etc., pour s'en paître, l'oiseau qu'ils ont pris. — [2] Je crois que c'est l'oiseau dont les ailes sont bien
disposées, bien jointes au corps et croisant bien sur la queue. — [3] Voy.
sur les vanneaux, couteaux et cerceaux, la note 6 de la page 89. —
[4] Espace laissé vide dans les manuscrits. *Sans* doit être défectueux ainsi
que *a* : le balay signifiant la queue. L'auteur a dû écrire quelque chose
comme *bonnes pennes, puissans balay et sain*, etc.
[5] Var. B, *paissonoir*. Ces différens noms des ongles de l'épervier ne
sont à ma connoissance donnés qu'ici. D'Arcussia les désigne simplement
sous la dénomination de premier, second et troisième, en commençant par
celui du premier doigt de devant : celui de derrière auroit été dit *avillon*. Ici
les *sangles* pourroient être les serres du grand doigt du milieu et du doigt de
derrière : le *paissoir*, l'ongle du pouce, et le *charnier* celui du quatrième doigt.

petite sangle, et que le remenant de son corps et de ses
piés soit tenu entier : qui soit bien esveillié et se perche
bel : tel esprevier est d'eslite.

Toutesvoies quel qu'il soit, puis que vous le vouldrez
nourrir pour vous, au commencement qui[1] sera mis
sur le poing, si luy bailliez beaulx gects, surlonges que
l'en dit petites longes, touret[2] et grans longes, et les
acoustumez de petit à petit et de plus loing en plus
loing à voler à vous, sur vostre poing, quérir sa proie
pour soy paistre.

Or est temps, chière seur, que je vous parle de congnoistre l'esmeut de l'esprevier. Si sachiez, chière seur,
que quant l'esprevier si a esmeuti, par l'esmeut l'en
peut jugier s'il est sain ou non : car s'il esmeut loing,
et l'esmeut est fin, blanc, liant et bien moulu, il est
bon. Et s'il est pers[3], vert, ou roulx comme lessive, ou
cler comme eaue, ou qu'il ait un neu noir en l'esmeut, à ce voit-l'en que l'esprevier n'est pas sain, et
lors le fault curer, et donner plume par la manière que
dit sera cy-après quant l'en parlera du réclamer et affaitier pour voler, car jusques à ce que l'en le réclame
sans commande[4], n'est-il jà trop grant besoing de lui
donner plume ne trop souvent curer, fors par une
fois la sepmaine.

[1] Qu'il.

[2] Instrument de cuivre, quelquefois d'argent, destiné à empêcher la
longe de s'embarrasser. Ce sont deux demi-anneaux en forme d'étriers
réunis par une goupille qui traverse les deux côtés plats, lesquels tournent
l'un sur l'autre. D'Arcussia l'appelle *touret* (131), et l'empereur Frédéric II *toretum* (II, 40). Il est représenté dans les planches de *l'Encyclopédie* (XII, fig. 2). C'est certainement au touret qu'est relatif le passage
cité dans Du Cange à *Coretum*, et il faut sans doute y lire *Toretum*.

[3] Bleu. — [4] Plus loin *recréance*, filière, longue ficelle attachée aux longes.

Mais en cest endroit d'espreveterie, le convient plus
que devant tenir sur le poing et le porter aux plais[1] et
entre les gens aux églises[2] et ès autres assamblées, et
emmy les rues, et le tenir jour et nuit le plus continuelment que l'en pourra, et aucune fois le perchier emmi
les rues pour veoir gens, chevaulx, charettes, chiens,
et toutes choses congnoistre; et soit en l'ombre, et qu'il
n'y ait nuls pigons, poucins ne autre volaille qu'il voie
comme dit est. Et aucunes fois à l'ostel soit perchié
sur les chiens, et que les chiens le voient, et il eulx.
Ce fait, le convient réclamer en un secret lieu, petit à
petit et de plus loing en plus loing, tant qu'il reviengne du long de ses longes; puis le convient réclamer à la commande ou recréance : et puis en pluseurs

[1] Aux plaidoiries, au palais.
[2] Gaces de La Bugne conseille également de porter l'épervier

Là où les gens sont amassés,
Soit en l'église ou autre part.
(S v v°, c. 1.)

On voit, d'après ces deux témoignages, qu'il étoit permis à tous les
laïques d'entrer dans l'église avec un oiseau sur le poing. Il en résulte donc
que quand on a remarqué que les barons de La Ferté-Chauderon et les
seigneurs de Chastellux entroient dans le chœur des églises cathédrales
de Nevers et d'Auxerre en costume moitié militaire, moitié ecclésiastique,
et avec un oiseau sur le poing, ce fait n'étoit (au moins *au commencement
du xv° siècle*) une particularité qu'à cause de leur costume, de la qualité de chanoines héréditaires de ces églises possédée par ces seigneurs,
et peut-être aussi à cause de la place qu'ils occupoient dans le chœur
par suite de leur dignité. (Voy. à ce sujet les *Mercures* de juin 1732,
p. 1248, de mars et d'avril 1733, p. 472 et 730, et l'*Histoire d'Auxerre*
de Lebeuf, T. I, p. 809.) On voit encore, dans une pièce de 1464 citée
par l'abbé Lebeuf (T. II, pièce 241), que les trésoriers des églises
d'Auxerre et de Nevers avoient le droit d'assister aux offices en habit non
ecclésiastique et avec un épervier sur le poing; mais ce droit étoit dès
lors contesté ou au moins remarqué. Il faut donc en conclure ou que
l'usage avoit dès lors changé, ou qu'il étoit borné aux laïques.

lieux et en espécial aux champs et ès prés à recréance :
et puis sans recréance, à pié à pluseurs fois, présens les
chiens; et puis à cheval le convient-il réclamer, et de
dessus les arbres, tant qu'il congnoisse le cheval. Et
adonc est neccessité que vous prenez bien garde, comme
dit est dessus, à son esmeut qu'il soit net : et comme
dit est dessus, le noir donne enseignement qu'il est
ort par dedans. Et s'ainsi est qu'il y ait trop de noir,
si lui donnez au vespre char de poucin ou cuer de
mouton trempés et bien lavés en eaue un petit chau-
dette et espraint; et se vous n'avez eaue tiède, fors
froide, si y trempez vostre char, puis l'espraingnez fort
et eschauffez par force d'espraindre entre deux esseu-
les [1], puis en paissiez vostre esprevier comme dessus,
car char lavée l'amaigrist. Et à ce donner ne doit-on
point son oisel appeller ne réclamer, mais prendre sur
la perche sans siffler ou réclamer, et paistre sans dire
mot, car la char ne luy est mie bien savoureuse, et pour
ce, qui à ce donner le réclameroit, quant l'en le réclameroit après et depuis, il cuideroit que ce fust autele viande
comme devant : si seroit plus lent et tardif à y venir.

   Item, avec ce que dit est, quant il sera gorgié souf-
fisamment, l'en luy doit donner, en lieu de plume, aussi
gros de coton comme une fève enveloppé en char, à
deux fois : ou faire tirer les plumes de l'aleron d'une
perdris, et s'il en avale, c'est bonne plume [2]; et aussi
coton moullié en eaue : et dit-l'en que petite plume est
la meilleur; et ne luy doit-l'en donner viande par-

---

[1] Petits ais, petites planches, lattes. — [2] On appeloit *plume*, et plus
souvent depuis *cure*, une petite boulette de filasse, de coton, ou de plumes
qu'on faisoit avaler à l'oiseau pour faire passer les parties grossières de sa
nourriture qui seroient restées dans son estomac.

dessus sa plume, car ce que l'en donroit par dessus
ne pourroit passer les mailles de l'estomac[1] pour la
plume qui seroit au devant. Et sachiez que quant l'esprevier vole et se paist de son vol, il ne luy convient
point donner d'autre plume, car il en prent assez des
oiseaulx dont il se paist; et la plume de l'aleron de l'ele
est bonne plume. Et doit-l'en[2] le soir que l'en luy a
donné plume, nettoier la place dessoubs l'esprevier
pour trouver l'endemain sa plume. Et l'endemain, quant
vous serez levée, regardez à son esmeut s'il est plus
net que devant; et se l'esprevier a esmeuti loing, c'est
signe qu'il est fort : s'il a esmeuti près, c'est au contraire; se son esmeut est fin blanc, pâteux et bien
molu, c'est signe qu'il est sain : se l'esmeut est vert, ou
qu'il y ait trop de noir, c'est signe qu'il n'est pas sain.
Et aussi gardez s'il a gecté sa plume orde ou necte. Et
se vous avez apparceu par deux ou par trois fois que
l'esprevier soit lent de gecter sa plume, si lui donnez
avec le coton un ou deux grains de fourment, car ce
l'avancera de la gecter; et quant icelle sera par luy
gectée au matin, si le paissiez de bonne viande et
chaude, et au soir luy redonnez plume comme devant :
et ainsi de soir en soir jusques à ce qu'il soit net.

Et soiez adverti que depuis ce, comme dit est dessus, que vostre esprevier commencera à voler, *item*
ainsi le convient deux fois la sepmaine nettoyer, et
aussi baignier deux fois la sepmaine, à certain jour,
entre tierce et midi, en un jardin ou préel[3], au soleil,

---

[1] Probablement les filamens ou nerfs de cette poche que d'Arcussia
appelle la gorge ou sachet supérieur. C'est la partie qui suit immédiate-
ment le gosier, et qu'on dit vulgairement *la gaçe*. Voir d'Arcussia, chap. I
de la IVᵉ partie, p. 233. — [2] *L'en* n'est que dans le Ms. C. — [3] Préau.

et en si large bacin que ses eles ne se batent aux bors,
et le tenir à la commande ou recréance, afin que sans
congié il ne s'en voit[1] essorer[2]; et au commencement
doit-l'en rebondir et ressatir[3] l'eaue sur la teste et le
col, à une vergette[4], pour le moullier : et puis qu'il sera
baignié, le convient-il essuyer au soleil de midi. Toutesvoies, aucuns lui donnent plume chascun soir, et
baignent chascun jour quant il a enduit, et en soy
baignant ou quant il est baignié le réclament : et pendant le temps que vous baignerez vostre esprevier, se
le soleil se convertissoit en pluie, ou se en cheminant
il plouvoit sur vostre oisel, il le convient essuyer à très
bon feu sur un trestel[5] ou au soleil. Mais gardez-vous
bien que jamais vous ne le mettez sur perche moulliée,
car si tost qu'il a le pié moullié, il devient enrumé et
malade : si gardez tousjours qu'il ait le pié sec et chault.
Et après ce qu'il sera ainsi séchié, il voulera de très
bonne ele.

En cest endroit d'espreveterie, devez-vous congnoistre savoir-mon[6] s'il est trop maigre ou trop gras :
car s'il est trop maigre, il est foible, et s'il est trop
gras, il est lent et pesant; et sachiez que quant il se
tient acrempeli[7] ou bossu, et a les yeulx plus vers et
jaunes entour, et démonstre chière pesant, et ne se
tient droit, esveillé, sur le poing et à la perche, il est
malade : et c'est parcequ'il est maigre ; et le convient
paistre un jour ou deux d'un nomblet de porc pour
revenir. Et s'il se tient droit et esveillié, et les yeulx luy
saillent, il est sain; mais qu'il ne soit trop gras. Et se

---

[1] Aille. — [2] Sécher. — [3] Faire jaillir, mais j'ignore la racine de ce
mot. Var. B, *ressortir*. — [4] Baguette. — [5] Tréteau. — [6] Savoir : *utrum*.
— [7] Retiré, accroupi. Voy p. 20.

vous apparcevez qu'il le soit trop, pour mettre à raison il le convient paistre de char lavée ou de beuf.

Et quant il est réclamé à pié à la commande et qu'il congnoist les chiens et il n'est trop maigre ne trop gras, et curé et net, il le convient enoiseler et luy baillier à vouler des petis poucins aux champs, premièrement à pié, et puis à cheval. Et quant il les aura volés, liés et abatus, si descendez et alez à luy tout bellement, et de loing vous agenoilliez, puis doulcement aussi comme à quatre piés[1] petit à petit, et mettez vostre main vers les piés de vostre esprevier et prenez sa proie en souslevant les piés de l'esprevier, et faites paistre sur sa proie. Et se vous le voulez afaictier pour la pie, si le faites voler aux champs à poucins ou pigons vérés[2] blans et tavellés[3] de noir comme la pie est; et aucunes fois, quant l'en en peut finer, il convient avoir des jeunes pias[4], et les y faire voler aux champs, et estre garny d'unes petites turquoises[5] propres à ce, afin que si tost que l'esprevier aura lié le piat, l'en luy rompe les jambes et le becq afin que l'esprevier en soit tousjours audessus et ait l'avantaige du piat sans estre bléciér. Et se l'en ne peut finer de piat, mais seulement de forte pie, il convient que l'en luy couppe ou rompe le becq et les ongles et deux ou trois des maistres plumes de chascune ele; et l'esprevier ainsi duit volera aux pies en la saison, et toutesvoies sa nature l'enseigne plus que estrange doctrine.

Item, l'en dit que la personne, les chiens et le cheval qu'il a acointié et acoustumé à veoir ne lui doivent point estre changiés, c'est assavoir que se un esprevier

---

[1] Sup. : *avancez*. V. p. 304. — [2] Moucheté, de *varius*, comme la fourrure de *vair* et le *vairé* du blason. — [3] Tachetés. — [4] Jeunes pies. — [5] Tenailles.

avoit esté gouverné par un homme[1] blanc chevauchant
un cheval noir, et l'en le bailloit ès mains d'un moine
noir chevauchant un cheval blanc, ou d'un escuier,
chevalier ou bourgois, ou d'une femme, ou d'autre personne vestue d'autre habit, ou en autres mains que ès
mains de cellui qu'il auroit apris, l'esprevier qui auroit mescongnoissance d'icelluy nouvel maistre, ne
seroit si réclamé à luy comme à son maistre qu'il con-
gnoissoit et qui l'avoit nourry. Et pour ce, cellui ne le
devroit laissier tenir ne paistre à autre fors à luy.

Chière seur, avant que vous commenciez à voler à
droit essient[2], il vous convient et est neccessité d'avoir
cerchié et enquis aux compaignons du païs où sont les
volées des perdris; et sachiez que en païs estrange et
ou repaire[3], la souveraine queste que bon espreveteur
puisse faire, si est d'enquérir aux bergiers et vachiers
et autres gens d'aval les champs, s'ils ont veues aucunes perdrix et où est leur commun repaire, et puis
aler celle part. Mais sur toute rien gardez-vous que
chiens de bergiers ne autres chiens estranges que vous
ne congnoissez et qui ne congnoissent vos oiseaulx, et
espécialment mastins, ne vous suivent, car vostre esprevier ne voleroit pas si voulentiers ne si hardiement,
et s'il avoit abatu ou lié un oisel, si seroit en aventure
d'estre par eulx tué; et moult de fois en est ainsi advenu.

Item, chière seur, en cest endroit d'espreveterie,
aux jours que vous ne vouldrez voler, vous convient
acoustumer à paistre vostre esprevier dès le bien matin, afin que à celle heure quant vous volerez, il ait
tousjours fain; si volera mieulx, car les bons espreveteurs

---

[1] Peut-être faute, pour *moine*. — [2] Véritablement, sérieusement. —
Var. A, *ensient*. — [3] Dans le lieu de sa demeure?

se lièvent dès l'aube du jour, et dès lors vont voler, mais toutesvoies que leur esprevier ait gecté sa plume, et aussi qu'il ne pleuve ne face grant vent, car se vous volez par grant vent, le vent emportera vostre esprevier qu'il n'en pourra mais, et se moquera-l'en de vous.

Item, ne volez pas près de bois, ne de haie, ne de vigne, ou de fossés ou autre empeschement d'eaues.

Item, ne volez pas aux petits oiseaulx, car ils sont trop roides et scevent les tours des buissons où ils ont acoustumé à repairier, et pour ce l'esprevier fault ; si se traveille fort pour ce que iceulx menus oiseaulx sont fors, et si n'emportent mie si grant honneur pour l'espreveteur ne pour l'esprevier comme perdris qui volent foiblement et sont plus tost prinses ; et aussi quant les menus oiseaulx se boutent ès buissons, l'esprevier qui vole après se lasse et descourage ; pour sa hardiesse et faire son devoir se ront souvent sa queue et ses eles telement que en la fin il en demeure tout diffamé, et n'en peut mais. Toutesvoies, se vostre esprevier y vole, et vous véez que pour ce faire vostre esprevier ait la teste d'aucunes de ses plumes quassées, si la moulliez tantost de vostre salive endroit la quasseure, et quant vous viendrez à l'ostel, d'eaue non mie chaude, mais moins que tiède, et elle se raffermera : sinon [1] elle se rompra. Et s'il a son balay rompu, il n'en vauldra pas pis pour voler aux cailles, à perdris et à gros oiseaulx qui volent droit à terre [2], mais il en est plus lait, et si ne suit mie si bien

---

[1] Sans cette précaution. — [2] L'auteur ne donnoit donc pas tout à fait dans l'opinion erronée, et cependant générale, suivant laquelle la queue (ou balai, voy. p. 290, n. 3) servoit de gouvernail à l'oiseau. On a reconnu depuis qu'elle ne lui sert qu'à monter et à descendre. Voy. Huber, *Observ. sur le vol des oiseaux de proie*, p. 13.

petis oiseaulx qui se plient, comme l'aloé qui gauchist[1] comme à esquierre, et si ne peut monter après l'aloé.

Item, s'il advenoit que vostre esprevier ait l'une des parties de sa queue rompue, l'en doit rongner aux forces[2] l'autre partie, afin qu'il vole justement. Et jàsoit-ce que l'esprevier qui a la queue rompue en soit plus lait, toutesvoies il n'en vault de riens pis pour voler au gros, mais pour voler aux menus, si fait.

L'aloé de gibier, c'est l'aloé de cest an qui a courte queue, sans blancheur, toute rousse de rousseur cendrée, et ne chante point au sourdre[3], et vole droit et se rassiet près. Et la vieille aloé à longue queue, dont aucunes des pennes sont fines blanches[4] et au sourdre pipe et dit : *Andrieu*, et vole par ondées et plie son vol par esquierres, puis à destre, puis à senestre, et se assiet loing, celle n'est pas de gibier, ne n'y doit-l'en point voler ès mois d'Aoust et de Septembre : mais en Septembre, quant elle mue, la queue luy chiet, et est de gibier pour ce qu'elle est foible.

Item, il est dit dessus et il est vray que tout bon espreveteur doit garder qu'il ne vole à menus oyseaulx roides, comme à l'aloé vieille, moissons[5] vielz et autres qui sont près des buissons, pour ce que incontinent qu'ils voient l'esprevier, ils s'y boutent, et fault l'esprevier à les lier, et ront sa queue et despièce ses eles ou buisson, et par ce se lasse et descourage de voler; mais le pis est que aucunes fois l'esprevier qui est ainsi lassé ne revient point à son maistre, mais s'envole et se repose sur un grant arbre. Et est certain que les espre-

---

[1] Se détourne, fait des crochets. — [2] Ciseaux. — [3] Quand elle part. Voy. p. 280, n. 3. — [4] Entièrement, vraiment *blanches*, comme l'émeut *fin blanc* ci-dessus, p. 298. — [5] C'est le moineau suivant Nicot.

viers ainsi lassés sont plus tardis et plus lens à revenir de dessus un grant arbre, maison ou autre hault lieu que dessus un bas, se grant fain ne les y muet; et à ce besoing convient avoir ou poucins ou autre oisel vif pour voleter devant eulx, en les réclamant sans monstrer le visaige.

Ces choses veues et faites, vous povez aler voler; et le premier jour que vous volerez, soiez garni de poucin ou autre oysel vif pour y faire voler vostre esprevier se vous ne trouvez autre oisel, et au premier oisel que vostre esprevier prendra aux champs, si tost qu'il l'aura abatu et le tendra entre ses piés, il convient descendre et aler à luy à long trait, et se garde-l'en de toute hastiveté, et que l'espreveteur s'agenoille bellement et loing, et bellement estende ses bras, et doulcement preigne et liève sa proie et l'oisel dessus, puis rompe la teste à l'oisel et du cervel paisse son esprevier[1]. Et se l'esprevier vous lie des ongles, si vous descharnez ongle après l'autre tout bellement, sans tirer ne le courroucier.

Item, quant vostre esprevier est gorgé, vous le povez tenir sur la main nue et sans gant, car lors il ne vous estraindra point; mais avant qu'il soit peu, s'il a fain, si ne vous y fiez point, car lors il estraint fort et tant que sang en fait saillir. Et à ce jugent aucuns se l'esprevier est fort ou non, car quant ils sentent parmi le gant que l'esprevier estraint fort, ils jugent qu'il est fort : sinon, non. *Item*, tenez-le adonc en place si paisiblement qu'il n'ait cause de soy débatre sur sa gorgée, car il seroit en aventure de la gecter, ou

---

[1] Répétition avec variantes du § 1, p. 300.

se vous n'avez loisir de le tenir sur le poing en place
convenable et paisible, si le perchiez en lieu paisible
où il voie gens, chiens et chevaulx etc., et ne voie
point pigons ne autre poulaille[1].

Et la deuxième fois que vous volerez, laissez vostre
esprevier[2] deux vols ou trois le jour et non plus, et le
paissiez comme dessus : et la troisième fois, deux ou
trois vols et non plus; et puis aux autres jours vole
tant comme il pourra, à tant d'oiseaulx comme vous
trouverez.

Item, et se vous apparcevez qu'il porte au couvert,
si l'embraellez[3] et laissiez prendre[4] deux ou trois fois,
et ne le gectez plus sur arbre quant vous le vouldrez
paistre, et il se chastiera d'illec en avant.

Item, commenciez à aler voler chascun jour au matin dès le bien matin et volez jusques à tierce[5], et lors
mettez vostre esprevier en uu pré ou champ, et s'il ne
porte au couvert, sur uu pré[6] ou arbre, et le réclamez
d'illec et paissiez, et puis le perchiez et[7] reposez et laissiez passer le chault, et après volez au serain[8]. Car qui
ou mois de Juillet et dès lors, voleroit, jusques à la my-
Aoust, par trop chault, l'esprevier si s'efforceroit hault
et loing, et à la première rivière ou eaue qu'il verroit
d'en hault, s'en yroit baignier, puis se ressuieroit sur
un arbre, et là se pouroindroit telement et si à grant
loisir qu'il n'auroit plume sur lui qu'il ne remuast au
becq l'une après l'autre, tout à loisir, et sans trop grant

[1] Ce paragraphe, qui paroit hors de propos au milieu des instructions
relatives aux premiers vols de l'épervier, est en outre une répétition,
mais non textuelle, de ce qu'on a déjà vu page 290. — [2] Il paroit manquer ici *faire*. — [3] Embrouillez (ses longes dans les branches du buisson où
il aura charrié sa proie). — [4] Var. B, *pendre*. — [5] Neuf heures. Voy. t. I,
p. 48. — [6] S. d. faute pour *buisson*. — [7] A et C ajoutent *vous*. — [8] Au soir.

diligence ne pourroit estre trouvé ; et s'il estoit re-
trouvé, si ne pourroit-il estre reprins sans trop grant
attendue. Mais après la my-Aoust il ne s'efforcera [1] mie
si voulentiers ; et toutesvoies, ainsi comme il est dit
dessus, soiez tousjours garni de vif poucin rousset,
semblant à perdris, afin que se vous ne trouvez autres
foibles oiseaulx, que vous volez aux champs de ce
poucin que vous aurez porté, et luy donnez de la cervelle et du surplus ses drois, et l'en paissiez ; puis ostez
la gorge et les boyaulx du poucin, si s'en gardera
mieulx, et l'en pourrez paistre à l'une fois des eles,
l'autre fois des cuisses, puis au derrenier du charquois [2]. Et se vous n'avez trouvé poucin, si soiez pourveu de pigon, jàsoit-ce que ce soit chaude viande et
trop aigre à l'esprevier qui vole, car la saveur luy en
demeure longuement et le soustient sans fain plus que
autre viande ; et [3] en reffuse le poing, et [4] tient l'esprevier orguilleux.

Item, vous prenez bien garde que dès ce que vous
commencerez à voler, dès lors vous ne courrouciez
vostre esprevier, et que rien ne l'approuche soudainement, effondréement ne tempesteusement, soit personne, chien, cheval ou autre chose, et mesmement
par derrière, car de ce qui luy survient par derrière
est-il plus tourmenté et s'effroie plus.

Item, quant vous serez en queste, si aiez tousjours
l'œil à vostre esprevier et à vos espaignols, et quant

[1] Var. bonne du Ms. B, mais résultat d'une correction postérieure au
corps du texte : *s'essorera*. Au reste, *s'efforcer* est bon, quoique je ne
l'aie pas vu employé par les autres auteurs dans le sens de *s'essorer*,
prendre son *essor*, *s'emporter*. — [2] Corps, carcasse. Voy. p. 170, n. 1,
et p. 213. — [3] S.-e. l'épervier. — [4] S.-e. la chair du pigeon.

vous verrez qu'ils mouveront la queue à desvuidier[1]
une place, si férez tantost de l'esperon droit à eulx,
afin que quant la perdris sourdra, vostre esprevier
soit prouchain. Et se plusieurs perdris saillent, dont
vostre esprevier suive, lie et abate l'une, entendez
tousjours à vostre oisel, et criez à vos compaignons
qu'ils remerquent les autres, et quant vostre esprevier
aura eu son droit du cervel, si vous remettez en queste
au remerc[2], afin que vous aiez tous les autres oiseaulx
l'un après l'autre.

Item, l'en doit quérir les perdris ès grans chaumes
et yèbles et bruières, et environ les gerbes qui sont
demourées aux champs, car là se paissent les perdris
et les perdriaux du grain d'icelles gerbes, et sont voulentiers ès lieux couvers et non mie ès jachières[3] ne
autres lieux descouvers, tant pour doubte de chault
comme pour doubte que le faulx-perdriel[4] et les
oiseaulx de proie ne les voient. Et quant le chault est
levé, icelles perdris et aussi les cailles sont ès grans
genestes, ès vignes et ès vesses, ès poisières[5] et ès
blés qui sont sur le pié et qui donnent grant ombre,
pour estre freschement.

Item, en ce temps l'en ne pourroit pas faire queste

---

[1] Dévider. Ce mot exprime très-bien l'action du chien qui suit une trace. — [2] Au lieu remarqué, où les autres perdrix se sont remisées. — [3] Var. A, *gauchières*. — [4] Oiseau de proie ignoble (non susceptible d'être dressé), grand destructeur de perdrix, classé par Huber (p. 16) dans la classe des harpayes, avec la *Soubuse*, le *Jean-le-Blanc* et l'*oiseau Saint-Martin*. Huber semble croire que ces quatre noms désignent le même oiseau (peut-être à différens âges). G. Bouchet (*Recueil des oiseaux de proie*) a consacré au *faux-perdrieu* un article étendu, et on voit dans d'Arcussia (*Fauconnerie du Roi*, p. 399) que Louis XIII voloit cet oiseau avec des faucons dressés à voler la corneille.
[6] Pièces de terre cultivées en pois. *Pisaria*.

ès vignes pour ce que l'en y feroit trop de dommage à
ceulx à qui les vignes sont, et aussi les perdris y auroient trop d'avantage et l'esprevier trop d'encombrier
pour les fueilles et eschallas, mais les bons espreveteurs qui[1] les remerquent et[1] puis se mettent en queste
ou remercq par les champs ou buissons, et au voulon[2]
l'esprevier les prent.

Se l'esprevier porte au couvert, et son maistre le
réclame et siffle, il ne luy doit pas monstrer son visage[3].

Item, sachiez que depuis que l'esprevier aura commencié à voler, il ne doit vivre de nulle char de boucherie ne d'autres, fors que de sa proie, car de jour
en jour, continuelment, sans cesser, il doit voler sans
repos, car qui un jour le repose, il le recule pour trois
jours.

Item, sachiez que le[4] déduit de perdriaulx dure
jusques à la mi-Aoust, et adonc commence le déduit des
cailles pour ce que alors deviennent fortes, et voulentiers se tiennent près des bois et des haies. En Aoust
l'en treuve bien des perdris qui en cest an furent cou-
vées au plus tart, et se adouèrent[5] plus tart que les
autres et n'estoient pas assez aagées quant la saison de
chauchier[6] fut, et ne sont pas toutes réparées[7] ou mois
d'Aoust et ont encores leurs plumes à saing[8], et ou tuyau

---

[1] *Qui* ou *et* sont de trop. Si l'on supprime *et*, il faudroit une virgule
après *remerquent*. — [2] Au saut. Voy. p. 286 — [3] Voy. p. 304 — [4] B ajoute
premier, qui me paroît inutile et peut être une correction de *se l'épervier*,
qui est dans le Ms. A et est tout à fait fautif. — [5] S'accouplèrent. D'Arcussia (1627, p. 209, 220) emploie le même mot, et dit aussi *le temps de
l'adouée*; c'est pourquoi j'aime mieux lire *adouèrent* qu'*adouuèrent*, comme
l'écrit le Ms. B (*adoüerent*). — [6] Pour *cochier*, cocher. — [7] En état, à
leur taille. — [8] Tuyaux des plumes pleins de sang comme les jeunes oiseaux.

a un neu, et ne sont pas si fortes comme les pères et les mères qui ont esté muées[1], et pour ce sont plus légières à prendre à l'esprevier que ne sont les pères et les mères, se ce n'est toutesvoies quant freschement et tantost après que iceulx pères et mères ont couvé et qu'ils nourissent et tiennent encores soubs eulx leurs perdriaulx, car lors sont-ils dévestus de leurs plumes et sont maigres et foibles et pevent bien estre arrestés par l'esprevier; mais quant ils sont revestus de leurs plumes et renforcées, il n'y fait nul voler fors au voulon, comme dit est, ou[2] après leur premier vol par remercq, car au second vol sont-elles plus lassées qu'ils ne furent au premier. Et est grant péril de mettre son esprevier en essay de les prendre en plains champs du premier vol, car se l'esprevier se lasse à tirer après, ou se il lie la perdris et elle est si forte qu'elle l'emporte, ou qu'il soit autrement foulé soit par cest oisel ou par autre, jà puis n'y volera voulentiers.

En la saison d'Aoust, l'en peult voler aux faisandeaulx[3], aux oustardes, aux laperiaulx, aux levrats,

[1] Le Ms. B seul ajoute : *et ne sont pas les plumes de leurs eles si roides comme leurs pères et leurs mères qui ont esté muées*. Ces mots paroissent être une bonne variante et non la suite du membre de phrase précédent.

[2] Il semble qu'il faudroit lire *et*, de manière à restreindre la possibilité de prendre, même au *voulon*, la perdrix ainsi forte, au cas où elle est déjà lassée d'un premier vol. Mais on peut aussi comprendre que l'auteur, en défendant plus bas d'essayer de la prendre, en plein champ, du premier vol, a seulement entendu défendre de la faire voler *à tire-d'aile* (en *tirant après*) par l'épervier. Cette manière de voler (mouvement répété des ailes) est employée par l'oiseau de poing en ligne horizontale ou de haut en bas. Dans le premier cas, il n'entreprend ainsi que le gibier le plus faible, et cette attaque lui réussit bien moins que le *saut* (ou *voulon*), qui est son plus grand moyen. (Voy. Huber, p. 37.)

[3] Gaces de La Bugne dit aussi (X v) que l'épervier peut prendre le faisan; mais au xvue siècle qu'on peut cependant regarder comme celui où

aux raales des champs¹ qui sont roux, et aux cailles,
ou au moins en la my-Aoust; et en Septembre doit-l'en
voler tout au long du jour sans retourner à l'ostel
puis qu'il ne face ne trop grant chault ne trop grant
pluie ne trop grant vent; et doit-l'en savoir que ou
mois de Septembre il ne se essore² mie si voulentiers
comme en Aoust.

Item, pour ce que les nuis sont en Septembre plus
longues, il convient donner au soir, en la fin de Septembre, plus grosse gorgée, et petite au matin; mais
tousjours³ aiez lors en mémoire que c'est mauvaise

la fauconnerie atteignit sa plus grande perfection, en France, on ne faisoit plus voler l'épervier aux faisandeaux : c'est du moins ce qui me
semble résulter d'un passage de d'Arcussia (Vᵉ partie, chap. xxv), dans
lequel il remarque, comme une chose notable, que cette chasse avoit lieu
en Lombardie, où, dit-il, les éperviers sont en plus de réputation qu'en
autre pays.

Quant au vol de l'outarde par l'épervier, il est plus étonnant, et on seroit tenté de penser ou qu'il y a erreur dans le nom de l'oiseau chassé
ou que l'auteur a entendu parler ici de la chasse de l'outarde faite avec
l'autour, oiseau tout à fait semblable de conformation (sauf la grosseur),
de mœurs et de vol à l'épervier, puisque tous les auteurs les confondent
dans les préceptes qu'ils donnent sur la manière de les dresser. L'autour,
beaucoup plus fort que l'épervier, prenoit l'outarde ou du moins la re-
tenoit jusqu'à ce que les chiens vinssent le secourir et la tuer; mais ce fait
même étoit regardé avec raison comme surprenant, attendu la faiblesse
relative de l'autour (Voy. Gaces de La Bugne, f. X 2 vº), et le récit d'une
chasse à l'outarde faite par un faucon sauvage dans d'Arcussia (*Fauconnerie*, p. 227 et aussi là même *Convy*, p. 52). L'épervier qui est un assez
petit oiseau, pouvoit-il donc égaler l'autour et le faucon dans cette
chasse? La même réflexion se présente à l'esprit pour le vol aux lapereaux
et aux levrauts, que je n'ai vu indiqué dans aucun autre auteur. Remar-
quons toutefois qu'il y avoit, suivant d'Arcussia, une espèce d'éperviers
venant d'Esclavonie, et tellement courageux qu'ils entreprenoient *tout ce
qu'on leur montroit*.

¹ Auj. de genêt. — ² Monter à une hauteur telle qu'il perde son maître.
— ³ Var. B, *toutesvoies*.

paisson que de caille et de pigon, car c'est char de
dure digestion et demeure longuement en l'estomac.
L'esprevier s'en enorguillist et reffuse le poing comme
dit est dessus.

Item, en la fin dudit mois de Septembre et après,
quant le voler des cailles et perdris est failli, et mesmes
en l'iver, l'en peut voler comme dit est aux pies, aux
choés, aux cercelles qui sont en rivière ou autres qui
sont tavelées et ont longues jambes et sont aux champs
et courent à pié parmi le gravier d'eaue[1], aux merles,
aux mauvis, aux gois[2], aux videcocqs et aux merles.
Et à ce peut-l'en aler à pié et avoir l'arc et le boujon[3],
que[4] quant le merle se boute en un buisson et ne se
ose partir pour l'esprevier qui est dessus et l'espie, la
dame ou damoiselle qui scet traire, le peut tuer[5] du
bougon[6]. (Et ainsi de temps en temps peut-on avoir
déduit de son esprevier, quant l'en le veult garder pour
muer.) Et quant l'en ne treuve plus à le paistre de son
voler, l'en luy donne congié. Et sachiez que dès la
première nuit qu'il aura geu dehors, il est devenu sauvage se il se paist de luy mesmes, et pour ce le convient l'endemain recouvrer à l'aube[7].

Et, belle seur, s'il est ainsi que vous le voulez muer[8],
pour ce que autant couste à muer un mauvais esprevier
comme un bon, aiez premièrement regart se vostre
esprevier a esté bel et bon et paisible, car icelluy doit-
l'en muer; et s'il a esté autre, ne prenez plus de paine,

---

[1] Peut-être la marouette. — [2] Geais. — [3] Ou *bougon*, flèche à grosse
tête, à bout obtus, *sagitta capitata*, suivant Nicot. — [4] Afin que. —
[5] Var. A, *tirer*. — [6] D'Arcussia (V* partie, ch. xxv) dit la même chose;
seulement il est question, dans son livre, d'un arc à jalet (arbalète lançant
des balles de plomb) et non d'un arc. — [7] Avant qu'il ait eu le temps de
chasser et de se paître. — [8] Le garder pendant le temps qu'il est en mue.

car encores seroit-il pire après la mue. Toutesvoies, se muer le voulez, il le convient paistre de chaude viande, comme de gélines, soris, rats, et d'autres oiseaulx gaignés aux fillés et à l'arbaleste, jàsoit-ce que c'est le meilleur que l'esprevier vole tant comme l'en trouvera à voler, et par espécial tout le karesme, car à fort et souvent gecte-il plus naturelment ses plumes pour muer : et tousjours le convient-il, comme dit est devant, curer et donner plume. [1] Quant à l'esprevier que l'en veult muer, aucuns donnent des estouppes hachées, et aussi dient aucuns que c'est bonne plume que des pastes de lièvre et de connins batues d'un bon martel sur une enclume et ostés les os. Et tousjours le convient baignier et tenir sur la perche, et tousjours paistre de bonne viande chaude et vive, qui peut, très diligemment, et garder mieulx que devant, et le paistre à tout le moins trois fois le jour jusques à la my-May ; et lors luy convient arracher toutes ses plumes de la queue. Aucuns dient que le meilleur est au croissant de May, ou autrement la queue ne revient point (c'est au commencement du mois de Juing); et la convient arrachier ainsi qu'il s'ensuit : c'est assavoir que aucun tiengne l'esprevier entre ses mains, et l'autre luy compressera la char du bout de la queue, à laquelle char les tuyaulx des plumes de la queue se tiennent : et quant la char est ainsi tenue pour le sauver[2], l'en doit arracher les plumes l'une après l'autre, tout en un jour. Et dit-l'en que d'autant que l'esprevier a la queue arrachée devant la Saint-Jehan, d'autant est-il prest plus tost devant la my-Aoust (et jàsoit-ce que aucuns

---

[1] B ajoute : *laquelle plume*. — [2] Pour le garantir, l'empêcher de se débattre.

dient qu'il convient avant baignier le [1].... de l'esprevier
en karesme, dont je ne tien compte); et ladicte queue
arrachée, le convient mettre en une mue qui soit de
quatre piés de long et quatre piés de large, de trois
piés de hault, et soit couverte de bonne toile pour le
vent, et y ait fenestre pour avoir air. Et en icelle mue
ait une perche, laquelle perche sera de demi-pié de
hault, et sera l'une des moitiés feutrée, et en l'autre
moitié, du long, aura une chanlatte[2] coulant en laquelle
l'en luy donra sa viande sans touchier à luy. Et le convient lors très diligemment garder de trop chault et de
trop froit, et mettre et tenir de jour au soleil et garder;
et le gardez de courroux, d'effroy et d'aucun autre
encombrier, et le paistre de très bonnes viandes et
chaudes et hachées, tant qu'il soit remis sus; et aucunes
fois luy convient donner et mettre en sa mue un oisel,
et de ce il mesmes se paist, et ce en lui donne plume[3];
et à luy sont bons rats et souris, cuer de mouton
chault, nomblet de porc chault. Et sera bien de sept
sepmaines à deux mois avant qu'il soit prest.

La chose qui plus tost avance un esprevier, c'est ce
que en la saison qu'il doit muer, l'en le paisse de deux
jours en deux jours des glandes du col de mouton. Et
toutesvoies dit-l'en que quant les plumes de la queue
et des esles sont revenues, il souffist, car de son dos ne
du surplus ne peut chaloir. Et lors il seroit plus grant
dommage, qui le perdroit, quant l'en a eu tant de
peine : et pour ce est-il le plus bel et le meilleur et le

[1] Espace laissé en blanc dans les trois manuscrits : peut-être est-ce le
croupion ou le *brayer* (ventre), afin d'attendrir la peau où tiennent les
plumes de la queue. — [2] Gouttière, petit canal (mangeoire avec coulisse
dessous). — [3] Voy. p. 297.

plus seur d'essaier sagement et cautement s'il se tendra
paisible sur le poing, et le paistre dessus; sinon y remédier sagement, et le veillier[1] et mettre au bas[2].
Item, est le plus seur de le réclamer à la commande,
car toute chose désire sa franchise et retourne de légier
à sa nature, et pour ce s'en convient contregarder.
Et aussi comme ils donnent plus de paine, aussi valent-
ils mieulx que les autres, car iceulx sont enoiselés et
congnoissent leurs oiseaulx, les chiens, chevaulx, et
sont plus fors.

Puis que je vous ay parlé de la nature des espreviers que l'en dit nyais pour ce qu'ils furent pris ou ny,
à présent je vueil parler de ceulx que l'en dit *branchiers*,
ramages ou *rameges*, qui est tout un : et en après, je
parleray des *muiers*[3] d'une ou de pluseurs mues.

L'esprevier est dit branchier ou ramage[4] pour ce que,
quant il soit pris, il vole sur les rainceaux ou sur les branches. Et est certain qu'il convient que l'esprevier ramage
soit enoiselé[5] que l'en doie espérer qu'il descende à la
muete des pans; toutesvoies, avant qu'il soit enoiselé,
peut-l'en appareillier une belle place devant l'aire de
l'esprevier, et quant il sera enoiselé tendre ses pans, et
mettre en muette poucin ou pigon ou autre oisel à quoy

---

[1] L'empêcher de dormir. —[2] L'abaisser, le dompter en le nourrissant
peu.— [3] Muées. — [4] Les autres auteurs distinguent le *branchier* du *ramage*.
Ce dernier nom désignoit l'oiseau qui avoit été assez longtemps libre et
vivant de sa chasse : il tenoit le milieu entre le *branchier* et le *sor*.

[5] S.-e. *avant*. C'est seulement quand il sera assez âgé pour avoir déjà
pris des oiseaux qu'il descendra à la *meute des pans*. On appeloit meute
un bâton fourchu auquel étoit attaché un oiseau vivant que l'oiseleur
faisoit remuer pour attirer dans les *pans*, dans les filets, celui ou ceux
qu'il désiroit prendre. (Voy. *Modus*, f. 127.) Plus tard on appela ainsi
l'oiseau attaché au piquet fourchu (*Ruses innocentes*, 1695, in-8, p. 144).
Le filet dont il est ici question est certainement le *rets-saillant* ou *nappe*.

il doie descendre. Et encores est il bon que près des guilles[1] ait espreviers ou mouchets qui crient et volent, et par ce l'esprevier branchier descent plus tost à la muete. Et tantost qu'il est ou filé, il convient[2] qu'il soit pris bien doulcement, et que l'un le tiengne par les esles du corps, et l'autre le prent par le becq et le cillera[3]. Et incontinent lui convient mettre ses gets et sonnettes[4], et le mettre et tenir sur le poing et remuer et garder qu'il ne dorme point, et luy offrir le vespre prouchain la char lavée en eaue tiède. Et se il se paist sur le poing, c'est le premier bon signe : et s'il ne se paist, il convient garder qu'il ne dorme et le veillier de nuit ; et qui ne le peut toute nuit veiller, si le perche sur une perche branlant qui sera attachée à deux cordes par les deux boux, et tirera-l'en aucunes fois celle perche pour la faire branler, afin que l'esprevier ne dorme. Et quant il aura esté veillé une nuit ou deux et qu'il sera asseuré sur le poing et s'y paistra voulentiers, dès la deuxième fois qu'il sera peu le convient dessillier et le tenir entre gent, et garder qu'il ne dorme fors très petit. S'il est très bien asseuré, l'en le doit du tout asseurer[5] et

[1] *Giesles*, dans le Modus, et plus tard *guide* ou *guede*. Ce sont les bâtons qui terminent les pans du rets-saillant et auxquels s'attachent les cordes qui fixent les extrémités des pans à des piquets enfoncés en terre. La corde que tire l'oiseleur pour faire rabattre les pans est aussi attachée aux deux *guilles* placées de son côté. (Voir le *Modus* de 1839, f. 126. Les cages représentées dans la figure indiquent bien l'endroit où devoient être placés les mouchets dont parle l'auteur du *Ménagier*.) — [2] Les manuscrits ajoutent : *comment qu'il soit*. Ces mots me paroissent une répétition fautive des trois précédens. — [3] Passer un fil dans la première paupière des deux yeux de l'oiseau, puis réunir et tordre les deux bouts du fil sur son bec. L'épervier devoit être cillé de manière à voir un peu derrière lui. On obtenoit ce résultat en lui perçant la paupière plus près du bec que du milieu de l'œil. (Voy. *Modus*, f. 96, v°.) — [4] Grelots attachés aux jambes de l'oiseau. — [5] Peut-être faut-il lire *aasier*.

laisser à son aise, puis réclamer et gouverner comme dessus.

Et se l'esprevier qui ainsi est pris aux pans est mué de haye[1], il convient qu'il soit mis au bas par veiller, et affamé[2] par la manière que dessus, jàsoit ce qu'il soit plus fort à affaitier et n'est mie de si bon retour[3] comme l'esprevier *sor*, c'est assavoir cellui d'un an[4].

Toutesvoies, est-il bien aucuns espreviers qui dès l'année passée ont esté le plus tart couvés et ont esté si tardis que à paine ont-ils esté fors quant les premiers avoient jà fait leur saison, et ceulx sont *mués de haye,* et toutesvoies n'ont-ils point pont[5] ne couvé en ceste année pour ce que leur jeunesse leur a tolu[6], et sont pris aussi après leur mue. Et ceulx congnoist-l'en à ce que souvent advient que encores tiennent-ils du sor, c'est à dire de la plume de l'année précédent, et en ceulx peut-l'en avoir plus d'espérance que en ceulx qui sont plus vieils et ont plus volé ou sont de pluseurs mues, lesquels aucuns[7] congnoissent bien et pour ce les refusent.

Item, il est assavoir que l'esprevier mué garde mieulx sa queue pour ce qu'il n'entre point au buisson après sa proie, mais vole par dessus : et l'esprevier nyais y entre.

Item, l'esprevier mué de haye a les yeulx rouges et les piés jaunes.

---

[1] On verra ci-après l'explication de ce terme. C'est sans doute ce que l'auteur du *Roi Modus* appelle *mué du bois* (f. 95, v°). — [2] Var. B, *affaitiés*. — [3] Il ne revient pas si facilement à son maître. — [4] L'oiseau de proie *sor* est celui qui a atteint sa taille, mais n'a pas encore mué. Son nom lui vient de la couleur jaunâtre (ou *sorette*, comme dit Tardif, chap. xv) de ses plumes. — [5] Pondu. — [6] Les en a empêchés. — [7] Le Ms. C ajoute : *bons espreveteurs*.

Aucunefois, d'aventure, sont prins les espreviers à la glus, et lors les convient desgluer l'une plume après l'autre, à la main, et que les[1] dois soient moulliés en lait.

Or nous convient parler des *muiers* qui sont de deux manières, c'est assavoir les uns qui sont mués en la ferme[2] et les autres qui sont mués de haye. Les mués en la ferme sont bons à voler et sont les plus riches[3]. Les mués de haye sont congneus à ce qu'ils ont les yeulx plus rouges et les piés plus jaunes. C'est assavoir que iceulx mués de haye sont plus doubteux à voler, car jàsoit ce que ils aient esté bien silliés, bien veilliés et très bien réclamés à commande ou à recréance, qui est tout un, toutesvoies, quant l'en les fait voler, communément ils se essorent fort[4], et adonc une bouffée de vent les emporte maulgré eulx, et tantost qu'ils ont perdu leur maistre, et mesmement si tost que d'eulx mesmes ils se sont peus une fois, ils sont retournés à leur première nature, ne puis ne veulent revenir au réclamer.

Esprevier hagart[5] est celluy qui est de mue de haye : et s'il est d'un an, il tient du sor aucunement, car s'il ne tient du sor c'est signe qu'il tient de deux mues[6]. *Item*, le mué a yeulx bien rouges, et bien jaunes les piés, et plus fortes et roides plumes et autrement coulou-

---

[1] C. ajoute : *plumes et*. — [2] V. p. 288, n. 3. — [3] Les premiers, les meilleurs. — [4] Var. B, *hault*.

[5] D'Arcussia (p. 8 et 36) et Sainte-Aulaire (p. 12) disent aussi que le faucon *hagart* (ou mué des champs) est celui qui a déjà mué une fois. D'Arcussia fait dériver ce nom du mot hébreu *agar*, signifiant étranger. Il semble qu'il doit plutôt signifier *égaré*, *sauvage*, à moins qu'attendu l'explication qu'en donne ici notre auteur, on ne le fasse venir de *haga*, haie. — [6] Qu'il a deux ans.

rées ; et voit l'en bien les plumes sorées[1] parmi les autres,
car elles sont noires par dessus, et les autres sont mieulx
coulourées.

Item, de l'esprevier, le mouchet est le masle : et du
lannier le lanneret est le masle ; et des autres comme
l'austour, le faucon, etc., l'en dit le masle *tiercelet*.

Chière amie, sachiez que des autres oiseaulx de
proie, l'en dit tiercelet d'ostour celluy qui est masle,
et est le plus petit ; le ostour est la fumelle et est plus
grant. *Item*, tiercelet de faucon est le masle, et est le
plus petit, et n'est pas bon pour povre homme, car
l'en ne le peut arrester[2] ; le faucon est la fumelle, et
communément l'en l'appelle *faucon gentil*. *Item*,
tiercelet d'esmerillon est le masle, et l'esmerillon est
dit le fourmé[3] et est la fumelle, et volent ensemble, et sont réclamés au loirre[4]. *Item*, tiercelet de

<hr>

[1] Var. B, *sores*. — Les plumes qui sont restées de son premier plumage, de son plumage sor. — [2] Peut-être l'auteur veut-il dire que cet
oiseau se laissoit emporter par son ardeur et conduisoit le fauconnier à de
trop grandes distances ; mais cet inconvénient étoit propre à tous les
oiseaux de haute volerie ou de leurre. — [3] On appelle *formé*, par opposition à *tiercelet* (plus petit d'un tiers), la femelle des oiseaux de proie.

[4] Leurre, instrument en osier en forme de fer à cheval allongé qu'on
recouvroit des ailes de l'oiseau ou de la peau du quadrupède (lièvre ou
lapin), qu'on vouloit accoutumer l'oiseau de proie à voler. (Voy. les
planches de l'*Encyclopédie*, pl. 12, fig. 4). On plaçoit la viande destinée
à la nourriture de l'oiseau sur le leurre, et il s'y paissoit. Il en résultoit
qu'il connoissoit le leurre et qu'il revenoit à son maître dès que celui-ci
l'appeloit en tournant cet instrument : c'est ce qu'on appeloit *leurrer*. Les
oiseaux, ainsi dressés (le faucon, le gerfaut, le lanier, le sacre, le hobereau et l'émerillon étoient seuls susceptibles d'être dressés au leurre),
suivoient les chiens pendant la quête en volant et fondoient sur leur proie
aussitôt qu'elle se levoit, à la différence des oiseaux de poing (autour et
épervier), qui restoient sur le poing de leur maître jusqu'à ce que les
chiens eussent fait lever le gibier. Les oiseaux de leurre ou de haute volerie étoient en outre seuls propres à certains vols, tels que ceux du

hobe [1] est masle : le fourmé est la fumelle. *Item*, le lanneret est le masle et est plus fort et vault mieulx ; le lannier est la fumelle.

Se un esprevier a la jaunisse, comment garira-il? — *Recipe :* Où il n'a point de maladie, il ne convient point de garison : et il est certain que la jaunisse leur vient d'aise et de santé et pour les bonnes et chaudes viandes qu'il mengue, et pour ce ne sont point malades.

Se un esprevier a rume, monstrez luy rue [2]. *Item,* faites le tenir longuement au feu, à vespre. *Item,* faites luy tirer [3] de la queue d'un pourcelet ou d'un pourcel où il n'ait point de char. *Item*, aiez boiste ou autre vaissel où il ait encens et du feu, et faites que la fumée lui adresse au becq : et lors il toussira et esternuera, et hochera la teste et gettera la rume; et soit sa perche

héron, du milan, etc. Huber, dans son excellent ouvrage (malheureusement trop abrégé et sorte de prospectus d'un autre plus étendu qu'il comptoit composer) sur le vol des oiseaux de proie, a décrit d'une manière bien remarquable les différens moyens employés par ces deux espèces d'oiseaux en conséquence de la forme de leurs ailes, et partant de ce principe fondamental que les anciens fauconniers n'ont pas connu, il appelle les premiers *rameurs* et les seconds *voiliers.* L'instruction de ces deux espèces d'oiseaux devoit donc différer, et en effet celle des premiers constituoit l'art de la fauconnerie et celle des autres l'autourserie ; les langues de ces deux arts, comme leurs principes eux-mêmes, présentoient de notables différences qu'on peut voir dans d'Arcussia, p. 176, et dans *le Véritable Fauconnier* de Morais, p. 9 et 115. Une des principales étoit que les oiseaux de leurre étoient chaperonnés, tandis que ceux de poing ne l'étoient pas. Ces derniers mangeoient sur le poing de leurs maîtres, les premiers sur le leurre, etc.

[1] Hobereau. — [2] Plante bien connue, *ruta.* — [3] Tirailler, déchirer avec son bec. On donnoit ainsi à *tirer* aux oiseaux des morceaux secs et nerveux, tels que pattes de lièvre ou de lapin et de volailles qu'on appeloit alors *tiroirs.*

feutrée, et luy tenu chaudement. *Item*, le faites tirer à l'aleron d'un poucin, et en la main en laquelle vous tendrez l'aleron, tenez, avec, une branche de rue, afin qu'il en ait l'oudeur en tirant. Et, soit sur le poing, soit sur la perche, gardez qu'il ait penne [1] ou feutre bien sec et bien chault soubs le pié, et nuit et jour soit devant le feu ou près du feu ou en lieu chault; et aiez tousjours en vostre sein penne ou feutre ou autre chose chaude pour luy changer souvent [2] et lui baillier le chault.

Se un esprevier est malade tellement qu'il regette sa viande quant il a esté peu, ouvrez luy à deux mains le becq et luy boutez dedans la gorge aussi gros comme une fève de beurre frais, et une heure ou deux après si le paissiez de bonne char vive.

Item, l'en congnoist espreviers qui sont trop gras à taster par dessoubs l'esle comme une géline. Et aussi quant il a la fourcelle [3] my-partie et pourfilée et il baille; adonc l'en luy doit donner à boire de l'eaue fresche pour refroider dedans le corps, et petit paistre, pour amaigrir.

L'esprevier qui a sourcils blans est le meilleur par raison.

Item, espreviers nyais ou ramages ne sont mie si bons comme ceulx qui sont pris à la rais ou à la crecerelle [4].

[1] Étoffe ou fourrure. On se servoit ordinairement de peau de lièvre pour cet usage. — [2] Changer souvent l'étoffe ou feutre que l'oiseau a sous la patte et la remplacer par une autre échauffée dans son sein. — [3] La poitrine, le poitrail. Les oiseaux gras ont, en effet, la poitrine bombée et séparée au milieu par une petite fente. — [4] Nom d'un oiseau de proie ignoble (c'est-à-dire non susceptible d'être dressé); mais je n'ai pas vu qu'on se soit servi de cet oiseau comme du duc ou de la chouette

Des autres maladies d'esprevier, véez en la page ensuivant les remèdes des maladies des faucons, et ouvrez
selon ce.

Des oyseaulx de proye affaitiés, l'aigle [1], le griffon et
l'ottour [2] volent au chevrel sauvage, aux lièvres, aux
oustardes, mais que on ait un levrier affaitié pour
eulx.

pour attirer les oiseaux dans les filets; peut-être est-ce aussi le nom d'un
filet ou autre engin, mais je ne le trouve nulle part avec cette signification.

[1] Il y a eu quelques exemples d'aigles dressés pour la chasse, mais on
n'a jamais fait un emploi suivi de ces oiseaux. Gaces de La Bugne parle
d'une espèce d'aigle qu'il appelle *milion* (qui paroît être l'aigle fauve à
marque blanche sur la tête), qui prenoit la grue et l'oie sauvage (f. X vj).
Il dit que cet oiseau étoit rare en France, et le regardant comme une
curiosité plutôt que comme un oiseau utile, il s'écrie que *ne desplaise
au milion. Il n'est vol ne mès de faulcon* (L. V). L'illustre connétable Oli-
vier de Clisson avoit un *milion* dressé qu'il légua au vicomte de Rohan,
son gendre. (Voyez le mot *Milio* dans Du Cange où ce mot est mal
traduit par *milan*. Le milan n'a jamais pu être dressé et n'a jamais
été redoutable aux faucons comme le dit l'empereur Frédéric II, l. II,
ch. LXIX du *Milion*, associé par lui à l'aigle et au vautour.) Tardif qui
compila un *Traité de fauconnerie* à la fin du XVᵉ siècle, s'est assez étendu
sur le vol de l'aigle, mais on ne sauroit conclure de son ouvrage pure-
ment théorique et traduit en partie d'auteurs orientaux que l'aigle fût
communément employé de son temps en France par les fauconniers.
Guillaume Bouchet, qui écrivoit en 1567, dit que le poids de l'aigle
étoit cause que les fauconniers des princes en dressoient rarement, et
d'Arcussia (*Convy*, p. 28 et XVᵉ *lettre de Philoieraz*) raconte des essais
faits de son temps pour dresser des aigles. L'aigle n'a donc jamais été
employé habituellement dans la fauconnerie. Quant au *griffon*, ce mot
désigne sans doute le *gerfaut*, ainsi nommé dans Marc-Paule et le plus gros
des oiseaux de leurre; je serois au reste tenté de croire que l'auteur parle ici
d'après des récits exagérés ou fabuleux de chasses faites en pays étrangers.

[2] Tardif est le seul écrivain qui dise que l'autour vole le chevreuil
(*il fiert petit chevreul et l'empesche tant que les chiens le prennent plus faci-
ment*), et je crois qu'il y a tout lieu de douter que cette chasse, qui s'est
faite en Asie, ait jamais été pratiquée en France.

II   X

Le tiercelet d'ostour vole aux lièvres, aux perdris, aux connins, aux malars[1] et aux plouviers.

L'en ne paist l'ottour que une fois le jour en yver : en esté, deux; un cuer de mouton est assez à paistre l'ottour une fois, et le tient en estat. *Item*, d'une rouelle de mouton; *item*, d'un pigon, perdris, etc. Un cuer de porc engraisse, et dit-l'en : *hausse;* un cuer de chièvre ou de bouc *abaisse, id est* amaigrit; un pié de mouton est pour tirer.

Quant l'en le baigne, l'en luy oste les longes, et il se baigne au bord de la rivière et se pouroint[2] et puis vient.

Pour un ottour, une géline est à trois jours; l'en le paist un jour du foie, du jugier et du col à toute la plume, la teste et le cervel; l'autre jour, d'une esle et puis la cuisse; et l'autre jour autant.

Item, en karesme il se mue et est bien trois ou quatre mois avec du foing ou de la rame[3] et trois perches pour percher; et le paistre adonc de chaude viande comme turtres, coulons, perdris, poucins tous vifs. *Item*, quant ils sont mués, les convient veillier bien quatre, six ou huit nuys, puis réclamer petit à petit à la commande comme au commencement[4].

Nota que le faucon lannier doit estre perchié à un pié et demi de terre pour le duire à voler bas à la perdris; et le gentil se perche hault.

Item. Nota que jàsoit-ce que l'esprevier et l'ostour soient peus entre le pouce et le doit démonstratif, toutesvoies les autres oiseaulx sont peus à plain poing.

---

[1] Canards. — [2] Il graisse ses plumes. — [3] Petites branches d'arbre. — [4] Comme on a fait d'abord pour les dresser ou comme ci-dessus p. 296.

La char lavée en eaue tiède est donnée pour abaissier et amaigrir.

Quant l'esmeut est blanc et cler et que un petit de noir est au bout, *scilicet* premier yssu du ventre, il est bon : autrement, non. Et quant ou millieu de l'esmeut a aucune chose rousse et grosse ou millieu, il signifie que l'oisel soit bas. Si le convient baissier [1].

Le faucon lannier est dit *villain* [2] pour ce qu'il se paist de toutes chars, comme beuf, mouton, chièvre. Et *nota* que chièvre abaisse [1].

L'esmeut qui est gecté loing est bon.

Le dit lannier est de gros maillé [3], et est plus gros que le lanneret qui est de plus déliée maille, et vole plus hault et avec les faucons gentils : et ce ne fait point le lannier.

Autres faucons y a qui sont de Flandres et sont dis faucons *Sacres*, et sont d'un petit moins déliée maille,

[1] Baisser, abaisser signifient *maigrir*. Voy. p. 322.

[2] Cette qualification n'est pas donnée au lanier par les anciens fauconniers, et d'Arcussia nous apprend (*Conférence*, p. 7) que de son temps le lanier étoit appelé, seulement en Italie, *faucon vilain*, par opposition au *faucon gentil*. Au temps où Buffon écrivoit, on ne se servoit plus en France ni de laniers ni de sacres, et il n'a pu décrire ces deux espèces. Il est fâcheux qu'il n'ait pas consulté Sainte-Aulaire et d'Arcussia qui donnent de grands détails sur ces oiseaux (p. 16, 20, 28, et d'A. 39, 48). Ces deux auteurs n'ont cependant pas su d'où le sacre était originaire. Franchières a dit (Liv. I, vi) qu'il venoit de Russie et de Tartarie, et Pedro Lopez de Ayala qui écrivoit à la fin du xiv° siècle un savant traité de fauconnerie resté inédit, confirme à peu près cette opinion, puisqu'il le dit originaire de Norwége. Il dit qu'il y a aussi des sacres en Roménie. Notre auteur dit que cet oiseau est originaire de Flandre, parce qu'il en voyoit sans doute apporter à Paris par les marchands venant de ce pays. Ayala nous apprend que ces marchands d'oiseaux parcouroient d'abord les cours d'Allemagne, puis venoient à Bruges ; de là à Paris, puis en Brabant ; de Brabant en Angleterre, et enfin en Espagne. — [3] Les mailles (Voy. p. 293) dessinées sur son plumage sont larges.

et ont les piés jaunes[1] et sont comme entre le gentil et le villain, et sont bons, comme l'en dit communément, réclamés au loirre, ou d'omme quant ils reviennent bien au loirre.

Le faucon gentils est de plus déliée maille que nul et a les piés jaunes, et est peu de cuer de mouton le moins, mais le plus de pigons et de poulaille.

Autres faucons y a que l'en appelle *harrottes*[2] et viennent de Grenade et sont moult petis et très bons pour le héron, la grue et l'oustarde : et sont icelles harrottes ainsi que tercelés qui sont les masles des faucons de pardeçà.

Faucons pèlerins[3] sont ceulx qui sont pris au filé et se sont peus et ont volé aux champs, et sont *gentis* nommés.

Item, le lannier ne vole fors aux perdris et aucunes fois au connin et au lièvre, et non plus. Et les autres volent à l'oisel de rivière, au héron, à la grue, à l'oustarde etc.

L'ottour vole à tout, mais non pas le tiercelet d'ottour.

[1] C'est une erreur. Le sacre (comme le lanier et le gerfaut) a les jambes et les pieds bleus.

[2] C'est le faucon *tagarote* des Espagnols (voy. d'Arcussia, p. 52) que du Guesclin rapporta d'Espagne à Charles V, comme on le voit dans Gaces de La Bugne (f. X iij). Cet auteur, ainsi qu'Ayala, le dit originaire d'Afrique.

[3] D'Arcussia s'est élevé le premier contre l'opinion suivant laquelle les différens noms du faucon (*gentil*, *pèlerin*, *passager*, etc.) constitueroient des espèces différentes. Il dit que le faucon *gentil* est celui qu'on prend du 15 juin au 15 septembre, le *pèlerin* celui qui est pris du 15 septembre au mois de janvier, et que les variétés remarquées dans leur plumage proviennent des différences d'âge, de nourriture, etc. (Voy. p. 7 et 28.) Au reste notre auteur dit aussi que le faucon pèlerin est le même que le faucon gentil.

Des faucons villains, la fumelle est dit lannier ou le fourmé, et le masle est dit tiercelet [1].

Le faucon gentil est noir. Et le faucon lannier est le plus tendre. Et le faucon pèlerin est le meilleur qui soit et est le plus gros et plus formé de membres que tous. Et à celluy qui les veult gouverner ne convient mengier aulx, oignons, poireaux.

Item, quant aucun oisel de proye baille par trois fois de renc [2] et fait mate chière [3], c'est signe qu'il est malade d'une maladie que les fauconniers appellent *le fils*, et est un ver qui les point. Et à les garir convient les paistre de char en laquelle sera enveloppé du saffren, et les vers en meurent.

Et se un faucon a la pépie, il convient avoir un des brocherons d'une espine blanche et lui passer par trois jours, trois fois chascun jour, dedens la narine, et par trois jours lui mettre sur la langue des figues vertes, prises sur l'arbre. — *Item*, vous sarez qu'il a la pépie quant il fait mate chière et ne se veult ou peut paistre et aucunesfois baille.

Se vostre oisel est pouilleux, vous le verrez au soleil, car sur toute sa teste verrez-vous les poux bougier; et lors convient avoir de l'orpiment [4], du meilleur, et

---

[1] Mais plutôt lanneret. C'est une répétition de ce que nous avons vu ci-dessus, p. 318 et 319. — [2] De suite. — [3] Mauvaise mine.

[4] Minéral qui se trouve dans les mines d'or et de cuivre et dont on tire l'arsenic. Le meilleur est celui qui se lève par écailles ou feuilles comme le talc. L'auteur veut parler de celui-là quand il dit plus bas que la feuille est meilleure, car il ne me paroît pas qu'il veuille désigner ici la plante dite *orpin* ou *anacampseros* vulgò *faba crassa*, suivant Bauhin, et *telephium* ou *crassula major*, dans le dictionnaire de Nicot. L'auteur du *Roi Modus* conseille de ne pas employer l'orpiment, comme trop dangereux (f. 92).

est la fueille meilleur, et soit très bien broyé et finement, et très déliément sassé; et convient estre trois
personnes : l'un qui tendra l'oisel, l'autre qui tendra
l'orpiment, et l'autre qui l'orpimentera. Et puis convient getter de l'eaue dessus comme un cousturier fait,
à la bouche, puis le paistre d'une poulle chaude, puis
perchier, et luy oster le gant qui est chargié d'orpiment, car l'orpiment est trop fort : et puis l'endemain
voler.

Nota que en May le faucon commence à muer, et
le convient paistre de chaude viande; et sachiez que
rats est propre viande pour luy.

Item, l'en le mue bien sur le poing.

FIN.

TABLE ALPHABÉTIQUE
DES MATIÈRES.

N. B. La lettre *a* indique le premier volume : la lettre *b* le second.

A

B

C

II

Y

D

E

Eau à laver mains sur table, *b*, 247. — bénite d'eau rose, 275. —bénite d'oignons, 276. — chaude donnée au cheval, 77, 79. — cuisant bien les pois, 134. — grasse de bœuf, 144. — ôtée du vin, 259. — Son prix, 123. —rose de Damas, 252. — rose en sausse, 183, 275. — rose faite sans chapelle et sans feu, 252. — rose vermeille, 253.

Échecs (Jeu des), *a*, 184.

Échevins de la Pierre au lait. Ce que c'est, *a*, LXXXV.

Écorcheurs, *b*, 81, 84.

Ectoire, *b*, 258. — de canarade, *b*, 63.

Écussons, accollés depuis quand, *a*, LVIII.

EDDAOULEH (Choudjà et Seïf), *a*, LI.

ÉDOUARD, roi d'Angleterre, *a*, LXXXI et suiv.

Effleurer dans le sens d'enfariner, *b*, 192.

Efforcer (S'), expliqué, *b*, 306.

Église (Bancs d'), *a*, 15. —(Éperviers portés à l'), *b*, 296.— n'est pas lièvre, *a*, 48.—(Tenue d'une femme à l'), *a*, 15, 16.

Électoire. V. *Ectoire.*

Élire, expl., *a*, LXXXVI; *b*, 134.

Ellébore noir, *b*, 258.

Empiéter, expl. *b*, 281.

Encre. Manière de la faire, *b*, 265; sans bouillir, *b*, 274. — pour papier et parchemin, *b*, 275.

Encyclopédie, citée, *b*, 295.

Enfans abandonnés de leurs marastres s'enamourent ailleurs, *a*, 170. — adultérins, *a*, 182, 185. — mènent le bateau d'Aubriot, *a*, XXI.

Enfant trouvé seul dans une maison, *a*, 95.

Enfeutreure, expliqué, *b*, 53.

Enfleurer, *b*, 192, 194, etc.

Engins à détruire les rats, *a*, LXXXIV; *b*, 64.

Engraisser les oies, *b*, 88. — un cheval, *b*, 76, 77.

Enhaster p. embrocher, *b*, 214.

Ennemis réconciliés à fuir, *a*, 201.

Enseigne (témoignage), *a*, 133; *b*, 40.

Ensorcellement, *a*, 170, 171.

Enter, quand, *b*, 43, 44.

Entes curieuses, *b*, 50, 51. V. *Ante.*

Entrecercle, *b*, 125, 128.

Entrecerelle, *b*, 125, 128.

Entremès, *a*, XLII; *b*, 99, 101, 107, 108. — (Tête de sanglier en), *b*, 98. —(Chapitre des), *b*, 210, 224. — élevé, *a*, XLII; *b*, 99.— grand, *b*, 97.

Entretaille (Cheval qui s'), *b*, 74, 75.

Entretiens de Colbert avec Bouin, *a*, LXVIII; *b*, 83.

Entreveschier, *a*, 26.

Envie, *a*, 36; *b*, 10.

Épagneuls, V. *Chiens.*

Éperons (Essayer le cheval aux), *b*, 76.

Épervier, V. *Espervier.*

Épine-vinette, *b*, 204.

Épitaphes de Paris, *a*, LXXIII.

Éponge, *b*, 64, 66.

F

G

H

II

Z

I

J

M

N

O

P

Q

R

Réclamer, expl., *b*, 284, 296, 297, 299, etc., 314.

Recommanderesses, *b*, 58.

Recoupes, *b*, 89.

Recréance, expl., *b*, 295, 296, 297, 299, etc.

Recueil de tous les oiseaux de proie, etc., *a*, LXVI.

Redefort, *a*, LXIX.

Regard (Joli passage sur le), *b*, 14.

Regard (Jour du), *b*, 118, 122, 124.

Réglisse (Quelle est la bonne), *b*, 238.

REIFFENBERG (M. le baron de), *a*, LIII. — Son article sur le *Ménagier*, LV.

Reims, *a*, LXX.

Reine (Dépense de la) et de ses enfans, *b*, 85.

Reine de Navarre, *a*, 240.

Reines blanches, *b*, 123. — de France ne lisent seules que les lettres autographes des rois, *a*, 75. — n'embrassent que le roi, 76, *b*, 381.

Réjouir (Tout le monde aime à se), *a*, 154.

Relations des ambassadeurs vénitiens, citées, *a*, XLVII.

Religieux de Saint-Denis, cité, *a*, 135, 136.

Remarques critiques[1] de l'auteur sur des recettes, *a*, XXXI; *b*, 66, 85, 93, 106, 129, 153, 158, 161, 162, 164, 166, 167, 179, 190, 235, 236, 269.

Remèdes pour les chevaux, *b*, 77.

Remerc, expl., *b*, 307.

Renart (Conditions du), *b*, 72.

— Recette pour les détruire, 63.

RENAUD de Louens, *a*, 186.

Renodie (La). V. *Sainte-Aulaire*.

Renoulles, *b*, 222.

Renseignemens à prendre sur les chambrières, *b*, 57.

Renverser une anguille, *b*, 191.

Repas des domestiques, *b*, 70. — (Ordre d'un), *a*, XL; *b*, 103 et suiv.

Repos trompe les gens, *b*, 40.

Reprise des torches par l'épicier, *b*, 123.

Requêtes de l'hôtel, *a*, LXXIX.

Ressatir, *b*, 299.

Restes des tables, *b*, 117.

Restraintif pour les chevaux, *b*, 77, 79.

Retrait de la reine, *b*, 62.

Rets saillant, *b*, 314.

Révolution a diminué la consommation de la viande, *a*, XLVI.

Rhombus, *b*, 203.

Rhume de l'épervier, *b*, 319, 320.

Riagal (aconit), *b*, 64.

Ribaude. Mauvais mot, *b*, 60.

Ribelette, expl., *b*, 139, 142.

Richebourg, *a*, LIX.

RICHEMONT (Arthur de), *b*, 254.

Riches gens mangent des limaçons, *b*, 223.

Rique-menger, *b*, 268.

Rire (Comment), *b*, 26.

Ris, *b*, 214. — battu, 111. — engoulé, 91, 92, 98, etc.; 214, 243. — et amandes frites dessus, 107. — (Fleur de), 122.

Rissoles, *b*, 88, 92, 93. — à jour de poisson, *b*, 225. — à jour de chair, *ib*. — de brochet, 188.

[1] Je n'ai noté que celles qui me paroissent certaines, mais il y a bien d'autres passages qui peuvent avoir été ajoutés par l'auteur.

S

T

V

W

Y

Z

FIN DE LA TABLE DES MATIÈRES.

SUPPLÉMENT AUX CORRECTIONS.

Tome I, p. vi, l. 13, au lieu de *philantrophie*, lisez *philanthropie*.

Tome I, p. xxi, ligne 16 de la note, avant *J'ai appris*, ajoutez :

Dans un mémoire très-curieux sur le meurtre du duc d'Orléans, lu à l'Académie des Inscriptions en 1748 (tome xxi, p. 519), le savant Bonamy a parlé en passant de cette maison et dit qu'on voyoit encore, lorsqu'il écrivoit, un grand corps de logis de l'hôtel d'Aubriot. Il est fâcheux qu'il n'ait pas donné plus de détails sur ce sujet.

Tome I, p. xlvii, note 1, *Ne pour roi, ne pour roc.*

Cette expression se trouve encore dans les contes de Bonaventure des Périers (Conte 125. Des épitaphes de l'Arétin... et de son amie Madelaine)... *Étant du tout enclin à la médisance, il n'épargnoit (comme on dit en commun proverbe), ni roi ni roc.*

Tome I, p. lvi, ligne 4 de la note.

Au lieu de : Après la mort de Charles V, lisez : Au commencement du xv⁰ siècle, surtout.

Tome I, p. lxvi, ligne 11, note sur Ayala. L'auteur avoit été en France, *ajoutez* :

En 1378. Il conclut à Paris, comme plénipotentiaire du roi Jean de Castille, un traité avec la France, le 4 février 1378-9. (*Histoire de du Guesclin*, 1666, in-f⁰, p. 403.) Il est nommé dans cet acte messire Pierre Louppe d'Ayalla, chevalier et banicour (*vexillarius*) du roi de Castille, gouverneur de la province de Guipuscoa (*sui presidis in provincia Guispuque*). Bureau de La Rivière étoit un des plénipotentiaires françois.

Tome I, p. LXXVI, l. 3, Venette..., *avant* M. Géraud, *ajoutez* :

La Curne de Sainte-Palaye, dans deux mémoires (Acad. des Inscr., VIII, 570 et XIII, 520).

Tome I, ligne 6, au lieu de *semble*, lisez *semblent*.

Tome I, p. LXXVII et 76, passages relatifs aux reines de France.

L'étiquette de la cour était bien changée à l'égard des reines au XVIᵉ siècle. L'auteur d'un journal de l'année 1562, qui a été imprimé dans la *Revue rétrospective* (Iʳᵉ série, tome V), raconte que le prince de Condé étant sur le point de traiter avec la cour au commencement de juillet 1562, l'amiral de Coligny et son frère d'Andelot demandèrent à se retirer hors de France jusqu'à la majorité du roi. La reine Catherine de Médicis eut, le 5, le 6 ou le 7 juillet, une entrevue avec l'amiral près d'Orléans, dans le but de changer cette détermination. L'auteur du journal, qui fréquentoit la cour puisqu'il rapporte en deux endroits les paroles que lui adressèrent directement la reine mère et le roi de Navarre, raconte (p. 178) que l'amiral ayant mis pied à terre pour faire la révérence à la reine, cette princesse *le recueillit humainement et le baisa à la bouche comme les reines de France ont accoutumé de baiser les grands officiers du roi.*

Tome I, p. LXXX, ajoutez à la note sur le bailly de Tournay :

Messire Tristan du Bos fut, suivant Froissart (I, 374) et l'auteur de la chronique Mˢˢ du Roi 9656 et 10297, chargé de garder le roi de Navarre, Charles le Mauvais, dans la tour d'Arleux, en 1356. L'auteur de cette chronique dit que Tristan, qu'il qualifie de *chevalier de renom*, fut pris à Amiens par la bourgeoisie de la ville (en 1357) et forcé de délivrer Charles le Mauvais. Selon d'autres auteurs cette délivrance eut lieu à force ouverte et à main armée.

Il fut bailli de Troyes et de Meaux en 1360 et 1362 et chargé de prendre possession des forteresses occupées par les Anglois en Champagne, Brie, etc., bailli de Vermandois en 1373, maître des requêtes et réformateur de la province de Reims en juin 1383 (Titres de Clérambaut).

Le même Tristan du Bos est encore cité dans Froissart à l'occasion de la position qu'il occupa à Tournay. Froissart raconte (éd. du Panthéon, II, 223), que le roi se préparant à aller en Flandre, envoya à Tournay, en octobre 1382, les évêques de Beauvais, d'Auxerre et de Laon, messire Guy de Honcourt et *messire Tristan du Bois*, comme commissaires pour traiter avec les Flamands et les empêcher de s'allier aux Anglois. On trouve dans cet historien le texte de la lettre écrite le 16 octobre par les commissaires à Philippe d'Artevelt, et la réponse de celui-ci en date du 20. Il ajoute que cette réponse fut communiquée par messire Tristan du Bois, *gouverneur de Tournay*, aux prévôts et jurés (*voy.* t. I, p. 139), et que les commissaires allèrent ensuite rejoindre la cour à Péronne.

Tristan du Bos fut encore, en 1389, un des trois commissaires chargés d'instruire le procès d'Audoin Chauveron, prévôt de Paris (*Acad. des Inscr.*, XX, 492). Il a dû mourir fort âgé, s'il est, comme je pense, le même qui gardoit le roi de Navarre en 1356.

Henri le Masier (*voy.* t. I, p. 140), nommé en 1388 bailli de Tournay, et qui est celui cité dans le *Ménagier*, si ce n'est pas Tristan du Bos, étoit, en 1399, chevalier, sire de Beausart, maître d'hôtel du roi et encore bailli de Tournay (Titres de Clerambaut).

Tome II, p. 148, note sur Jean de Hautecourt, ajoutez :

Je serois porté à croire que ce Hautecourt étoit avocat au parlement et que c'est lui qui est cité (malgré la différence des noms qui peut tenir à une écriture négligée) dans les registres du parlement (Matinées III, 66 v°, 4 février 1400-1), comme avocat, et ayant obtenu un congé de huit jours pour aller à Étampes. Son nom y est écrit Me Jehan de *Hanucourt*.

Tome II, p. 217, note 1, au lieu de *du gingembre*, lisez :

Peut-être de la cloche de gingembre, peut-être aussi de la loche (poisson).

ACHEVÉ D'IMPRIMER, A PARIS, CHEZ CRAPELET ET LAHURE,
LE XXVI NOVEMBRE MDCCCXLVII.

www.ingramcontent.com/pod-product-compliance
Lightning Source LLC
Chambersburg PA
CBHW071620270326

41928CB00010B/1708